¡Adelante!
Nivel elemental

Spanisch als neu einsetzende Fremdsprache an berufsbildenden Schulen und in der gymnasialen Oberstufe

Lehrerbuch

Ernst Klett Verlag
Stuttgart · Leipzig

Bildquellennachweis

Umschlag: iStockphoto, Calgary, Alberta: (BMPix) **U4.4**, (Carlos Arranz) **U4.2**, (Carmen Martínez Banús) **U1.1**, (César Navarro Bustos) **U1.3**, (photo75) **U4.1**; Klett-Archiv, Stuttgart: (Marc Javierre Kohan, Barcelona) **U1.2, U1.4**, (Thomas Gremmelspacher) **U4.3**

Avenue Images GmbH (Ingram Publishing), Hamburg: **135.12**; Bart Schobben, Jette: **114.1, 133.1, 134.1**; Corel Corporation Deutschland, Unterschleissheim: **113.1**; creativ collection Verlag GmbH, Freiburg: **135.6, 135.7**; Dreamstime LLC, Brentwood, TN: (Deepfrog17) **117.2**; Fotolia LLC, New York: (PeJo) **117.1**, (Teamarbeit) **113.7**, (Victoria P.) **135.5**; PhotoDisc **114.2**; Getty Images, München: (PhotoDisc) **135.1, 135.4**; Ingram Publishing, Tattenhall Chester: **135.11**; iStockphoto, Calgary, Alberta: **135.8**, (Carmen Martínez Banús) **135.3**, (Tyler Olson) **135.9**, (Skip ODonnell) **113.6**, (sodafish) **117.3, 117.4, 117.5, 117.6, 117.7, 117.10**, (Stepan Popov) **113.2**, (Tom Nulens) **117.8, 117.9**; Klett-Archiv (Marc Javierre Kohan, Barcelona), Stuttgart: **91.1, 91.2, 91.4, 92.3, 108.1, 108.2, 108.3, 114.3, 128.1, 128.2, 128.2, 128.3, 128.4, 130.1, 134.2, 134.3, 134.5**; MEV Verlag GmbH, Augsburg: **135.10**; Salmundo.com, Karlsruhe: **113.3**; shutterstock, New York, NY: (Luis Carlos Jimenez del rio) **113.4**, (Pack-Shot) **113.5**, (Verdateo) **113.8**; Thinkstock, München: (Jupiterimages) **114.4**, (Hemera) **135.2**, (Lifesize) **134.4**, (Photos.com) **134.6**

Verzeichnis der Abkürzungen

ⓢ L 1/6, S 4	Der Hörtext befindet sich auf der Lehrer-CD auf CD 1, Track 6, und auf der Schüler-CD, Track 4.
OL 538000-0012	Verweis auf Online-Links: Einfach die Nummer unter www.klett.de/online eingeben
KV XX	Kopiervorlage Nummer XX
CDA 2	Übung 2 im Cuaderno de actividades des betreffenden Kapitels
SB PP 1	s. Schülerbuch *Primer paso* (Seiten 1–2 einer Unidad), Übung 1
SB A 2	s. Schülerbuch *Aprender y practicar A*, Übung 2
SB B 3	s. Schülerbuch *Aprender y practicar B*, Übung 3 usw.
S	Schülerin/Schüler bzw. Schülerinnen/Schüler
L	Lehrerin/Lehrer

Um die Lesbarkeit zu erleichtern, sprechen wir stets von Schülern und Partnern. Selbstverständlich sind damit ebenso alle Schülerinnen und Partnerinnen gemeint.

1. Auflage   1 10 9 8 7 6 | 20 19 18 17 16

Alle Drucke dieser Auflage sind unverändert und können im Unterricht nebeneinander verwendet werden.
Die letzte Zahl bezeichnet das Jahr dieses Druckes.

Das Werk und seine Teile sind urheberrechtlich geschützt. Jede Nutzung in anderen als den gesetzlich zugelassenen Fällen bedarf der vorherigen schriftlichen Einwilligung des Verlages. Hinweis §52a UrhG: Weder das Werk noch seine Teile dürfen ohne eine solche Einwilligung eingescannt und in ein Netzwerk eingestellt werden. Dies gilt auch für Intranets von Schulen und sonstigen Bildungseinrichtungen. Fotomechanische oder andere Wiedergabeverfahren nur mit Genehmiwgung des Verlages.

© und ℗ Ernst Klett Verlag GmbH, Stuttgart 2010.
Alle Rechte vorbehalten.
www.klett.de

Beratung: Eva Díaz Gutiérrez, Pablo López Díaz
Redaktion: Noemi Zach

Gestaltung: Thomas Gremmelspacher
Satz: Anja Fengler, Potsdam
Illustrationen: Sven Palmowski, Barcelona; Marlene Pohle, Stuttgart (31.1–32.6, 59.1, 77.1–77.6)
Druck: Digitaldruck Tebben GmbH, Biessenhofen

Printed in Germany
ISBN 978-3-12-538009-7

Lehrersoftware
Diesem Lehrerbuch liegt eine Lehrersoftware bei. Die Urheber und Mitwirkenden sind den entsprechenden Verzeichnissen auf der Lehrersoftware zu entnehmen.
Vorschläge zur Leistungsmessung
Autoren: Margit Hueber, Silvia Vega Ordoñez
Redaktion: Simone Roth
Tonaufnahmen zu den Leistungsmessungen
Aufnahme und Schnitt: Cezanne Producciones, Madrid, www.cezanneproducciones.com; Bauer Studios, Ludwigsburg
Aufnahmeleitung: Ernst Klett Verlag GmbH, Stuttgart
Redaktion: Miguel Freire Gómez, Noemi Zach
Regie: Javier Monteverde de Mesa
Bearbeitung und Mastering: Bauer Studios, Ludwigsburg
Sprecherinnen und Sprecher:
Alejandro Alonso, Ingartze Astuy, Marcelo Bellagamba, Mónica Cociña Iglesias, Raquel Díez, Guillermo Esteve, Miguel Freire Gómez, David García, Jorge García, Natalia García, Julia Martín Vigo, Javier Monteverde, Ernesto Palaoro, Antonio Pérez Molina, Laura Rivera, Marta Serra, Germán Torrellas, Mar Vico
Presswerk: OK Medien Service, Boizenburg/Elbe
Gesamtzeit: 21'04"

Video-DVD
Diesem Lehrerbuch liegt eine Video-DVD bei. Die Urheber und Mitwirkenden sind den entsprechenden Verzeichnissen auf der DVD zu entnehmen.

Das Werk und seine Teile sind urheberrechtlich geschützt. Das Gleiche gilt für die Software sowie das Begleitmaterial. Jede Nutzung in anderen als den gesetzlich zugelassenen Fällen bedarf der vorherigen schriftlichen Einwilligung des Verlages. Hinweis zu § 52 a UrhG: Weder das Werk noch seine Teile dürfen ohne eine solche Einwilligung eingescannt und in ein Netzwerk eingestellt werden. Dies gilt auch für Intranets von Schulen.

Inhaltsverzeichnis

Allgemeiner Teil 4
   Vorwort 4

Lektionsbezogener Teil 9
   ¡Adelante! Bienvenidos 9
   Unidad 1   ¡Hola! ¿Qué tal? 12
   Unidad 2   ¿Qué te gusta? 20
   Unidad 3   En el instituto 28
   Repaso 1 36
   Unidad 4   Anuncios de piso 38
   Unidad 5   La fiesta 46
   Unidad 6   Vacaciones en Málaga 54
   Repaso 2 62
   Unidad 7   Buscar trabajo 64
   Unidad 8   Trabajar en un hotel 72
   Unidad 9   Argentina 80
   Repaso 3 88

Kopiervorlagen 01–45 90

Lösungen der Kopiervorlagen 138

Übersicht über die Lehrersoftware 142

Informationen zur Lehrersoftware 144

Allgemeiner Teil

1 Ziele und Adressaten des Lehrwerks ¡Adelante!

Mit ¡Adelante! liegt Ihnen eine Lehrwerksreihe für Spanisch als spätbeginnende und neu einsetzende Fremdsprache vor. Adressaten sind Spanischlernerinnen und -lerner ab der Klasse 10 an berufsbildenden und allgemeinbildenden Schulen.

Die Lehrwerksreihe besteht aus den drei Bänden: *nivel elemental*, *nivel intermedio* und *nivel avanzado*. Alle drei Bände sind als Jahrgangsbände konzipiert.

¡Adelante! berücksichtigt die für berufs- und allgemeinbildende Schulen gültigen Lehrpläne bzw. Rahmenrichtlinien der Bundesländer sowie die internationalen Standards des Gemeinsamen europäischen Referenzrahmens für Sprachen. Mit dem ersten Band erwerben die S die kommunikativen Fertigkeiten und sprachlichen Mittel entsprechend der Stufe A 2 des Gemeinsamen europäischen Referenzrahmens.

Bis zum Ende des dritten Bandes bereitet das Lehrwerk auch auf das Zertifikat zum Nachweis spanischer Sprachkenntnisse des Instituto Cervantes (DELE), *nivel inicial* (B 1), vor.

2 Methodisch-didaktische Leitlinien

2.1. Die Leitlinien

Folgende methodisch-thematischen Leitlinien bedingten die Konzeption des Lehrwerks:

Das Lehrwerk fördert einen kommunikativen Unterricht
Die Fertigkeit Sprechen ist Schwerpunkt vieler Aufgaben und Übungen. Diese sind auf einen bestimmten Kontext bezogen, d. h. die S formulieren Sätze, die sie in gleicher Weise auch außerhalb des Unterrichts verwenden könnten. Sie agieren schon von Beginn an in der spanischen Sprache.

Das Lehrwerk unterstützt einen kompetenzorientierten Spanischunterricht
In den Aufgaben und Übungen werden folgende Kompetenzen aufgebaut, die in jedem Stadium des Erwerbs gefördert und erweitert werden:

Die funktional-kommunikative Kompetenz. Die Fertigkeiten (*Hablar, Escuchar, Escribir, Leer und Mediación*) werden zu Beginn der Aufgaben und Übungen deutlich ausgewiesen. Sie werden in allen Lektionen konsequent entwickelt und ausgebaut. Der Schwerpunkt liegt auf dem Hörverstehen und der Sprechfertigkeit. Die Schulung des Hör-Seh-Verstehens erfolgt anhand dreier Alltagsszenen, die auf der dem Lehrerbuch beiliegenden DVD enthalten sind. Redemittel werden durch die So-kann-ich-Kästen dort, wo man sie braucht, zur Verfügung gestellt. Sprachreflexion und Sprachvergleich ermöglichen einen effektiven Aufbau der kommunikativen Kompetenz.

Die Interkulturelle Kompetenz wird anhand verschiedener Aufgaben und Übungen entwickelt. Neben dem Erwerb soziokulturellen Orientierungswissens und kulturkontrastierenden Herangehensweisen wird in einigen Aufgaben und Übungen auch eine kritische Selbstwahrnehmungskompetenz geschult. Berücksichtigt wird ebenfalls die Schulung eines adäquaten Verhaltens im Zielsprachenland (Anrede- und Grußformeln, Höflichkeit, Reagieren in bestimmten Situationen, Wortwahl). Der spanisch-deutsche Kontext wird an mehreren Stellen bewusst überschritten und auf andere Kulturregionen ausgeweitet.

Interkulturelles Lernen ist durch grüne Kästchen und das Symbol 🌐 ausgewiesen.

Methodische Kompetenz wird vorwiegend durch Lern- und Arbeitstechniken vermittelt. Diese stehen zusammengefasst im Anhang. Ein Kästchen (mit dem Symbol ✿) verweist an der Stelle, an der die Lernstrategie zum Einsatz kommt, mit Seitenzahl auf den entsprechenden Passus dort. In dieser Lehrwerksreihe wird der Tatsache Rechnung getragen, dass die S aus vorgelernten Sprachen bereits über ein Repertoire an Lernstrategien und Arbeitstechniken verfügen. Falls eine Lernstrategie nicht bekannt oder nicht mehr präsent ist, kann sie gezielt nachgelesen werden. Die Lernstrategien sind bewusst auf Deutsch formuliert, um den S eine selbstständige und zielgerichtete Anwendung zu erleichtern.

Das Lehrwerk ermöglicht ein aufgabenorientiertes Arbeiten
Die Aufgabenorientierung wird im Lehrwerk durch den *Tarea*-Ansatz (*Enfoque por tareas*) umgesetzt. Am Ende eines jeden Teilkapitels (A, B und C) findet sich eine Aufgabe (*Tarea*), die deutlich ausgewiesen wird. In einer abschließenden Aufgabe am Ende der Lektion (*Tarea final*) können die S die eigenständige Bewältigung des Gelernten in einer komplexeren kommunikativen Situation erproben. Im Allgemeinen wird zwischen Aufgaben und Übungen unterschieden.

2.2. Weitere Prinzipien

Das Prinzip des selbstorganisierten Lernens und der Lernerautonomie
Im Umgang mit der Grammatik und mit dem Wortschatz wird in zahlreichen Übungen und Aufgaben die Kompetenz geschult, Transfermöglichkeiten aus anderen Sprachen zu erkennen und zu nutzen. Die S werden systematisch dazu angeregt, über Prozesse der Sprachverarbeitung nachzudenken und sich Techniken des erfolgreichen Sprachenlernens bewusst zu machen. Übungen, in denen eine Lernstrategie zum Einsatz kommt,

sind wesentlicher Bestandteil der Lektionen. Zudem erhalten die S in vielen Aufgaben und Übungen, stets aber durch die Evaluationsphase der *Tarea final* (*Tarea final*, Teilaufgabe c)), Gelegenheit, über ihr emotionales Erlebnis bei Sprachlernprozessen zu reflektieren.

Gelegenheit zur Selbstkontrolle bietet sich den S innerhalb einer kompetenzorientierten Wiederholung in den Plateauphasen *(Repaso)* nach den Lektionen 3, 6 und 9. Die Lösungen werden ihnen für ein selbstständiges Nachschlagen im Anhang des Schülerbuches an die Hand gegeben, die Hörtexte sind auf der Schüler-CD eingespielt. Über das Schülerbuch hinaus gibt es weitere Aufgaben zur Selbstkontrolle im *Cuaderno de actividades*. Insbesondere findet sich dort eine anhand der Kann-Bestimmungen formulierte Möglichkeit zur Selbstevaluation.

Das Prinzip der (Binnen-)Differenzierung
Den individuellen Unterschieden der S wird im Hinblick auf das Erreichen des Lernziels innerhalb einer (Binnen-) Differenzierung Rechnung getragen. Aufgaben, bei denen eine Differenzierung möglich ist, sind durch die Symbole ⬇ und ⬆ kenntlich gemacht. Die Vorschläge zur Differenzierung finden sich unter der angegebenen Nummer der Online-Links und im methodisch-didaktischen Kommentar des Lehrerbuchs unter der betreffenden Übungsnummer.

Das Prinzip der Mehrsprachigkeitsdidaktik
Transferwissen wird sowohl bei der Erschließung von Texten, Strukturen und Grammatik herangezogen als auch im lektionsbegleitenden Vokabular genutzt und ausgebaut. Systematisch werden Bezüge zwischen den vorgelernten Sprachen hergestellt. Es finden sich Verweise auf das Deutsche, Englische und Französische. Interferenzen sind im lektionsbegleitenden Vokabular typographisch hervorgehoben.

Das Prinzip der Handlungsorientierung
Sprachliche Redemittel werden situativ eingeführt. Zahlreiche Aktivitäten sind ganzheitlich angelegt, d. h. sie sprechen sowohl den logisch-rationalen als auch den affektiv-kreativen Bereich an. Für sprachliches Probehandeln wird hinreichend Freiraum zur Verfügung gestellt.

Das Prinzip der Schülerorientierung
Lehrwerksfiguren, Handlungsrahmen, Texte und Übungsformen bieten einen altersgemäßen Zugang zur spanischen Sprache. Die S setzen sich inhaltlich mit den angesprochenen Themen und Problemen auseinander. Sie geben vor allem über sich Auskunft und bringen ihre eigenen Interessen und Bedürfnisse zum Ausdruck. Entsprechende Übungen und Aufgaben sind dabei stets auf einen situativen Kontext bezogen, der sich gezielt an den realen Kommunikationsbedürfnissen, wie sie im Kontakt mit dem Zielsprachenland entstehen, orientiert.

Das Prinzip der Behaltenswirksamkeit
Im Bereich des Wortschatzes sorgt das Lernen in sinnvollen Zusammenhängen für eine Behaltenswirksamkeit. Neue Wörter werden dabei vorwiegend in Lektionstexten eingeführt und sind situativ eingebettet. Wortschatzerweiterung findet in deutlich hervorgehobenen So-kann-ich-Kästchen sowie mittels kleiner Illustrationen, Icons und Symbole innerhalb der Übungen statt. Im lektionsbegleitenden Vokabular werden ausgewählte Vokabeln anhand eines Beispielsatzes, der die Anwendung der Vokabel im Kontext aufzeigt, verdeutlicht und so einprägsamer vermittelt.

Das Prinzip des gemeinsamen Lernens
Zahlreiche Aufgaben und Übungen fördern das gemeinsame Lernen. Die S lösen zusammen Aufgaben, finden gemeinsam Regeln, kontrollieren sich gegenseitig und geben einander Tipps, wie sie ihren Lernstand verbessern können. Darüber hinaus üben sie ihre Kommunikationsfähigkeiten mit einem und / oder mehreren Gesprächspartnern innerhalb der Partner- und Gruppenarbeit.

3 Lernbereiche und Lerninhalte

3.1. Aussprache und Intonation

Eine Aufgabe pro Lektion ist stets der Lautschulung gewidmet. Dabei stehen ein Laut oder ein Lautpaar im Mittelpunkt, es wird auch auf die Betonung und Intonation eingegangen. Zu Beginn des Lehrwerks werden im einführenden Kapitel *¡Adelante! Bienvenidos* die Ausspracheregeln vorgestellt.

3.2. Wortschatz und Idiomatik

Der Aufbau des Wortschatzes erfolgt gezielt im Hinblick auf das Thema und auf die Bewältigung der abschließenden Aufgabe. Obligatorischer und fakultativer Wortschatz wird im lektionsbegleitenden Vokabular im Schriftbild deutlich unterschieden. Rezeptiver Wortschatz tritt überwiegend in den *Leer*-Seiten auf und wird im Sinne der Kompetenzorientierung nicht extra ausgewiesen. Die S sollen sich daran gewöhnen, dass Texte ihnen unbekanntes Vokabular enthalten und lernen, Erschließungsstrategien anzuwenden. Die für das Erschließen des Textes nötigen unbekannten Wörter werden annotiert. Auf diese Weise wird gezielt auf einen späteren Umgang mit längeren authentischen Texten vorbereitet.

3.3. Grammatik

Grammatische Sachverhalte werden vorwiegend in Texten eingeführt, im Vordergrund stehen die für die Kommunikation relevanten Strukturen. Strukturen, die nicht anhand von Texten eingeführt werden, werden in funktionalen Übersichten veranschaulicht, so dass sie vom S rasch benutzt werden können. Grammatik hat „dienende Funktion". Der S wird darüber hinaus – im Sinne des selbstständigen und eigenverantwortlichen Lernens –

angeleitet, den grammatischen Anhang (SB, S. 144–166), in dem alle Pensen systematisch dargestellt sind zu konsultieren, wann immer er Informationsbedarf hat. Jede Grammatikübung gibt dem Schüler an, bei welchem Paragrafen im Anhang er nachschlagen kann. Bei den Beispielsätzen werden zur Verdeutlichung der Regel nur die Vokabeln verwendet, die der S bis zu diesem Moment gelernt hat.
Weitere Hinweise zur Grammatik auf der Seite 144.

3.4. Texte und Medien

Texte haben im Lehrwerk unterschiedliche Funktion. Die Lektionstexte führen systematisch neue Strukturen in Lexik und Grammatik ein. Sie sind farblich unterlegt und mit A, B oder C gekennzeichnet, je nachdem zu welchem Teil der Lektion sie gehören.
Weitere Texte sind meist als Realie (Flyer, Wohnungsanzeigen, Zeitungsartikel, Hotelbeschreibungen usw.) gestaltet und enthalten eine überschaubare Menge an unbekanntem Wortschatz. Ihre Funktion ist Leseschulung. Zu ihrer Erschließung setzen die S die jeweils geeignete Strategie ein.
Eine besondere Stellung nehmen die Texte auf der *Leer*-Seite, der vorletzten Seite einer jeweiligen Lektion, ein. Diese gehört zum fakultativen Angebot. Hier erhalten die S Zugang zu anspruchsvolleren Texten und Originalmaterialien verschiedenster Textsorten. Die Texte dienen der Leseschulung und dem Lesevergnügen. Der Wortschatz ist größtenteils rezeptiv. An den Stellen, an denen das Verstehen durch die Nichtkenntnis des Wortes gefährdet wäre, sind Annotationen angefügt.
Darüber hinaus wird auf der Serviceseite des Lehrwerks pro Lektion ein weiterer Text mit Aufgaben angeboten. Die Texte sind unter den Online-Links 538000-0041 bis 538000-0049 abrufbar.

4 Aufbau des Lehrwerks und seiner Bestandteile

4.1. Das Schülerbuch (Klett-Nr. 538000 für Bayern: 538025)

Das Schülerbuch umfasst 9 Lektionen. Auf die Lektionen 3, 6 und 9 folgt jeweils eine Plateauphase *(Repaso)*. Das Lektion 1 vorangestellte einführende Kapitel *¡Adelante! Bienvenidos* ist für die ersten Unterrichtsstunden Spanisch konzipiert. Ziel ist es, die spanischsprachigen Länder und die spanische Sprache vorzustellen, gemeinsam erste Eindrücke zu sammeln und zu reflektieren und an vorhandenes Wissen anzuknüpfen. Die einführende Lektion wird auf Deutsch unterrichtet.

Die Lektionen haben durchgängig folgenden Aufbau:

Die Auftaktseiten *(Primer paso)*
Jede Lektion beginnt mit einer doppelseitigen Einführungsphase. Im Mittelpunkt steht die inhaltliche Hinführung zum neuen Thema. Die Auftaktseiten haben die Funktion der lexikalischen Vorentlastung. Es werden ca. 20 für das Thema relevante neue Vokabeln eingeführt. In mindestens einer kommunikativen Übung spricht der S über sich.

Der Hauptteil (A, B, C)
Der Hauptteil ist der progressionstragende Teil der Lektion, er gliedert sich in die drei thematischen Abschnitte A, B und C. Jeder Abschnitt enthält einen Lektionstext, der sich auf die Storyline bezieht. Die Handlung spielt in Madrid und Málaga, Protagonisten sind der 16-jährige deutsche Schüler Tim Schmitt sowie eine spanische Familie und eine Wohngemeinschaft in Madrid. In der letzten Lektion erwartet die WG außerdem Besuch aus Argentinien. Umrahmt werden die Texte von einem ausführlichen Übungsteil, in dem die neu eingeführten sprachlichen Mittel eingeübt und alle Fertigkeiten trainiert werden. In der Regel werden dabei die verschiedenen sprachlichen Phänomene in Übungen mit unterschiedlichen Lenkungs- und Schwierigkeitsgraden sowie verschiedenen Sozialformen erworben und gefestigt, bevor sie in den Aufgaben zur Anwendung kommen. Die Übungen und Teilaufgaben *(Tarea)* einer jeden Lektion münden in die umfassende, abschließende Aufgabe *Tarea final*.

Die Leer-Seite
Auf der vorletzten Seite befindet sich ein fakultativer Textteil *(Leer)* zur Leseschulung. Ziel ist hier die Vermittlung von Lesevergnügen.

Die Tarea final
In einer abschließenden Aufgabe am Ende der Lektion *(Tarea final)* können die S die eigenständige Bewältigung des Gelernten in einer kommunikativen Situation erproben. Sie sollten dabei ohne Hilfe auskommen.
Am Ende einer jeden *Tarea final* steht eine Evaluationsphase. Die S reflektieren den Arbeitsprozess. Gemeinsam werden Tipps formuliert, die den Lernfortschritt jedes einzelnen S unterstützen können.

Die Plateauphasen *(Repasos)*
Die *Repasos* sind Wiederholungsphasen, die sich jeweils auf den Stoff der vorangegangenen drei Lektionen beziehen. In jedem Repaso finden sich Aufgabentypen, die auf die Aufgabentypologie basieren, wie sie in der DELE-Prüfung vorkommen. *Repaso 1* und *2* bestehen aus Aufgabentypen, die der DELE-Prüfung A 1 entnommen sind, *Repaso 3* greift Aufgabentypen aus dem Niveau A 2 auf.

Die Online-Links
Zu ausgewählten Aufgaben und Übungen im Schülerbuch werden unter www.klett.de/online zusätzlich Online-Links angeboten. Sie können jeweils unter der angegebenen Klettnummer abgerufen oder nach Lektionen geordnet im Online-Bereich eingesehen werden. Die Lösungen zu den Aufgaben der Online-Links finden sich unter den Klettnummern 538009-0001 bis 538009-0009.

4.2. Das Cuaderno de actividades mit Audio-CD und Übungssoftware (Klett-Nr. 538003)

Das *Cuaderno de actividades* bietet für alle Lern- und Fertigkeitsbereiche ein zusätzliches Übungsangebot für die Arbeit im Unterricht oder zu Hause. Die methodische Kompetenz wird durch den Einsatz von Lernstrategien geschult; die interkulturelle Kompetenz wird durch entsprechende Zusatzinformationen berücksichtigt. Auf der dem *Cuaderno* beiliegenden CD befinden sich alle Texte aus den *Unidades* des Schülerbuchs sowie die Hörtexte aus dem *Cuaderno* im MP3-Format. Die Übungssoftware enthält die Lernsoftware mit Übungen zum Wiederholen zu Hause.

4.3. Das Verben / Vokabellernheft (Klett-Nr. 538007)

Das Verben/Vokabellernheft ist ein zusätzliches Angebot für den Schüler. Es enthält Übungen zur Verständniskontrolle. Vokabeln und Verben können gelernt, nachgeschlagen und wiederholt werden.

4.4. Die Lehrer-CD (2 CDs) (Klett-Nr. 538012)

Auf der Lehrer-CD liegen alle Tracks der Schüler-Audio-CD sowie alle Hörtexte der Hörverstehensübungen aus dem Schülerbuch im WAV-Format. So können die Texte und Übungen auf einem CD-Player abgespielt werden.

4.5. Basisgrammatik (Klett-Nr. 538012)

Als zusätzliches Angebot zu den Bänden von *¡Adelante!* wird es eine lehrwerksbegleitende Basisgrammatik geben. Sie wird es ermöglichen, Pensen gezielt nachzuschlagen.

4.6. Das Lehrerbuch mit DVD und CD-ROM (Klett-Nr. 538009)

Das vorliegende Lehrerbuch bietet methodisch-didaktische Hinweise zur Arbeit mit dem Lehrwerk an. Enthalten sind Anmerkungen zur Durchführung der Übungen und Aufgaben sowie Alternativ- und Differenzierungsangebote mit Einsatz von Kopiervorlagen.
Darüber hinaus gehört zum Lehrerbuch eine Video-DVD mit kurzen Filmsequenzen zu den im Schülerbuch behandelten Themen sowie eine Lehrersoftware.
Auf der beiliegenden Lehrersoftware finden Sie Vorschläge zur Leistungsmessung mit Lösungen und Audiodateien, die gesamten Schülerbuchtexte, im Schülerbuch verwendetes Bildmaterial (darüber hinaus zusätzliches Bildmaterial), die gesamten Lösungen und die transkribierten Hörverstehenstexte. Außerdem beinhaltet sie die Hörverstehenstexte und Lösungen des *Cuaderno de actividades*, Aufgabenvorschläge, Lösungen und Arbeitsblätter zur DVD, einen Übungsgenerator zum Konzipieren eigener Arbeitsblätter, einen Vokabelchecker zum Überprüfen eigener Texte in Bezug auf den jeweiligen Lernstand der Schüler und ein Lexikon mit dem aufbereiteten lektionsbegleitenden Vokabular.

5 Tipps

Zum Schluss noch ein paar praktische Tipps für Ihren Unterricht:

5.1. Gruppenarbeit

Innerhalb des Lehrwerks werden, nach dem oben erwähnten Prinzip des Gemeinsamen Lernens, zahlreiche Gelegenheiten zur Partner- und Gruppenarbeit initiiert. Schaffen Sie eine Atmosphäre des Vertrauens und motivieren Sie alle S, sich sprachlich aktiv an den Aufgaben zu beteiligen. Fördern Sie das autonome Lernen durch Hinweise auf nützliche Lernstrategien.
Alle Gruppenarbeiten in diesem Lehrwerk sind so angelegt, dass die Gruppenarbeit sowohl in der Muttersprache als auch auf Spanisch durchgeführt werden kann. Entscheiden Sie je nach Lernerniveau, wann in den Gruppen in der Muttersprache und wann Spanisch gesprochen werden soll.
Sollte eine Gruppe zu keinem Ergebnis gekommen sein, bitten Sie sie, den Verlauf der Gruppenarbeit und ihre Probleme zu schildern. Meist kommt bei der Versprachlichung der zündende Gedanke.

Die Gruppenbildung. Wechseln Sie die Methode ab, mit der die Gruppen zusammengestellt werden:
- Bei knapper Zeit und bei großen Gruppen empfiehlt es sich, als Lehrer die Gruppeneinteilung selbst vorzunehmen. Lassen Sie bewusst auch einmal S, die sich nicht so gut kennen, zusammenarbeiten. Soll in der Fremdsprache gesprochen werden, sollten die Mitglieder der einzelnen Gruppen S mit unterschiedlichen Muttersprachen sein. Verwenden Sie die Gruppenbildung auch zur Binnendifferenzierung, um S mit gleichen Lernvoraussetzungen oder identischem Lernstand zusammenzusetzen.
- Für Aufgaben, bei denen die S zu ihren Hobbys, Einstellungen, Vorlieben und Interessen befragt werden, bietet es sich an, Zufallsgruppen zu bilden. Dies erhöht die Spannung, da sich die jeweiligen S nicht immer gut kennen.
- Lassen Sie den Lernenden bei der Gruppenzusammenstellung die Wahl, legen Sie aber die Anzahl der Gruppenteilnehmer von vornherein fest.

Die Durchführung. Die Arbeitsaufträge für die Gruppen sollten, nach Möglichkeit, schriftlich fixiert sein. Schreiben Sie sie an die Tafel, projizieren Sie sie mit dem Tageslichtprojektor oder teilen Sie Arbeitsblätter mit den Arbeitsaufträgen aus. Geben Sie jedem S, nicht nur jeder Gruppe, ein Arbeitsblatt. Stehen Sie für Fragen zur Verfügung, warten Sie aber, bis S der Gruppe auf Sie zukommen. Meist organisieren die S sich selbst.

Die Auswertung. Verwenden Sie verschiedene Methoden zur Auswertung der Gruppenarbeit:
- Bitten Sie die S, ihr Ergebnis zusammenzufassen, lassen Sie dabei die Form der Auswertung offen. Diese Methode eignet sich bei S, die Erfahrung mit Gruppenarbeit haben.
- Bitten Sie die S einer jeden Gruppe, ihr Ergebnis auf einem Plakat festzuhalten. Hier können Sie variieren und schon einige Stichwörter (z. B. positive Aspekte / negative Aspekte) oder eine Chronologie der Darstellung zur Gliederung vorgeben.
- Bitten Sie die S, ihr Ergebnis in Form von Tipps zu formulieren.
- Fordern Sie Ihre S auf, zum Schluss der Gruppenarbeit ein Rollenspiel durchzuführen.

5.2. Fehler und Fehlerkorrektur

Machen Sie Ihren S klar, dass Fehler zum Lernprozess gehören. Sie zeigen an, was noch nicht beherrscht wird und noch einmal geübt werden sollte. Erläutern Sie, dass der richtige Umgang mit Fehlern das Weiterlernen maßgeblich fördern kann. Folgende Arten der Fehlerkorrektur können auf die Aufgaben im Lehrwerk angewandt werden:

Die schriftliche Fehlerkorrektur
- Bei S, die viele Fehler machen, empfiehlt es sich, um die S nicht zu entmutigen, nur anzustreichen, wo Fehler sind. Später gehen Sie die Fehler mündlich mit den S durch.
- Geben Sie die Art des Fehlers an: Rechtschreibung, Grammatik, Lexik, Syntax usw. Wählen Sie für jede Kategorie eine andere Farbe.
- Möchten Sie Ihren S Verbesserungsvorschläge unterbreiten, bietet es sich an, am Rand die Korrektur selbst vorzunehmen. Hier sollte aber deutlich gekennzeichnet werden, welches ein Fehler und welches ein Verbesserungsvorschlag ist.
- Lassen Sie die S selbst die Korrektur vornehmen. Dies kann einzeln oder in der Gruppe stattfinden. Möglichkeiten: Die S lesen ihren Text selbst noch einmal auf Fehler durch, jeder S bearbeitet den Text eines Mitschülers, Gruppen bearbeiten die Texte der anderen Gruppen.

Widmen Sie sich vor allem der Besprechung unverständlicher Stellen, da diese anzeigen, was die S benötigen, um ihre Ausdrucksabsicht zu realisieren. Machen Sie den S ein zusätzliches Übungsangebot und wiederholen Sie Phänomene, bei denen häufig Fehler gemacht wurden. Bedienen Sie sich des *Cuaderno de actividades*, des Verben- und Vokabellernheftes, der Vorschläge zur Leistungsmessung, der 99 grammatischen Übungen und der Kopiervorlagen im Lehrerbuch, um zusätzliche Übungen bereitzustellen. Mithilfe des Übungsgenerators auf der Lehrersoftware können Sie auch Übungen generieren. Leiten Sie die S an, ein „Fehlerheft" anzulegen, das sie selbstständig und den eigenen Bedürfnissen entsprechend erweitern.

Die mündliche Fehlerkorrektur
Um zu gewährleisten, dass die S nicht von den Korrekturen entmutigt werden, und sich an immer längere, freie Äußerungen wagen, sollten Sie ein differenziertes Korrekturverhalten annehmen:
1. Korrigieren Sie nicht immer. Als weitgehend korrekturfreie Phasen werden innerhalb des Lehrwerks *¡Adelante!* die Aufgaben (*Tareas*) angesehen. Hier kommt es darauf an, dass die Aufgabe sprachlich und inhaltlich bewältigt wird.
2. Korrigieren Sie nicht alles. Während im formalen Training eine Korrektur notwendig ist und von den S gewünscht wird, sollten bei der Bearbeitung der Aufgaben sprachliche Korrekturen nur, wenn das Verständnis behindert wird, vorgenommen werden. Teilen Sie Ihren S Ihr Korrekturverhalten in jedem Fall vor der Bearbeitung mit.
3. Unterscheiden Sie zwischen den verschiedenen Typen der Fehler. Während Fehler in Aussprache, Grammatik und Lexik die Mitteilungsabsicht nicht beeinträchtigen, sollten pragmatische Fehler immer korrigiert werden, da sie ein unangemessenes Verhalten in der Zielkultur darstellen. Besprechen Sie dieses ausführlich. Sie finden unter der Rubrik Interkulturelles Lernen an geeigneten Stellen im Lehrwerk und im Lehrerbuch Anmerkungen und Aufgaben.
4. Verwenden Sie unterschiedliche Formen der Korrektur. Fordern Sie im Plenum zur Selbstkorrektur auf und beziehen Sie auch Mitschüler in den Korrekturprozess mit ein. Achten Sie aber bei Letzterem darauf, dass kein Konkurrenzverhalten auftritt und die Unterrichtsatmosphäre nicht negativ beeinflusst wird.
5. Nehmen Sie bei Gruppenarbeiten ein anderes Korrekturverhalten ein. Stehen Sie den einzelnen Gruppen für Fragen und Hilfen zur Verfügung, geben Sie zusätzliche Erklärungen und Nachschlagetipps und leiten Sie zum selbstständigen Lernen an. Sinnvoll ist auch, Unterrichtsgespräche in der Gruppe, Schülerpräsentationen und Rollenspiele auf Video aufzunehmen und gemeinsam (im Plenum oder in der Kleingruppe) zu besprechen.
6. Achten Sie besonders nach dem Aussprachetraining in jeder Lektion (*Practicamos la pronunciación*) auf die Korrektur der Aussprache. Bei freier Rede sollten keine Aussprachekorrekturen vorgenommen werden, weil sie den Redefluss stören. Zeigen Sie auf, wo der Laut gebildet wird oder welchem Laut einer anderen Sprache er ähnelt. Geben Sie auch nonverbale Signale zur Korrektur, z. B. indem Sie die Mundstellung mit den Händen nachahmen oder die Intonationskurve mit der Hand nachzeichnen. Auch hier bietet es sich an, das Gesprochene aufzunehmen und den S vorzuspielen, vorzugsweise in der Kleingruppe, um Versagensängste zu vermeiden.

¡Adelante! Bienvenidos

Thema: Die spanischsprachigen Länder
Lernziel: Das eigene „Bild" von Spanien und Hispanoamerika darstellen (Tarea final)

Lernbereiche	Lernziele	Lektionsteil, Aufg./Üb.
Funktional-kommunikative Kompetenzen		
Hablar	die Systematisierung der Aussprachregeln	SB 4 + OL 538000-0001
	sich vorstellen	SB 6
Escuchar	Aussprachevarianten	SB 5
Grammatische Strukturen	den Artikel von Wörtern angeben	SB 9 ▶ CDA1
Interkulturelle Kompetenzen		
	die Vielfältigkeit der spanischsprachigen Welt	SB 1
	die spanische Sprache in der Welt	SB 2
	Musikbeispiele	SB 3
Methodische Kompetenzen		
	Wörter identifizieren	SB 8

Lernziel: Die S können sich (auf Deutsch) zu Aspekten der spanischsprachigen Welt äußern.

¡Adelante! Bienvenidos (S.10–13)

1 El mundo hispanohablante

Lernziel: sich der Vielfältigkeit der spanischsprachigen Welt bewusst werden

a) Die S antworten aus ihrem Weltwissen heraus oder äußern Vermutungen zum Abgebildeten. Der Lehrer ergänzt mit den Informationen aus dem Landeskundeglossar.

b) **Tipp:** Fordern Sie die S auf, ihre subjektiven Eindrücke zu schildern.

Beispiele:
- Das Foto Nummer X erinnert mich an …
- Ich wusste gar nicht, dass …
- Das auf dem Foto X Abgebildete sieht interessant / komisch / lustig … aus.

Weiterarbeit
Die S nennen weitere Namen ihnen bekannter Orte, Gegenstände oder Persönlichkeiten. Diese werden an der Tafel gesammelt.

2 Se habla español

Lernziel: die spanische Sprache in der Welt

Die S lernen, dass nicht in allen Ländern, in denen Spanisch gesprochen wird, Spanisch auch Amtssprache ist. Ferner werden sie sich darüber bewusst, dass spanischsprachige Menschen überall, selbst in der eigenen Stadt, anzutreffen sind.

Weiterarbeit
Die S informieren sich über Möglichkeiten, in der eigenen Stadt auf spanischsprachige Menschen zu treffen (Freundeskreis, Tandem, Sprachstammtisch).

3 España e Hispanoamérica ⓘ L 1/1

Lernziel: Musikbeispiele zuordnen

a) Die S stellen die Personen, Orte oder Gegenstände ihrer Wahl auf Deutsch vor.

b) Sie ordnen die Stilrichtungen (Flamenco, Tango, Salsa, Merengue, Ranchera) den Ländern zu, die sie damit verbinden. Der L ergänzt mit den Informationen aus dem Landeskundeglossar.

4 La pronunciación ⓘ L 1/2 = S 1

Lernziel: die Systematisierung der Aussprachregeln

Vor dem Hören
Den S wird die Aufgabe gegeben, auf neue Laute zu achten. Mithilfe des **Online-Links 538000-0001** notieren sie in einem zweiten Schritt ähnliche Phoneme in anderen Sprachen, die sie kennen. Anschließend lesen sie sich die Namen in der Tabelle gegenseitig vor.

¡Adelante! Bienvenidos

Anmerkung: Die Ähnlichkeit der Laute ist nur eine Richtlinie. Fordern Sie Ihre S auf, spanischsprachigen Personen in dieser Hinsicht bewusst zuzuhören.

Weiterarbeit
Die S üben zu Hause mithilfe der CD die für sie schwierigen Phoneme und wiederholen sie zu Beginn der Stunde in Partnerarbeit.

5 ¡Hola! ¡Buenos días! L 1/3

Lernziel: Aussprachevarianten der spanischen Sprache

Zusatzinformation

> **Aussprachevarianten der spanischen Sprache**
> - Merkmale des argentinischen Spanisch:
>   - Der Buchstabe j wird /sch/ ausgesprochen.
>   - Es wird nicht zwischen /θ/ (engl. th) und /s/ unterschieden („seseo"), /z/ wird ebenfalls wie ein stimmloses /s/ gesprochen.
>   - Am Wortende werden oft /s/ und /n/ verschluckt.
>   - Die Buchstaben g und j werden meist stark aspiriert.
> - Merkmale des chilenischen Spanisch:
>   - schnelle Sprechgeschwindigkeit
>   - Es wird nicht zwischen /θ/ (engl. th) und /s/ unterschieden („seseo").
>   - /S/ am Silbenende wird gehaucht.
>   - Im Auslaut wird ein –s weggelassen.
>   - Verkürzung der Suffixe (-ado = -ao) und der Präposition para (pa).
> - Merkmale des kubanischen Spanisch:
>   - Es wird nicht zwischen /θ/ (engl. th) und /s/ unterschieden („seseo").
>   - Das d zwischen zwei Vokalen wird nur kurz angedeutet: mone(d)a.
>   - Das s nach einem Vokal oder am Ende des Wortes wird entweder nicht gesprochen oder nur leicht angehaucht: día(s).
>   - Unterschiede in der Intonation

6 Me llamo ... L 1/4 = S 2

Lernziel: sich vorstellen

Die S hören genau zu und variieren den Satz so, dass er auf sie zutrifft.

7 Español es para mí ...

Lernziel: erste Eindrücke der spanischen Sprache versprachlichen

Die S äußern sich der Reihe nach zu ihren subjektiven Eindrücken. Jeder S sollte einmal zu Wort kommen. Das Gesagte wird nicht kommentiert.

Tipp: Zur Förderung des Gedankenflusses kann im Hintergrund Musik eingespielt werden.

8 Palabras

Lernziel: Wörter identifizieren

Die S erkennen mithilfe der Abbildungen, dass sie bereits in der Lage sind, viele Wörter zu verstehen, auch ohne ein Wort Spanisch gelernt zu haben.

Tipp: Fordern Sie Ihre S auf, unbekannte Texte immer zunächst auf Internationalismen zu untersuchen. Die S verstehen im Allgemeinen mehr, als sie denken.

Möglichkeiten zur Weiterarbeit
1. Die S stellen in Gruppenarbeit eine Collage mit spanischen Wörtern zusammen, denen sie bereits begegnet sind. Dies können bekannte spanische Gerichte sein, der Titel eines Films, der Text eines Songs ...
   Tipp: Fordern Sie Ihre S auf, als Hausaufgabe einen „Rundgang" durch ihre Stadt zu machen. Spanische Wörter und Aufschriften können fotografiert und in die Collage integriert werden.
2. Die S erhalten eine Speisekarte (z. B. aus einem spanischen oder mexikanischen Restaurant) und versuchen herauszufinden, was die einzelnen Gerichte bedeuten.

9 ¿El o la? ¿Un o una?

Lernziel: den Artikel von Wörtern angeben

a) **Alternative:** Geben Sie Ihren S sechs Wörter vor, die sie nachschlagen sollen, z. B. *restaurante, farmacia, metro, banco, bar, cafetería*.

b) **Vorschlag:** Anstatt die Wörter in eine Tabelle im Heft einzutragen, gestalten die S in Gruppenarbeit eine Seite mit den Wörtern, die sie kennen.

c) **Anmerkung:** Erläutern Sie ihnen die Wichtigkeit, den Artikel bei einem Substantiv stets mitzulernen.

10 Tarea final: ¿Qué es para mí ... ?

Lernziel: das eigene „Bild" von Spanien und Hispanoamerika darstellen

Die S fertigen eine Collage an, die sie im Plenum (auf Deutsch) erläutern. Dabei sollen sie ihr „Bild" von Spanien oder Hispanoamerika darstellen und überprüfen. Würdigen Sie alle Schülerantworten und gehen sie auf die Faktoren ein, die dieses Bild geprägt haben (Filme, Musik, persönliche Erfahrungen, z. B. durch erste Kontakte zu Spanien als Reiseland, Stereotypen). Stellen Sie ein klischeehaftes Bild in Frage und relativieren Sie dieses, z. B. durch die Frage, ob andere S andere Erfahrungen gemacht haben.

Landeskundeglossar

Die **Alhambra** (SB, S. 11, Abbildung 10), eine Burganlage in Andalusien, liegt auf einem Hügel in der Nähe von Granada. Sie war zugleich Festung und Palast. Die Alhambra wurde während der muslimischen Herrschaft auf der Iberischen Halbinsel erbaut und zählt zu den schönsten Beispielen maurischer Baukunst.

Der **Beagle-Kanal** ist eine Wasserstraße im Süden Feuerlands (Argentinien) und verbindet den Atlantik mit dem Pazifik. Er bildet einen Teil des Grenzverlaufs zwischen Argentinien und Chile. An seinem Ufer liegt die Stadt Ushuaia, die südlichste Stadt der Welt. Sie ist Ausgangspunkt für Antarktisexpeditionen und Zwischenstation für Kreuzfahrtschiffe auf ihrer Reise durch die Antarktis.

Flamenco bezeichnet Lieder und Tänze aus Andalusien, die Einflüsse unterschiedlicher Kulturen aufweisen. Seine Elemente sind Tanz, Gesang, Klatschen oder Percussion und Gitarrenklänge. Im Flamencotanz werden auch Kastagnetten verwendet. Charakteristisch ist die rhythmische Fußtechnik, die mit nägelbeschlagenen Absätzen geschlagen wird.

Die **Maya-Ruinen in Chichén Itzá** befinden sich auf der Halbinsel Yucatán in Mexiko. Sie entstanden im ersten Jahrtausend nach Christus. Das berühmteste Gebäude dieser Ruinenstätte ist der Tempel von *Kukulcán* (SB, S. 10, Abbildung 2). Zur Tagundnachtgleiche (21. März und 21. September) liegt eine Seite der Pyramide im Schatten, so dass nur die Treppe von der Sonne angestrahlt wird. Darauf projizieren sich die Stufen der Pyramide und ergeben mit dem Schlangenkopf am Fuße der Pyramide eine Schlange. Chichén Itzá wurde im Jahre 1988 zum Weltkulturerbe erklärt.

Merengue ist eine Musikrichtung aus der Dominikanischen Republik und ein lateinamerikanischer Tanz. Charakteristische Elemente sind ein eingängiger Rhythmus, ein oft wiederholter Refrain, eine langsam-getragene Einleitung und eine markante Hüftbewegung.

Ranchera ist ein traditionelles Genre mexikanischer Musik aus dem 19. Jahrhundert. Typische Instrumente sind Gitarren, Trompeten, Akkordeon und Geigen. Rancheras bestehen aus einem festen Muster mit Instrumentaleinleitung und Gesangsteil. Rancheras sind Ausdruck eines Nationalgeistes, vorwiegend der ländlichen Bevölkerung.

Salsa ist ein Gesellschaftstanz aus Lateinamerika und verbindet afrokaribische und europäische Musikstile. Der Tanz besteht aus verschiedenen Tanzfiguren und wird in unterschiedlichen Stilen (z. B. New York Style, Cuban style) getanzt. Salsa steht auch für eine Form der lateinamerikanischen Musik, die aus kubanischen Rhythmen und Jazz-Elementen besteht und zum Ausdruck einer lateinamerikanischen Identität wurde.

Salvador Dalí (1904–1989) (SB, S. 11, Abbildung 6) war ein spanischer Maler und Grafiker. Er gilt als einer der Vertreter des Surrealismus. Im Jahre 1928 drehte er mit Luis Buñuel den Film „Un chien andalou" (Ein andalusischer Hund). Eines seiner berühmtesten Werke trägt den Titel „Die Beständigkeit der Erinnerung" *(La persistencia de la memoria)* und zeigt in einer schroffen Landschaft zerfließende Taschenuhren. Umstritten war Dalí wegen seiner Sympathie für den spanischen Diktator Franco.

Semana Santa ist die spanische Bezeichnung für die Karwoche (Palmsonntag bis Ostersonntag), die in Spanien, dort besonders in Andalusien, feierlich begangen wird. In dieser Woche finden Prozessionen statt, bei denen schwere sog. *pasos* (Darstellungen einzelner Szenen der Leidensgeschichte Jesu) durch die Stadt getragen werden. An diesen Prozessionen nehmen auch die sogenannten Büßer teil, die barfuß und anonym Buße (mit Kutte und Spitzhaube; siehe SB, S. 11, Abbildung 11) tun. Die Prozessionen der Semana Santa sind regional unterschiedlich. Berühmt sind die Prozessionen von Sevilla.

Shakira (SB, S. 10, Abbildung 9) wurde 1977 in Barranquilla, Kolumbien geboren. Zunächst sang sie auf Spanisch, später auf Englisch. Sie schreibt noch einen Großteil ihrer Songs selbst. In ihren Texten schneidet sie oft auch politische oder sozialkritische Themen an. Shakira setzt sich für soziale Projekte, besonders für Straßenkinder ihrer Heimat ein.

Die **Sierra Nevada** ist der höchste Gebirgszug der Iberischen Halbinsel und liegt in Andalusien, in den Provinzen Granada und Almería. Die Gipfel sind ganzjährig mit Schnee bedeckt. Der höchste Berg ist der Mulhacén (3482 m). Im Winter ist die Sierra Nevada ein beliebtes Skigebiet (SB, S. 10, Abbildung 3) und sechs Monate im Jahr geöffnet.

Tango bezeichnet die Musikrichtung und den spezifischen Tanz, der sich im 19. Jahrhundert von Buenos Aires und Montevideo aus in die ganze Welt verbreitet und unterschiedliche Formen angenommen hat. Die musikalischen Elemente sind aus verschiedenen Einflüssen, vor allem der Einwanderer, entstanden. Der Tango erlebte in den 30er und 40er Jahren des 20. Jahrhunderts seine Blütezeit.

Eine **Tapa** (SB, S. 11, Abbildung 5) ist ein Appetithappen, der in spanischen Bars zu Getränken serviert wird. Früher erhielt man die Tapas kostenlos zum Getränk. Serviert wurde das, was in der Küche gerade vorhanden war. Heute sind es Snacks, die zum Preis von zwei bis fünf Euro angeboten werden. Um die Entstehung der Tapas gibt es nahezu so viele Legenden wie es Tapasrezepte gibt. Eine weit verbreitete Anekdote erzählt in mehreren Variationen, dass früher alkoholische Getränke in Kneipen mit einem Deckel abgedeckt wurden. Diese Deckel bestanden aus einer Scheibe Brot oder Schinken oder aber aus einem Pappdeckel, der zur Beschwerung mit Oliven belegt war. Im Laufe der Zeit entwickelte sich daraus die heutige Tapa.

Unidad 1 ¡Hola! ¿Qué tal?

Thema: Persönliche Daten angeben
Lernziel: Sich für einen Sprachkurs in Spanien anmelden (Tarea final)

PP:	Name und Herkunft angeben und erfragen
A:	sich begrüßen, verabschieden, das Befinden angeben und erfragen
B:	sich und andere vorstellen und Verwechslungen aufdecken
C:	persönliche Daten angeben und erfragen (Name, (E-Mail-)Adresse, Telefonnummer)
Leer:	Wörter mithilfe weiterer Sprachen, Piktogrammen und des Kontextes erschließen

Lernbereiche	Lernziele	Lektionsteil, Aufg./Üb.
	Funktional-kommunikative Kompetenzen	
Hablar	sich und andere vorstellen; die Herkunft angeben und erfragen	SB PP1 + KV 01, SB PP2, PP3 + OL 538000-0002 ▶ CDA 2, SB B6
	sich begrüßen und verabschieden; nach dem Befinden fragen und darauf antworten	SB A5, B2
	Dialoge erstellen und vortragen	SB B9
	buchstabieren; nachfragen, wie etwas geschrieben wird	SB C3, C4 + OL 538000-0004
Escuchar	die Herkunft angeben und erfragen	SB PP1
	Begrüßungssituationen verstehen	SB A1, B1
	siezen und duzen	SB A4 ▶ CDA 5, 6
	verstehen, wie es jemandem geht	SB A6
	persönliche Angaben verstehen	SB C2
	Durchsagen am Flughafen	SB C6
Escribir	Dialoge erstellen und vortragen	SB B2, B9 + KV 03
	Fragen zu Personen stellen	SB B7 + KV 02 ▶ CDA 9, 10
Leer	Begrüßungssituationen verstehen	SB A1 ▶ CDA 4, SB A3, B1, B3
	persönliche Angaben verstehen	SB C2
Mediación	in Begrüßungssituationen zwischen Deutschen und Spaniern dolmetschen	SB C5
	Sprachmittlung am Flughafen	SB C6
Lexikalische Strukturen	sich begrüßen und verabschieden	SB A1
	das Befinden angeben und erfragen	SB A3 ▶ CDA 4
	von 0–10 zählen	SB C1
	fünf Wörter zum Wortfeld „Flughafen"	SB Leer
Grammatische Strukturen	nach einer Person fragen: ¿quién? ¿quiénes?	SB B4
	das Verb ser konjugieren	SB B5 ▶ CDA 7, 8
	Sätze verneinen	SB B8 ▶ CDA 11, 12
	Interkulturelle Kompetenzen	
	sich begrüßen und verabschieden	SB A1
	Grußformeln in mehreren Sprachen sammeln	SB A2 + OL 538000-0003 ▶ CDA 3
	siezen und duzen	SB A4 ▶ CDA 5, 6
	Methodische Kompetenzen	
	globales und selektives Hörverstehen	SB C6
	Erschließung neuer Lexik über Mehrsprachigkeit	SB Leer

Unidad 1

Ziele klären
Die S lesen die *Tarea final* und die kommunikativen Fertigkeiten auf S.15. Sie verdeutlichen sich, dass sie im Laufe der Lektion Kompetenzen und Fertigkeiten erwerben, die sie zur Bewältigung der abschließenden Aufgabe am Ende der Lektion benötigen.

Primer paso (S.14/15)

Lernziele: Die S lernen vier Jugendliche kennen und können am Ende des Lektionsteils Name und Herkunft angeben und erfragen.

1 ¡Buenos días! L 1/5 = S 3

Lernziel: die Herkunft angeben und erfragen

Einstieg
Die S betrachten die Porträts der vier Jugendlichen. Der L stellt die Personen vor:
- *Este es Marcelo.*
- *Esta es Blanca.*
- *Esta es María.*
- *Este es Tim.*

Anmerkung: Die Fotos der vier Jugendlichen befinden sich auf der Lehrersoftware. Sie können auf Folie kopiert und mit dem Tageslichtprojektor visualisiert werden.

Erarbeitung und Sicherung
Die S lesen/hören die vier Texte in den Sprechblasen und sprechen über die Herkunft der Personen.

Differenzierungsvorschlag:
- Stärkere Gruppen sprechen in Partnerarbeit.
- Bei schwächeren Gruppen lenkt der L das Gespräch durch Fragen.
  Beispiele:
  - *¿Marcelo es de Argentina? ¿De dónde es? ¿De Buenos Aires?*
  - *¿Blanca también es de Buenos Aires?* usw.

Weiterarbeit
Die S suchen die genannten Städte und Länder auf den Landkarten in der Umschlaginnenseite.
Der L weist darauf hin, dass manche deutsche Städte im Spanischen andere Namen haben. Die S bearbeiten dazu **Kopiervorlage 1** in Partnerarbeit.

2 Soy …

Lernziel: sich vorstellen

Vor der Aktivität
Die S sammeln mithilfe der Informationen aus den vier Sprechblasen die zur Aktivität benötigten Redemittel an der Tafel.

- Me llamo…
- Soy…
- Soy de…
- También soy de…
- ¿Y tú?
- ¿Cómo te llamas?
- ¿De dónde eres?

Die Aktivität
Kettenübung (bei kleineren Gruppen): Die S bilden einen Kreis. Der L stellt sich vor und wirft einem S einen Ball zu. Dieser stellt sich vor und wirft dem nächsten Schüler den Ball zu. Dies wiederholt sich, bis sich der letzte S vorgestellt hat.

Kettenübung (bei größeren Gruppen): Der L stellt sich vor und deutet auf einen S in der ersten Reihe. Dieser stellt sich vor und deutet auf seinen Nachbarn / einen anderen S usw.

3 ¿De dónde eres?

Lernziel: sich vorstellen; die Herkunft angeben und erfragen

Vor der Aktivität
Der L schreibt folgende Wörter an die Tafel:

Nombre:
Apellido/s:
Ciudad:
País:

Er fordert die S auf, sich eine neue „Identität" zu geben und einen spanischen Vor- und Nachnamen, eine Stadt und ein Land zu wählen (eine Namensliste befindet sich auf S.214 im SB, Karten von Spanien und Lateinamerika auf den Umschlaginnenseiten).

Alternative (für schwächere Gruppen): Die S arbeiten mit dem **Online-Link 538000-0002**. Jeder S bekommt eine Adresskarte.

Die Aktivität
Das Kugellager:
Die S werden in zwei Gruppen eingeteilt: Gruppe 1 bildet einen Innenkreis, Gruppe 2 einen Außenkreis. Die S stehen sich jeweils gegenüber und wenden sich einander zu.
Der L erklärt die Aufgabe und erläutert den Kontext: Die S sind Teilnehmer eines Jugendcamps und treffen am ersten Tag aufeinander.
1. Die S im Innenkreis beginnen und sprechen den gegenüberliegenden Partner aus dem Außenkreis an. Sie stellen sich vor und geben an, woher sie kommen. Dann stellen sie ihrem Gegenüber die Frage nach Namen und Herkunft.
2. Die S im Außenkreis antworten.
3. Dann gehen die S im Außenkreis um eine Position nach links. Sie wiederholen das Gespräch mit dem neuen Gegenüber.
4. Nach vier bis fünf Positionswechseln beendet der L die Runde.

1 Unidad

Vorschlag (bei größeren Gruppen): Die S fragen ihren rechten und linken Nachbarn, wer er ist.

Aprender y practicar A (S.16/17)

Lernziele: Die S lernen Redemittel zum Thema „Kontaktaufnahme". Sie können sich am Ende des Lektionsteils begrüßen, verabschieden, nach dem Befinden fragen und das eigene Befinden angeben.

1 ¡Hola y adiós! ⊚ L 1/6 = S 4

Lernziel: Begrüßungssituationen verstehen, sich begrüßen und verabschieden

a) Interkulturelles Lernen: Die S betrachten die vier Fotos auf S.16 und analysieren die dargestellten Begrüßungs- und Verabschiedungssituationen. Die Bearbeitung erfolgt auf Deutsch.

Differenzierungsvorschlag:
- Gruppenarbeit: Die S stellen eine Liste der eigenen Begrüßungsrituale zusammen und vergleichen anschließend die Ergebnisse der einzelnen Gruppen.
- Plenum: Die S vergleichen die abgebildeten Begrüßungsrituale mit den Gewohnheiten aus dem eigenen Land und berichten. Besonders Schüler mit anderen Muttersprachen als Deutsch werden aufgefordert, sich einzubringen.

Anmerkung: Diese Aufgabenstellung bezieht eine Mehrsprachigkeit mit ein und ist bei multikulturellen Klassen und bei vorhandenen Erfahrungen im Zielsprachenland (Schüleraustausch, Urlaub, Sprachaufenthalt) geeignet.

b) Der L nennt das Lernziel: Es sollen Redemittel zur Kontaktaufnahme erworben werden.
Nach dem Hören und Lesen der Dialoge suchen die S die Begrüßungsformeln aus dem Text heraus und tragen sie in eine Tabelle im Heft ein. Sie gehen auf Seite 14 und 15 zurück und fügen bereits Gelerntes hinzu. Die Ergebnissicherung erfolgt im Plenum.

2 ¡Buenas tardes!

Lernziel: Grußformeln in mehreren Sprachen sammeln

Interkulturelles Lernen: Die S arbeiten mit dem **Online-Link 538000-0003.**

Differenzierungsvorschlag:
- freie Aufgabenstellung: Die S schreiben Grußformeln, die sie kennen, die ihnen vertraut sind und die sie öfters verwenden, auf. Besonders S mit anderen Muttersprachen als Deutsch werden aufgefordert, sich einzubringen (Möglichkeit 1).
- vorgegebene Aufgabenstellung: Die S bekommen eine Liste mit Grußformeln und geben an, aus welchem Land sie jeweils stammen. Sie suchen sich die Länder selbstständig heraus (Möglichkeit 2); die Länder werden angegeben und sie ordnen den Grußformeln die richtigen Länder zu (Möglichkeit 3).

Anmerkung: Eine Namensliste der Länder befindet sich auf S. 212–214 im SB.

Variante (bei stärkeren Gruppen): Die S geben außerdem Auskunft darüber, welche der von ihnen aufgeschriebenen Grußformeln in einem formellen und welche in einem informellen Rahmen verwendet werden.

3 ¿Cómo está usted?

Lernziel: verstehen, wie es jemandem geht; nach dem Befinden fragen und darauf antworten

a) Die S zeichnen vor Bearbeitung der Übung drei Smileys auf drei gesonderte Blätter (Abbildungen S.17 im SB). Mit diesen zeigen sie an, wie es den Personen geht.

b) Die S tragen die Fragen nach dem Befinden aus dem Text in eine Tabelle im Heft ein.

Ergänzung: Sie gehen die Fragen nach dem Befinden noch einmal durch. Der L erläutert Kontexte, in denen sie verwendet werden.
- *¿Cómo está usted?*: in einem formellen Rahmen, in dem gesiezt wird; Jüngere gegenüber Älteren
- *¿Cómo estás?, ¿Qué tal? (auch ¿Qué tal los chicos? ¿Qué tal estáis?)*: in einem informellen Rahmen, bei Personen, die man gut kennt; in privaten Briefen und E-Mails
- *¿Todo bien?*: bei Personen, die man gut kennt.

Zusatzinformation

> 🌐 **Nach dem Befinden fragen**
> Im Spanischen gibt man bei negativem Befinden immer einen Grund an, z.B.: *¡Mucho estrés!, ¡Mucho trabajo!*

4 ¿Tú o usted? ⊚ L 1/7

Lernziel: siezen und duzen

a) und b) Interkulturelles Lernen: Die S beschreiben die einzelnen Situationen und geben an, wer wen duzt oder siezt.

Weiterarbeit
Die S denken sich in Partnerarbeit je drei Situationen, in denen geduzt, und drei, in denen gesiezt wird, aus.

Zusatzinformation

🌐 Duzen und siezen in Spanien und Lateinamerika

In Spanien geht man gewöhnlich sehr früh zum Du über, oft schon nach der ersten Begegnung. In der Schule duzen sich Lehrer und Schüler und in Unternehmen oft Chefs und Mitarbeiter. Mit älteren Menschen und Respektspersonen dagegen ist man per Sie.
In Lateinamerika wird tendenziell häufiger gesiezt, vor allem in einem Gespräch mit einem Vorgesetzten oder einer älteren Person.
Ein anderes Phänomen: In vielen Ländern Lateinamerikas verwendet man *ustedes* statt *vosotros*, auch in der informellen Sprache.
In Argentinien wird für die zweite Person Singular *vos* verwendet. Die Verbformen weichen von der üblichen Konjugation ab, z. B. *¿Vos sos de Alemania?* anstatt: *¿Vosotros sois de Alemania?* Vos ist, ähnlich wie das *tú* in anderen Ländern, der informellen Kommunikation vorbehalten.

5 ¿Qué tal?

Lernziel: sich begrüßen und verabschieden, nach dem Befinden fragen und darauf antworten

Die Aktivität
Vorschlag: Der L spielt Musik von der CD vor, die S bewegen sich im Raum. Dann wird die Musik ausgeschaltet. Die S bleiben stehen. Jeder wendet sich dem am nächsten stehenden Mitschüler zu und tauscht sich mit ihm aus. So wird mehrere Male verfahren.

Ergänzung (bei schwächeren Gruppen): Die S dürfen während der Klassenraumaktivität ein Blatt mit Redemitteln bei sich führen und ziehen es hervor, wenn sie nicht mehr weiter wissen.

6 ¿Cómo está …? 💿 L 1/8

Lernziel: verstehen, wie es jemandem geht

Die S hören die Hörtexte 1–3 und halten die Blätter mit den betreffenden Smileys (aus Übung A 3) in die Höhe. Ein S stellt die Frage, ein anderer gibt Auskunft darüber, wie es den Personen geht.

Aprender y practicar B (S. 18–20)

Lernziele: Die S lernen andere vorzustellen, nach Personen zu fragen und Sachverhalte zu verneinen. Sie können am Ende des Lektionsteils sich und andere vorstellen und Verwechslungen aufdecken.

1 ¿El chico es Pete? 💿 L 1/9 = S 5

Lernziel: Begrüßungssituationen verstehen

Einstieg
Die S betrachten die beiden Illustrationen auf Seite 18. Der L stellt zu den abgebildeten Personen Fragen und führt auf diese Weise die neuen Wörter (hier: unterstrichen) ein:
- ¿*Quién* es el chico / la chica?
- ¿*Quién* es el señor / la señora?
- ¿*Quiénes* son las personas?
- ¿Son *amigos*? ¿Son *familia*?
- ¿(No) es la familia de Tim?
- ¿Es el *padre* y la *madre* de la chica?
- ¿Es el padre y la madre del chico?
- ¿Es un *amigo* del padre?
- ¿Es una *amiga* de Miranda / Alberto?

Die S äußern mithilfe der Bilder Vermutungen.

Erarbeitung
a) Der L teilt den Lektionstext als Lückentext aus, in dem er im Vorfeld die oben erarbeiteten Wörter herausgestrichen hat. Die S ergänzen während des Hörens die Lücken. Der Text wird zweimal vorgespielt.

Anmerkung: Die Lektionstexte befinden sich im Wordformat auf der Lehrersoftware. Daraus können die Lückentexte leicht erstellt werden.

Anschließend lesen die S den Text mit verteilten Rollen und fragen nach weiteren unbekannten Wörtern: *¿Qué significa …?*

Ergänzung: An dieser Stelle empfiehlt es sich, die Satzstellung im Fragesatz zu erläutern. Der L schreibt dazu folgende zwei Sätze aus der Lektion an die Tafel und vervollständigt mit einer weiteren Möglichkeit:

> ¿Quiénes son ustedes?
> ¿Son ustedes Pascual Molina y Marisa Villar?
> ¿Ustedes son Pascual Molina y Marisa Villar?

Er spricht die drei Fragen mehrmals vor, die S achten auf die Satzmelodie und sprechen nach. Anschließend beschreiben sie ihre Beobachtungen (verbale Phase).

Sicherung
b) **Differenzierungsvorschlag:**
- Für schwächere Gruppen liest der L den Text in fünf Abschnitten vor und nennt nach jedem Abschnitt den betreffenden Satz. Die S geben an, ob der Satz wahr oder falsch ist.
  - Abschnitt 1: Zeile 1–5 → Satz 1
  - Abschnitt 2: Zeile 6–9 → Satz 2
  - Abschnitt 3: Zeile 10–13 → Satz 3
  - Abschnitt 4: Zeile 14–16 → Satz 4
  - Abschnitt 5: Zeile 17–22 → Satz 5
- Bei stärkeren Gruppen kann bei negativer Beantwortung schon eine Berichtigung der Sätze verlangt werden.

1 Unidad

Zusatzinformation:

🌐 **Spanische Nachnamen**

Der L erläutert die Nachnamensregelung in Spanien anhand des Kastens zum interkulturellen Lernen (Informationen auf S.179 im Vokabelanhang) und stellt folgende Frage zur Verständnissicherung: Wie heißen Miranda und Alberto mit Nachnamen?
Lösung:
Miranda Molina Villar, Alberto Molina Villar

2 ¡Hola, Pete! 🔊 L 1/9 = S 5

Lernziel: sich begrüßen, nach dem Befinden fragen

a) Durch das wiederholte Hören und Lesen prägen sich die S die Intonation ein.

b) **Anmerkung:** An dieser Stelle sollen die S einzelne Sätze übernehmen, ohne nach der beinhalteten Grammatik zu fragen. Sie fügen die einzelnen, auf ihre Situation anzuwendenden Sätze zu einem Dialog zusammen.

3 ¡Perdón!

Lernziel: Inhaltssicherung

Die S setzen die Dialoge dem Wortlaut des Textes entsprechend fort und lesen mit verteilten Rollen.

4 ¿Quién es? ¿Quiénes son?

Lernziel: nach einer Person fragen: ¿quién? ¿quiénes?

Lernen durch Chunks: Die S verwenden für die Antwort das in der Übung vorgegebene Lösungsbeispiel. Es wird nicht auf die Pluralbildung des Fragepronomens eingegangen.

5 Ser

Lernziel: das Verb ser konjugieren

a) **Entdeckendes Lernen:** Die S entdecken anhand des Textes die Formen von *ser* und tragen sie in eine Tabelle in ihrem Heft ein. Der L geht auf Formen und Verwendung der Subjektpronomen ein (SB, S.148).

Vorschlag (bei schwächeren Gruppen): Die Subjektpronomen und die Verbformen werden übersetzt und ebenfalls in die Tabelle eingetragen.

b) **Festigung** der Konjugation von *ser*

6 ¿Sois …?

Lernziel: sich und andere vorstellen, nach der Herkunft fragen

Tipp: Lassen Sie zur Vorbereitung auf das Rollenspiel ein Dialoggerüst erstellen.

Beispiel:

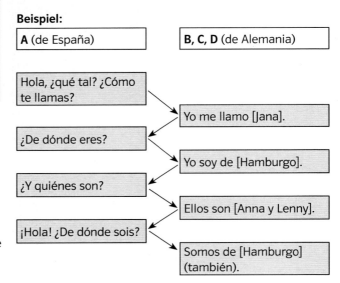

Empfehlen Sie Ihren S, vor dem Schreiben eines Dialoges ein Dialoggerüst zu erstellen. Nach und nach sollte dieses nur noch aus Schlüsselwörtern des Dialogs bestehen. Es kann auf Deutsch oder Spanisch erstellt werden.

Vorschlag: Die S stehen zu einem kurzen Rollenspiel auf.

7 Me llamo …

Lernziel: Fragen zu Personen stellen

Alternative: Die S arbeiten mit **Kopiervorlage 2**. Jeweils drei S bilden eine Gruppe. Sie lesen nach Bearbeitung ihren Dialog vor oder spielen ihn vor der Klasse.

8 Yo no, él sí

Lernziel: Sätze verneinen

a) Die S leiten sich die Antworten auf die Fragen aus dem Lösungsbeispiel der Übung ab.

b) **Entdeckendes Lernen unter dem Ansatz der Mehrsprachigkeit:** Der L schreibt folgende Sätze an die Tafel:

Yo	no	soy	Blanca.
Je	ne	suis pas	Blanca.
I		am not	Blanca.
Yo	no	me llamo	Blanca.
Je	ne	m'appelle pas	Blanca.
My name		is not	Blanca.

Die S beantworten anhand des Vergleichs zu anderen Sprachen folgende Fragen:
- Wo steht im Spanischen die Verneinung im Satz?
- Welche Bedeutungen kann das Wort *no* im Deutschen haben?

Sie nehmen ihre Antwortsätze aus Teilaufgabe a) zur Hilfe, um ihre Vermutungen zu überprüfen.

9 ¡Hola! ¿Quién es usted?

Lernziel: Dialoge erstellen und vortragen

Differenzierungsvorschlag:
- Bei stärkeren Gruppen arbeiten die S, wie in der Aufgabe beschrieben.
- Bei schwächeren Gruppen bilden die S aus vorgegebenen Wörtern und Sätzen Dialoge **(Kopiervorlage 3)**.

Aprender y practicar C (S. 21–23)

Lernziele: Die S lernen Namen, Adressen, E-Mail-Adressen und Telefonnummern anzugeben. Sie können am Ende des Lektionsteils persönliche Daten angeben und erfragen. Ferner können sie buchstabieren und nachfragen, wie etwas geschrieben wird.

1 Números L 1/10

Lernziel: von 0–10 zählen

Alternative: Bei wenigen oder keinen Vorkenntnissen wird die Übung im Plenum bearbeitet. Der Lehrer lenkt das Gespräch.

2 ¿Qué es? L 1/11 = S 6

Lernziel: persönliche Angaben verstehen

Einstieg
Der L schreibt ein bis zwei E-Mail-Adressen, evtl. seine eigene, an die Tafel und liest diese vor. Er erläutert die verwendeten Zeichen (s. auch Kasten SB, S. 21).

Beispiel:

Kettenübung: Der L fragt einen S nach seiner E-Mail-Adresse, dieser antwortet und fragt einen anderen Mitschüler usw.
- ¿Cuál es tu dirección de correo electrónico?
- Mi dirección de correo electrónico es…

Bei unbekannten Zeichen oder Buchstaben fragt der S nach: *¿Qué significa… (en español)?*

Erarbeitung
a) Die S hören den Text von der CD und lesen mit. Sie fragen sich nach weiteren unbekannten Wörtern.

Sicherung und Transfer
b) Der L nennt das Lernziel: einem Hörtext sollen detaillierte Informationen entnommen werden. Dazu präsentiert er folgende Visitenkarte von Pete Green **(Kopiervorlage 4)**, die mit den Informationen aus dem Hörtext ergänzt werden soll:

Die S hören den Text mehrmals, bis alle Lücken gefüllt sind.

Mithilfe der Informationen der Visitenkarte erarbeiten sich die S die fehlenden Redemittel im So-kann-ich-Kasten.

Tipp: Sie formulieren zunächst die Antworten am Beispiel von Pete Green. Dann suchen sie zu den Antworten passende Fragen. Der L hält die Ergebnisse an der Tafel fest.

Weiterarbeit
Die S fragen sich gegenseitig nach den obigen Informationen. Partner A erstellt die Visitenkarte von Partner B und umgekehrt **(Kopiervorlage 4)**.

Ergänzung: Zur Vorbereitung auf die *Tarea final* empfiehlt es sich, die gelernten Redemittel noch einmal zu wiederholen. Die S bearbeiten **Kopiervorlage 5**. Lassen Sie anschließend die Fragen und Antworten aus dem Trimino mehrmals in der Klasse vorlesen.

3 ¿Cómo se escribe? L 1/12

Lernziel: buchstabieren und nachfragen, wie etwas geschrieben wird

a) **Ansatz der Mehrsprachigkeit:** Die S hören die Buchstaben des Alphabets von der CD und beantworten folgende Fragen:
- Welche Buchstaben gibt es im Spanischen, die es in anderen Sprachen nicht gibt?
- Wo gibt es Unterschiede zwischen Schrift- und Klangbild?
- Wie viele Buchstaben gibt es im Spanischen, wie viele in anderen Sprachen?

Tipp: Als Hausaufgabe lernen sie das Alphabet auswendig.

1 Unidad

Zusatzinformation

🌐 Das spanische Alphabet

Das spanische Alphabet besteht aus 26 Buchstaben und 2 Buchstabenkombinationen (ch, ll). Es gibt darüber hinaus Sonderzeichen wie Akzente (z. B. í, é) Diärese (ü) oder Tilde (ñ).
Nützliche ASCII-Tastenkombinationen sind:
ñ ALT 164; Ñ ALT 165.

Anmerkung:
Im Spanischen kommen im Vergleich zu anderen Sprachen viele Konsonantenverdoppelungen nicht vor. Diese Unterschiede zwischen den Sprachen werden im Vokabelanhang durch eine gesonderte Markierung hervorgehoben.

Beispiel:
la fami**l**ia	la fami**ll**e (frz.)
el progra**m**a	le progra**mm**e (frz.)
intere**s**ante	intere**ss**ant (dt.)
	inté**r**e**ss**ant,e (frz.)

Die Buchstaben k und w kommen im am ehesten in Fremdwörtern *(el whisky, el kilómetro, el kiwi)* vor.

b) Die S wählen (unbekannte) Wörter aus dem Buch. Die Wortbedeutung schlagen sie in der alphabetischen Wortliste *(Diccionario,* ab S.196 im SB) nach.

c) Die S werden in zwei Gruppen eingeteilt. Jeder S wählt den Namen eines Mitschülers und schreibt ihn verdeckt auf ein Blatt Papier.
Der Reihe nach buchstabieren sie langsam den gewählten Namen. Der Rest der Gruppe versucht, diesen so schnell wie möglich zu erraten. Die Gruppe, die als Erste alle Namen erraten hat, hat gewonnen.

d) **Alternative:** Die S bewegen sich im Raum und fragen sich gegenseitig nach ihren Telefonnummern und E-Mail-Adressen. Die Daten werden notiert. Jeder S bekommt den Auftrag, mindestens fünf Mitschüler zu interviewen. Die Übung ist zu Ende, wenn der letzte S seinen Auftrag erfüllt hat.

4 ¿Cómo se escribe tu nombre?

Lernziel: Namen buchstabieren

Interkulturelles Lernen: Die S arbeiten mit dem **Online-Link 538000-0004.** Jeder S wählt einen Namen, der ihm gefällt. Danach buchstabieren sie sich gegenseitig ihre Namen.

Ergänzung (bei stärkeren Klassen): Die S fügen hinzu, woher der Name stammt: *Es un nombre francés / hebreo / árabe ...*

Weiterarbeit
Internetrecherche: Die S führen mithilfe der im **Online-Link 538000-0004** angegebenen Internetseiten Recherchen zu spanischen und deutschen Vornamen durch.

Tipp: Lassen Sie diese Aufgabe im Vorfeld als Hausaufgabe bearbeiten. Die S berichten in der nächsten Stunde von ihren Erfahrungen.

5 En español

Lernziel: in Begrüßungssituationen zwischen Deutschen und Spaniern dolmetschen

Vor der Bearbeitung
Vorschlag: Die S lesen sich zur Vorbereitung in der Kleingruppe die Lernstrategie zur Sprachmittlung durch (SB, S.138).

6 En el aeropuerto 💿 L 1/13

Lernziel: globales und selektives Hörverstehen, Sprachmittlung am Flughafen

a) **Vor dem Hören**
Vorschlag: S, die nicht mit Lernstrategien vertraut sind, erarbeiten sich zunächst die Lernstrategie zum Hörverstehen (SB, S.133).

Tipp: Dies kann ausgewählten S auch am Vortag als Hausaufgabe gegeben werden.

b) **Ergänzung:** Lassen Sie die S erklären, welche Wörter sie zum Ergebnis geführt haben. Sie nennen die bedeutungsrelevanten Stichwörter:

Lösungsvorschlag:
los pasajeros Klein y Müller, con dirección Mallorca, última llamada, urgentemente

Weiterarbeit
Die S hören die Durchsage noch einmal und schreiben die Flugnummer, das Flugziel und das Gate der anderen beiden Flüge heraus.

Lösung:
IBERIA 6789, destino: Bilbao, puerta: 8; IBERIA 5478, destino: Menorca, puerta: 2

7 Practicamos la pronunciación 💿 L 1/14–15
= S 7–8

Lernziel: die Aussprache trainieren

Anmerkung: Geben Sie Ihren S Tipps, wie sie selbstständig ihre Aussprache trainieren und verbessern können.
1. Die Lektionstexte zu Hause regelmäßig von der CD hören (die Schüler-CD liegt dem *Cuaderno de actividades* bei)
2. Die Lektionstexte zu Hause mehrmals laut vorlesen und bewusst immer flüssiger lesen
3. Bei Zweifel die Ausspracheregeln von S.12 immer wieder nachlesen
4. Bei schwierigen Lauten möglichst langsam sprechen und versuchen, herauszufinden, wo die Laute gebildet werden

Unidad 1

5. Stets klar und deutlich artikulieren
6. Zungenbrecher (in den folgenden *Unidades*) auf Schnelligkeit üben
7. Möglichst häufig sprechen

Leer (S. 24)

Lernziele: Erschließung neuer Lexik über Mehrsprachigkeit. Die S erschließen unbekannte Wörter und reflektieren die kontextspezifische Bedeutung eines Wortes.

El aeropuerto de Madrid-Barajas

a) Nach dem Partnergespräch erfolgt eine Ergebnissicherung im Plenum. Die relevanten Wörter werden an die Tafel geschrieben und übersetzt.

Beispiel:

la salida	der Ausgang
la puerta	das Gate
la llegada	die Ankunft
los aseos	die Toiletten
la zona de tránsito	der Transitbereich
¡Atención!	Achtung!
fumar	rauchen
el destino	das (Flug-)Ziel

Weiterarbeit
Die S fassen zusammen, wie sie unbekannte Wörter erschließen können. Dazu betrachten sie die Collage noch einmal und beantworten, jeder für sich, folgende Fragen:
- Welche Wörter verstehe ich, weil der englische Ausdruck daneben steht?
- Welche Wörter verstehe ich mithilfe des Piktogramms?
- Welche Wörter verstehe ich, weil ich sie mir aus anderen Sprachen erschließen kann?
- Welche Wörter kann ich mir aus dem Kontext erschließen?

Tipp: Weisen Sie Ihre S auf unterschiedliche Konzepte in den Sprachen hin, die bei der Erschließung mithilfe anderer Sprachen im Wege stehen könnten: nicht immer ist der Gleichklang entscheidend, es gibt „falsche Freunde", z. B.: *el destino* ≠ *le destin* (frz.), *la puerta* ≠ die Pforte (dt.).

b) **Tipp:** Um den mehrsprachigen Kontext beizubehalten, fordern Sie Ihre S auf, in das Wörternetz auch Wörter aus anderen Sprachen einzutragen.

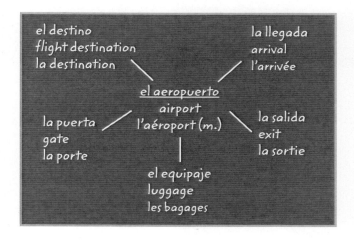

Tarea final (S. 25)

¡Hola! ¿Quién eres?

Lernziele: Die S können am Ende der Tarea final einen Erstkontakt herstellen.

Durchführung der Tarea final:
1. Die S bilden Gruppen und verteilen die Rollen.
2. Sie füllen das Anmeldeformular gemäß ihrer gewählten „Identität" aus.
3. Sie führen innerhalb der Gruppe das Rollenspiel durch. Der L geht von Gruppe zu Gruppe und gibt Tipps zur Durchführung.
4. Feedbackrunde: Der Austausch in der Feedbackrunde erfolgt auf Deutsch. Die S bringen ihre individuellen Erfahrungen ein. Positive Erfahrungen werden als Tipps für die weitere Bewältigung von Kommunikationssituationen verstanden.

Der L lässt am Ende eine Gruppe, die die Aufgabe sicher gelöst hat, ihre Lösung vor der Klasse vorspielen.

Landeskundeglossar

Der Flughafen Madrid-Barajas
(Aeropuerto de Madrid-Barajas, MAD)
Der Flughafen Madrid-Barajas wurde im April 1931 offiziell in Betrieb genommen. Er galt in den 50er Jahren als der modernste Flughafen in Europa. 1954 startete von ihm aus die erste IBERIA-Maschine nach New York.
Heute zählt der Flughafen Madrid-Barajas mit London-Heathrow, Paris-Charles de Gaulle und Frankfurt Rhein-Main zu den größten europäischen Flughäfen und ist innerhalb Spaniens der größte internationale Verkehrsflughafen. Bedeutend ist er auch als Knotenpunkt von und nach Südamerika.
Der Flughafen befindet sich 12 Kilometer nordöstlich vom Stadtzentrum. Um ins Zentrum der Innenstadt zu gelangen (Metrostation: *Puerta del Sol*), muss man zweimal umsteigen.

Unidad 2 ¿Qué te gusta?

Thema: Interessen und Vorlieben
Lernziel: Eine kurze E-Mail schreiben und auf Anzeigen im Internet antworten (Tarea final)

PP:	über Interessen und Vorlieben sprechen
A:	angeben, was einem gefällt und nicht gefällt
B:	über Freizeitaktivitäten sprechen und angeben, wie häufig man etwas tut
C:	Vorschläge machen und auf Vorschläge reagieren
Leer:	einen Weblog verstehen und auf Deutsch wiedergeben

Lernbereiche	Lernziele	Lektionsteil, Aufg./Üb.
Funktional-kommunikative Kompetenzen		
Hablar	Interessen und Vorlieben angeben und erfragen, zu Vorlieben und Interessen Stellung nehmen	SB PP 2, A 3, A 4 ▶ CDA 5–8
	angeben, wohin man am Wochenende geht	SB B 4 ▶ CDA 12
	fragen, was der andere gewöhnlich / häufig / selten / gar nicht tut; selbst diese Fragen beantworten	SB B 7
	ein Partnerinterview über Freizeitaktivitäten führen; zu gemeinsamen Freizeitaktivitäten Stellung nehmen	SB C 3
Escuchar	Freizeitaktivitäten verstehen und zuordnen	SB PP 1
	verstehen, was verschiedene Personen in ihrer Freizeit tun	SB B 1 + KV 06
	verstehen, was verschiedene Personen wie oft in ihrer Freizeit tun	SB B 6
	ein Gespräch über *La noche en blanco* verstehen	SB C 1
	verstehen, was Freunde während *La noche en blanco* unternehmen	SB C 9
Escribir	einen kurzen Text über Freizeitbeschäftigungen schreiben	SB B 3
	in einer SMS an Freunde Vorschläge machen	SB C 5
	eine E-Mail zu Freizeitaktivitäten beantworten	SB C 10 ▶ CDA 19
Leer	Freizeitaktivitäten verstehen und zuordnen	SB PP 1
	einen unbekannten Text global verstehen, textsortenspezifische Fragen an einen Text stellen	SB A 1
	verstehen, was verschiedene Personen in ihrer Freizeit tun	SB B 1 + KV 06
	ein Gespräch über *La noche en blanco* verstehen	SB C 1
Mediación	auf Deutsch angeben, worum es in einem Flyer geht	SB A 1
	einen kurzen Weblog über *La noche en blanco* auf Deutsch wiedergeben	SB Leer 2 + OL 538000-0008
Lexikalische Strukturen	von 11–100 zählen	SB C 7 ▶ CDA 17, 18, SB C 8
	die Häufigkeit ausdrücken	SB B 4
Grammatische Strukturen	den Plural von Wörtern angeben	SB A 2 + OL 538000-0005 ▶ CDA 3, 4
	die Verben auf *-ar*	SB B 1, B 2 ▶ CDA 9, 10, SB B 3
	die Präposition *a* mit dem bestimmten Artikel	SB B 4 ▶ CDA 11, 12
	das Verb *ir* konjugieren	SB B 5 + KV 07 ▶ CDA 11
	die Konjugation auf *-er* und *-ir* und einige orthografische Besonderheiten	SB C 2 + OL 538000-0006 + KV 08 ▶ CDA 13, 14, SB C 3, C 4 + OL 538000-0007
Interkulturelle Kompetenzen		
	La noche en blanco in Madrid	SB C 1
Methodische Kompetenzen		
	Wörter erschließen	SB A 1, Leer 1
	Hörverstehensstrategien	SB C 9
	mit einem Wörterbuch arbeiten	SB Tarea final

Ziele klären
Die S lesen die *Tarea final* und die kommunikativen Fertigkeiten auf S. 27. Sie erkennen, dass sie die in der Lektion vermittelten kommunikativen Fertigkeiten zur Bewältigung der abschließenden Aufgabe am Ende der Lektion benötigen.

Primer paso (S. 26/27)

Lernziele: Die S lernen Freizeitaktivitäten kennen und können am Ende des Teilkapitels ein paar Interessen und Vorlieben angeben.

1 El tiempo libre ⓢ L 1/20

Lernziel: Freizeitaktivitäten verstehen und zuordnen

Einstieg
Interkultureller Ansatz: Die S betrachten die Doppelseite einige Minuten lang, ohne die Aufgaben zu lesen, und äußern ihre spontanen Eindrücke und Gefühle zu den Bildern. Dann folgende Fragen:
1. Sieht ein Kino, eine Bar, ein Park, ein Museum bei uns auch so aus? Wenn ja, woran erinnert Sie das Abgebildete? Wenn nein, was ist neu für Sie?
2. Kennen Sie das Abgebildete und können sie es benennen?

Die Bearbeitung erfolgt auf Deutsch. Der L ergänzt mit landeskundlichen Hinweisen (Informationen s. auch Landeskundeglossar).

Zusatzinformation

> 🌐 **Die spanische Bar**
>
> Während im Deutschen das Wort „Bar", wie in vielen anderen Sprachen, oft einschlägige Assoziationen auslöst, haftet dem gleichnamigen Wort im Spanischen keine negative Konnotation an. Bars sind in Spanien sehr weit verbreitet. Dort werden kleine Snacks, belegte Brötchen (*bocadillos*) oder Sandwiches serviert. In einer spanischen Bar kommt Jung und Alt zusammen. Daher sind in den meisten Fällen auch Kinder erlaubt.

Erarbeitung
Differenzierungsvorschlag:
- Stärkere Gruppen suchen sich die passenden Wortgruppen eigenständig aus den Texten der Sprechblasen heraus.
- Bei schwächeren Gruppen werden zunächst mithilfe der Fotos 1, 2, 4 und 5 die vier Substantive *cine, bar, museo, parque* eingeführt. Der L deutet auf Bild 1 und gibt jeweils drei Antwortmöglichkeiten vor:
  ¿Qué es eso?
  a) ¿Un bar?
  b) ¿Un museo?
  c) ¿Un cine? usw.

2 Sí, me encanta

Lernziel: ein paar Interessen und Vorlieben angeben und erfragen

Die S hören noch einmal die Texte der Sprechblasen von der CD. Danach erschließen sie sich die Redemittel im So-kann-ich-Kasten. Ergebnissicherung im Plenum. Anschließend lesen sie sich gegenseitig Frage und Antworten mit unterschiedlichen Emotionen, von Begeisterung (*sí, me encanta*) bis Missfallen (*no me gusta nada*), vor.

Anmerkung: Die Struktur *me gusta / me gustan* wird hier als *chunk* gelernt. Ziel ist die Nachahmung und die repetitive Wiederholung der Struktur.

Sicherung und Festigung
Kettenübung: Die S fragen sich der Reihe nach, ob ihnen die genannten Aktivitäten gefallen. S1 fragt S2, dieser antwortet und fragt S3 usw.

Alternative zur Durchführung: Die S erstellen eine Liste von sieben Mitschülern, von denen sie glauben zu wissen, was ihnen gefällt / nicht gefällt. Sie wenden sich an die betreffenden Mitschüler und fragen: ¿Te gusta …? Für jede übereinstimmende Antwort bekommen sie einen Punkt. Es gewinnt der Schüler, der die meisten Punkte sammeln konnte.

Variante (bei stärkeren Gruppen): Beziehen Sie Füllwörter und die Verneinung mit ein:
– Marie, te gusta salir de fiesta, ¿no?
– Tom, no te gusta ver películas en el cine, ¿verdad?

Tipp: Der L verweist auf die Übersetzung der Arbeitsanweisungen auf S. 210–211 im SB. Er ermuntert die S, bei Verständnisproblemen selbstständig nachzuschlagen.

Aprender y practicar A (S. 28/29)

Lernziele: Die S lernen die Konstruktion me gusta / te gusta + Substantiv und können am Ende des Teilkapitels angeben, was ihnen gefällt und was ihnen nicht gefällt.

1 Actividades

Lernziel: textsortenspezifische Fragen an einen unbekannten Text stellen, Wörter erschließen

a) Anmerkung: Die S lesen zunächst die Kontextualisierung. Dann überfliegen sie den abgedruckten Flyer und lesen so genau, bis sie angeben können, worum es im Text geht. Sie lesen nicht Wort-für-Wort. Die Ergebnissicherung erfolgt im Plenum auf Deutsch.

Tipp: Weisen Sie Ihre S auf die Lernstrategie (SB, S. 134) hin und ermuntern Sie sie, bei ähnlichen Aufgaben immer wieder zurückzublättern.

2 Unidad

b) Unter Hinzuziehung von Kontext, Weltwissen und vorgelernten Sprachen schreiben die S individuell die Wörter heraus, die sie verstehen und übersetzen diese. Sie ordnen sie in die folgende Tabelle ein:

Wort	Erschließung...		
	durch vorgelernte Sprachen	aus dem Kontext	anhand des Weltwissens

2 Bares y tapas

Lernziel: den Plural von Wörtern angeben (als Vorbereitung zur Struktur me gusta / me gustan + *Substantiv)*

a) und b) Entdeckendes Lernen: Die S arbeiten mit dem **Online-Link 538000-0005**.

Differenzierungsvorschlag:
- Gruppen, die an die Methode des Entdeckenden Lernens gewöhnt sind und ihre Beobachtungen eigenständig in Regeln formulieren können, bearbeiten Möglichkeit 1 des Online-Links.
- Schwächere Gruppen wählen Möglichkeit 2.
- Schüler, die Schwierigkeiten haben, Wortarten zu bestimmen, bearbeiten Möglichkeit 3.

c) Ergänzung: Laufdiktat. Auf der Rückseite der Tafel oder auf dem Overheadprojektor stehen acht Wörter:

```
el apellido
el número de teléfono
los señores
la fiesta
los museos
el deporte
las ciudades
las direcciones de correo electrónico
```

Die S spielen zu zweit. Partner A ist der Läufer, Partner B der Schreibende. Nach dem Startschuss läuft der Läufer zur Tafel, merkt sich so viele Wörter, wie möglich, läuft zu seinem Partner B und diktiert ihm die Wörter (mit Artikel), die er behalten hat. Die Gruppe, die sich als Erste an alle Wörter erinnern konnte, gewinnt. Ergebnissicherung über den Overheadprojektor oder die geöffnete Tafel.

Anmerkung: Da das Spiel zur Festigung der Rechtschreibung dient, ergeben Wörter mit falscher Rechtschreibung und mit falschem Artikel keinen Punkt.

Tipp: Erläutern Sie Ihren S, dass sie sich Wörter am besten merken können, wenn sie gedanklich ein Bild mit ihnen verknüpfen.

3 ¿Te gusta?

Lernziel: zu Vorlieben und Interessen Stellung nehmen, die Struktur me gusta / me gustan + *Substantiv*

Vor der Aktivität
Die S lesen zunächst den So-kann-ich-Kasten und klären den Gebrauch von *me gusta / me gustan*.

Alternative (bei schwächeren Gruppen): Es wird eine Visualisierungshilfe an der Tafel gegeben, die S ergänzen mit weiteren Aktivitäten. Regelfindung.

Entdeckendes Lernen unter dem Ansatz der Mehrsprachigkeit: Die S vergleichen die Struktur *me gusta / me gustan* + Substantiv mit anderen Sprachen.

Ergebnis:
- Bei Verben wie *gustar* und *encantar*, die Gefallen ausdrücken, wird im Spanischen der bestimmte Artikel verwendet, im Englischen z. B. nicht.
- In anderen Sprachen wird das Verb nicht angeglichen, im Spanischen gleicht es sich an das Subjekt an: *El tango <u>me gusta</u>. Las discotecas <u>me gustan</u>.*

Die Aktivität
Partnerinterview: Es werden Zweiergruppen gebildet. Jeder S ist einmal Interviewer und einmal Befragter. Nach ca. zwei Minuten werden die Rollen getauscht.

4 Tarea: ¿Te gustan los museos?

Lernziel: zu Vorlieben und Interessen Stellung nehmen

Alternative (für schwächere Gruppen): Vor Bearbeitung sollten zuerst die Beispiele gelesen und übersetzt werden.

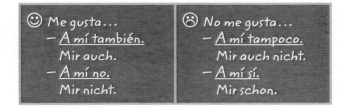

Die Aktivität
Vorschlag zur Durchführung: Die Sprechmühle. Der L spielt eine Musik von der CD, die S bewegen sich im Raum. Hört die Musik auf, wenden sie sich dem nächststehenden Mitschüler zu.
1. Sie verständigen sich kurz, wer Partner A und wer Partner B ist.
2. Partner A beginnt und äußert nacheinander, was er mag oder was er nicht mag. Partner B nimmt jeweils dazu Stellung und bestätigt oder widerspricht.
3. Nach einem Signal des L wechseln sie die Rollen und Partner B formuliert Vorlieben und Missfallen, Partner A nimmt dazu Stellung.
4. Nach diesem Durchgang wird wieder Musik gespielt und die S bewegen sich im Raum.

Weiterarbeit
El collage de mis gustos. Die S bringen Fotos oder Bilder von Aktivitäten mit, die ihnen gefallen. Sie erstellen je zu viert eine **Collage** mit den Bildern und notieren darunter den entsprechenden Ausdruck auf Spanisch. Jeder S stellt sich selbst anhand der Collage vor. Die Collagen können im Klassenzimmer aufgehängt werden.

Aprender y practicar B (S. 30/31)

Lernziele: Die S lernen Freizeitbeschäftigungen kennen und können am Ende des Teilkapitels im Rahmen eines begrenzten Umfangs über Freizeitaktivitäten sprechen und angeben, wie häufig sie etwas tun.

1 ¿Cómo pasas los fines de semana?
L 1/21 = S 13

Lernziel: angeben, was verschiedene Personen in ihrer Freizeit tun (Verben auf -ar)

Einstieg
Die S arbeiten mit der **Kopiervorlage 6a und b.** Der L beginnt, deckt auf dem Overheadprojektor ein Bild mit einer Aktivität auf, benennt die Aktivität und fragt einen Schüler: *¿Te gusta ...?*, dieser fragt einen anderen usw. bis alle Aktivitäten aufgedeckt und alle Schüler befragt wurden.

Ergänzung: Anschließend kann mit den Karten auf der Kopiervorlage **Memory** gespielt werden. Alle Karten werden ausgeschnitten, gemischt und verdeckt auf den Tisch gelegt. Der Reihe nach decken die S je zwei Karten auf. Ziel des Spieles ist es, Begriff und Bild zu finden und gemeinsam aufzudecken.

Erarbeitung
a) Die S hören bei geschlossenen Büchern den Text und kreuzen auf der **Kopiervorlage 6b** die Verben an, die im Text genannt werden.

b) **Ergänzung (für schwächere Gruppen):** Vor dem Zuordnen wird das Konjugationsmuster der Verben auf *-ar* am Beispiel von *hablar* durchgesprochen. Im Besonderen wird darauf eingegangen, welches der Stamm und welches die Endung ist. Danach bekommen die S den Text als Kopie ausgeteilt und unterstreichen beim Hören die Verbformen auf *-ar* im Text.

Anmerkung: Die Transkriptionen der Texte befinden sich auf der Lehrersoftware.

Danach erfolgt die Bearbeitung von b) und c).

Ergänzung: Die S stellen sich gegenseitig bei geschlossenem Buch drei Fragen zu jeder Person.

Weiterarbeit
Sie fragen sich gegenseitig, welche der Aktivitäten sie ausüben oder nicht ausüben.

2 ¿Y tú? ¿Y vosotros?
Lernziel: die Verben auf -ar konjugieren

Differenzierungsvorschlag:
- Stärkere Gruppen schreiben Frage und Antwort auf.
- Bei schwächeren Gruppen empfiehlt es sich, vor dem Ausfüllen des Lückentextes zunächst das Subjekt zu bestimmen. Danach Ergänzung des Lückentextes. In einem zweiten Schritt erfolgt dann die Beantwortung der Frage. Die S gehen bei Unsicherheit auf den Text zurück.

3 Tim, ¿dónde pasas los fines de semana?
Lernziel: die Verben auf -ar konjugieren

Die S schreiben anhand von visuellen Impulsen einen kleinen Text aus der Sicht von Tim. Diese Übung kann als Hausaufgabe erledigt werden.

4 ¿Adónde vas?
Lernziel: angeben, wohin man am Wochenende geht, die Häufigkeit ausdrücken, die Präposition a mit dem bestimmten Artikel

Zunächst erschließen sich die S die unbekannten Vokabeln. Besondere Berücksichtigung finden dabei die Redemittel, um Häufigkeit auszudrücken.
Danach bittet der L einen S, die Sätze im Grammatikkasten vorzulesen. Er lenkt die Aufmerksamkeit auf die Kontraktion des Artikels *al*. Dann Partnergespräch, wie beschrieben.

2 | Unidad

Alternative: Lügentext. Die S schreiben je sechs Sätze, drei wahre und drei unwahre, auf ein Blatt Papier. Sie tauschen die Blätter untereinander aus, der jeweils andere gibt an, welche der Sätze wahr und welche falsch sind. Die falschen werden berichtigt.

5 ¿Adónde van Miranda y sus amigos el fin de semana?

Lernziel: das Verb ir *konjugieren*

Ergänzung: Nach Bearbeitung des Lückentextes stellt der L Fragen zum Inhalt des Minidialogs:
- ¿Adónde va Miranda los fines de semana?
- ¿Quién va a un concierto y quién va al museo del Prado?
- ¿Van de compras Celia y Cristina?

Festigung: Domino zu den Verbkonjugationen: *ser, ir* und Verben auf *-ar* (**Kopiervorlage 7**). Es wird in Gruppen zu 3–4 Schülern gespielt.

6 Actividades de fin de semana ◉ L 1/22

Lernziel: verstehen, was verschiedene Personen wie oft in ihrer Freizeit tun

Vor dem Hören erläutert der L den Kontext: Paula, Cristina und Alberto werden auf der Straße interviewt. Thema: *¿Cómo pasan los jóvenes en Madrid los fines de semana?* Beim ersten Hören konzentrieren sich die S auf die Freizeitaktivitäten eines jeden einzelnen. Sie machen sich Notizen. Beim zweiten Hören notieren sie die Häufigkeit, sofern sie genannt wird.

Tipp: Fordern Sie Ihre S auf, nur Schlüsselwörter, nicht ganze Ausdrücke, aufzuschreiben, z. B. *fiesta, discoteca, cine* usw.

7 Tarea: ¿Cómo pasas los fines de semana?

Lernziel: fragen, was der andere gewöhnlich / häufig / selten / gar nicht tut; selbst diese Frage beantworten

Tipp: Der So-kann-ich-Kasten von Übung 6 kann bei der Formulierung der Sätze helfen.

Alternative (schriftlich): Jeder S verfasst einen kleinen Text über sich, in dem er auf die sechs genannten Aktivitäten Bezug nimmt. Korrektur in Partnerarbeit: Partner A liest den Text von Partner B und macht gegebenenfalls Verbesserungsvorschläge und umgekehrt.

Aprender y practicar C (S. 32–35)

Lernziel: Vorschläge machen und auf Vorschläge reagieren

1 Los amigos salen esta noche ◉ L 1/23 = S 14

Lernziel: ein Gespräch zwischen Jugendlichen über La noche en blanco *verstehen*

Einstieg
Interkultureller Ansatz: Der L gibt den Kontext vor: Freitagabend möchten Alberto, Miranda und Tim ausgehen. Es ist gerade *La noche en blanco* in Madrid.
Die S vermuten, was *La noche en blanco* sein könnte. Der L fragt, ob jemand Gedanken oder Assoziationen dazu hat (z. B. aus dem Französischen: *La nuit blanche*). Kurzer Ideenaustausch auf Deutsch.

Erarbeitung
a) Die S lesen und hören den Text. Sie fragen nach der Bedeutung einzelner Wörter. Der L ermutigt die S, sich die Bedeutung selbst zu erschließen und verweist auf das erarbeitete Schema aus A 1 (LHB, S. 22). Erst danach gibt er selbst Worterklärungen.
Anschließend Bearbeitung von b).

Weiterarbeit
Interkultureller Ansatz: Bezugnehmend auf oben beantworten die S nun folgende Fragen:
1. Was ist *La noche en blanco*?
2. Gibt es so ein Fest auch bei uns? Wenn ja, welches?
3. Wie könnte der Begriff *La noche en blanco* ins Deutsche übersetzt werden?

Sicherung und Festigung
Die S fertigen in Kleingruppen ein Wörternetz über *La noche en blanco* an. Ergebnissicherung an der Tafel.

2 ¿Qué crees tú?

Lernziel: die Konjugationen auf -er und -ir und einige orthografische Besonderheiten

Entdeckendes Lernen: Die S erarbeiten sich die Verbformen mithilfe des **Online-Links 538000-0006**.

Differenzierungsvorschlag:
- Für stärkere Gruppen eignet sich die Methode des **Lernens durch Lehren:** Der L bittet einen S, die Moderation für diese Übung zu übernehmen. Dieser schreibt die Verbformen nach Zuruf an die Tafel, gemeinsame Reflexion des Konjugationsmusters und der orthografischen Besonderheiten erfolgt wie in Übung.
- Schwächere Gruppen bearbeiten Möglichkeit 2 oder 3 der Aufgaben im Online-Link.

Weiterarbeit
Zur Festigung der Verbformen eignet sich das Würfelspiel auf **Kopiervorlage 8**. Die Würfel werden ausgeschnitten und zusammengeklebt. Die S würfeln mit beiden Würfeln. Würfel 1 zeigt das Verb an, das sie mithilfe von Würfel 2 (Personalpronomen) im Präsens konjugieren.

3 ¿Y tú qué haces los fines de semana?

Lernziel: ein Partnerinterview über Freizeitaktivitäten führen; zu gemeinsamen Freizeitaktivitäten Stellung nehmen

a) – c) Die S interviewen sich gegenseitig und berichten ihre Ergebnisse in anderen Gruppen und im Plenum.

d) Lernen durch Lehren: Ein S übernimmt die Lehrerrolle und fragt die Klasse, welche der genannten Aktivitäten häufig – manchmal – nicht ausgeübt werden. Er notiert, wie viele Meldungen per Handzeichen gegeben werden.

Ergänzung: Es werden weitere, schon gelernte Aktivitäten hinzugenommen: *estudiar, chatear, visitar museos* etc.

Alternative: Intuition oder Vorurteil. Die S stellen sich in Zweiergruppen zusammen. Der L stellt z. B. folgende Frage: *¿Tu compañero,-a ve siempre películas en el cine?* Beide Partner teilen einander ihre Vermutungen über den jeweils anderen mit:
– *Sí, tú ves siempre películas en el cine.*
– *No, no ves siempre películas en el cine.*
Es werden neue Zweiergruppen gebildet. Eine weitere Frage wird gestellt usw.

Mögliche Fragen:
1. ¿Tu compañero,-a ve siempre películas en el cine?
2. ¿Tu compañero,-a sale de fiesta los fines de semana?
3. ¿Tu compañero,-a normalmente lee una revista?
4. ¿Tu compañero,-a hace deporte?
5. ¿Tu compañero,-a a veces va a un concierto?
6. ¿Tu compañero,-a no va a las discotecas?
7. ¿Tu compañero,-a siempre chatea?
8. ¿Tu compañero,-a va a los museos?

Auswertung: Die S reflektieren ihre Ergebnisse auf Deutsch anhand der folgenden Fragen:
1. Wie viele Male habe ich mit meiner Einschätzung richtig gelegen?
2. Wie bin ich zu meinen Vermutungen gekommen (Wissen über die Person, Schlussfolgerung aus schon Bekanntem, Erscheinungsbild)?
3. Bei nicht Übereinstimmung: Wo habe ich mich von Vorurteilen leiten lassen?

4 Actividades de tiempo libre (fakultativ)

Lernziel: Sätze mit Freizeitaktivitäten bilden

Die S arbeiten mit dem **Online-Link 538000-0007** oder suchen sich die Wörter und Begriffe aus der chronologischen Wortliste (ab S. 180 im SB) heraus.

5 Tarea: ¿Qué hacemos esta noche?

Lernziel: in einer SMS an Freunde Vorschläge machen

Geben Sie Ihren S zur Bearbeitung verschiedene Kontexte vor:
1. Madrid Freitagabend, 20.30 Uhr: Sie sind zu Hause und überlegen, was Sie tun könnten.
2. Es ist *La noche en blanco* en Madrid.
3. Es ist Sonntagabend. Sie sind auf der *Plaza Mayor* und möchten etwas unternehmen.

6 Practicamos la pronunciación ⊚ L 1/24 – 26
= S 15 – 17

Lernziel: die Aussprache trainieren

a) Die S schauen sich die Ausspracheregeln an und sprechen die Wörter nach.

b) **Tipp:** Es empfiehlt sich, die Übung in Partnerarbeit bearbeiten zu lassen. Der jeweils andere korrigiert.

c) Die S lesen sich den Zungenbrecher gegenseitig mehrmals vor. Sie beginnen, langsam und deutlich zu sprechen und versuchen dann, immer schneller und flüssiger zu lesen.

7 Me gustan los números ⊚ L 1/27

Lernziel: von 11 – 100 zählen

Vorbemerkung: Der L nennt das Lernziel: Es werden die Zahlen bis 100 gelernt, um in der folgenden Übung Bingo, ein beliebtes Glücksspiel, zu spielen.

2 | Unidad

a) – c) Alternative: Entdeckendes Lernen. Die S finden sich in Dreiergruppen zusammen:
- Schüler A schaut sich auf der S. 165 die Zahlen von 11 – 20 an,
- Schüler B, die Zahlen von 21 – 30 und
- Schüler C die Zahlen von 31 – 100.

Sie erarbeiten sich die Struktur der Zahlen im Spanischen und stellen dabei folgende Punkte heraus:
1. Nach welchem Prinzip wird im Spanischen gezählt?
2. Welche Zahlen muss man sich besonders merken, weil sie von der Regelmäßigkeit abweichen?

Lösungsvorschlag:
- 1 – 20: Bis 15 lernt man am besten die Zahlen auswendig, ab 15 erkennt man die Zusammensetzung: *dieci + seis / siete / ocho / nueve*. Die Zahlen werden zusammen geschrieben. Vorsicht bei der Schreibweise *dieciséis*.
- 21 – 30: Nach demselben Prinip wie die Zahlen von 15 – 19 funktionieren auch 21 – 29. *veinti + uno / dos / tres /* usw. Die Zahlen werden zusammen geschrieben. Vorsicht bei der Schreibweise: *veintidós, veintitrés, veintiséis*.
- 31 – 100: Ab 30 werden die Zahlen getrennt geschrieben und mit *y* verbunden: *treinta y uno, treinta y dos* usw. Nach diesem Prinzip werden die weiteren Zahlen gebildet. Man muss sich nur noch die Zehnerzahlen merken.

Die S lesen gemeinsam die Zahlen von 11 – 100 und korrigieren sich gegenseitig. Anschließend hören sie den Rap auf der CD und rappen mit.

8 ¡Bingo! L 1/28

Lernziel: die Zahlen bis 100

Geben Sie zur Einführung Informationen über das Bingospiel in der lateinamerikanischen Variante.

Zusatzinformation

> **Bingo**
>
> Bingo ist ein beliebtes Lotteriespiel, das auf der ganzen Welt, auch in den spanischsprachigen Ländern, gespielt wird.
> Die Teilnehmer kaufen eine oder mehrere Bingokarten, die mit Zahlen bedruckt sind. Ein Spielleiter zieht aus einer Trommel Bälle mit Zahlen. Wer diese auf seiner Karte findet, streicht sie durch. Sobald ein Teilnehmer auf seiner Karte alle Zahlen streichen konnte, ruft er laut „Bingo!" Wenn seine Spielkarte korrekt ist, bekommt er einen Preis. Alternativ kann „Bingo!" auch gerufen werden, wenn nur eine Linie oder zwei Linien ausgestrichen wurden. Mit jeder weiteren Bingorunde erhalten die Gewinner einen immer wertvolleren Preis.

Anmerkung: Bingospielen ist manchmal recht frustrierend, da man nur selten alle Zahlen durchstreichen kann. Das Bingospiel in der Klasse kann daher mit verschiedenen Variationen gespielt werden:

- Variation 1: Die S hören die zehn Zahlen von der CD. Sie dürfen „Bingo!" rufen, wenn sie eine Zeile waagerecht vollständig durchstreichen konnten.
- Variation 2: Falls ausreichend Zeit vorhanden ist, kann das Spiel so lange gespielt werden, bis die ersten drei Spieler ihre Karten durchgestrichen haben. Dazu werden die Zahlen von 1 – 90 jeweils auf kleine Zettel geschrieben, die gefaltet und in einen Behälter gelegt werden. Ein Spielleiter wird bestimmt. Dieser zieht eine Karte und liest sie vor. Diese Karte wird dann zur Seite gelegt. Es wird so lange gespielt, bis die ersten drei Gewinner ermittelt werden konnten.

9 Los amigos quedan en un bar L 1/29

Lernziel: verstehen, was Freunde während La noche en blanco *unternehmen*

a) Die S betrachten zunächst die Illustrationen und verschaffen sich einen Überblick, worum es geht:
1. Wer sind die Personen auf den Bildern? Welche kennen sie oder können sie erkennen?
2. Wohin gehen die Freunde?
3. Was machen sie?

Differenzierungsvorschlag:
- Stärkere Gruppen hören den gesamten Hörtext an.
- Bei schwächeren Gruppen stoppt der L bei jedem Sinnabschnitt und fragt die S, welches Foto / welche Fotos sich auf diesen Abschnitt beziehen:

  Lösung:
  - Abschnitt 1: "… ¡Vale!" → Foto A
  - Abschnitt 2: "… momento." → Foto F
  - Abschnitt 3: "… Sidonie." → Foto B
  - Abschnitt 4: "… ¡Adiós!" → Foto D, E
  - Abschnitt 5: "… tontos." → Foto C

Tipp: Weisen Sie Ihre S auf die Lernstrategie hin.

b) Die S lesen sich zunächst die Sätze 1 – 5 genau durch. Sie notieren sich die Lösung, die sie sofort wissen. Beim zweiten Hören konzentrieren sie sich nur auf noch Fehlendes.

10 Tarea: El correo electrónico de un amigo

Lernziel: eine E-Mail zu Freizeitaktivitäten beantworten

Alternative (für schwächere Gruppen): Geben Sie Ihren S bei Bedarf eine Struktur:
1. Machen Sie sich mit der Textsorte vertraut und schauen Sie im Beispiel, wie man eine E-Mail beginnt und beendet.
2. Überlegen Sie sich, wie Sie antworten möchten:
   - Was gefällt Ihnen?
   - Wohin möchten Sie gehen?

Treffen Sie eine Vereinbarung bezüglich des Treffpunkts.

Unidad 2

Leiten Sie Ihre S an, auf bereits gelernte Redemittel in den So-kann-ich-Kästen der Seiten 27, 29 und 33 zurückzublättern.

Leer (S. 36)

Lernziele: Die S lernen einen kurzen, unbekannten Text mit Bildern zu erschließen und können einen sehr kurzen Weblog verstehen und auf Deutsch wiedergeben.

1 La noche en blanco

Lernziel: Erschließung neuer Lexik über Bilder und Mehrsprachigkeit

Tipp: Weisen Sie Ihre S darauf hin, auf die für das Verständnis eines Textes wichtigen Schlüsselwörter zu achten.

2 En alemán

Lernziel: einen kurzen Weblog über La noche en blanco auf Deutsch wiedergeben

Tipp: Geben Sie S, die Hilfe benötigen, Fragen vor:
1. Was ist *La noche en blanco*?
2. Wo findet sie statt?
3. Was gibt es dort zu sehen / tun?
4. Was ist das Besondere an der *Noche en blanco* in Madrid?
5. Welche wichtigen Informationen sollten noch genannt werden?

Linktipps: Online-Link 538000-0008.

Tarea final (S. 37)

Amigos en Internet

Lernziel: Die S können am Ende der Tarea final eine kurze E-Mail schreiben und auf eine Kontaktanzeige antworten.

Durchführung der Tarea final:
1. Die S wählen gemeinsam eine Anzeige.
2. Sie verfassen die E-Mail und nehmen direkt auf die Anzeige Bezug.
3. Sie tauschen ihre E-Mails mit einer anderen Gruppe aus und markieren in einer stillen Schreibkonferenz die Fehler der anderen.
4. Sie tauschen sich im Plenum über die Aufgabe aus. S, denen die Aufgabe leicht gefallen ist, geben anderen, die Mühe damit hatten, Tipps zur Verbesserung.

Landeskundeglossar

La Latina ist ein in unmittelbarer Nähe des Zentrums gelegenes Stadtviertel in Madrid und gehört zu den ältesten und attraktivsten Teilen der Stadt. Benannt wurde es nach seiner Gründerin Beatriz Galindo, die wegen ihrer umfassenden Bildung den Beinamen „La Latina" trug. Im 19. Jahrhundert war es das Viertel der Industriearbeiter, heute ist es vor allem das Viertel der jungen Leute, Studenten und Einwanderer. *La Latina* ist bekannt für seine zahlreichen Ausgehmöglichkeiten und kulturellen Angebote.

Das **Museo del Prado** zählt zu den größten Kunstmuseen der Welt. Es wurde zu Beginn des 19. Jahrhunderts nach dem Vorbild des Louvre geschaffen. Berühmt ist das Museum für seine Sammlungen spanischer und holländischer Maler. Aber auch zahlreiche Werke italienischer Künstler (Botticelli) oder deutscher Maler (Dürer, Rembrandt) sind im Prado ausgestellt. 2007 wurde das Museum erweitert und die Ausstellungsfläche um ein Vielfaches vergrößert. Außerdem wurden ein Konferenzsaal und eine Bibliothek angefügt.

Der **Parque del Retiro** zählt zu den schönsten Parks in Madrid. Er ist ein sehr beliebter Erholungsort und besonders am Wochenende belebt. Dann trifft man dort Jogger, Musikanten und Künstler, z. B. Puppenspieler.

Pedro Almodóvar ist ein spanischer Filmregisseur, der im Jahre 1950 in La Mancha geboren wurde. Er machte sich als Vertreter der *Movida madrileña*, einer Kulturbewegung nach der Diktatur Francos, einen Namen. Seine Werke, in denen stets gesellschaftlich ausgegrenzte Menschen die Hauptrolle spielen, tragen oft Züge des Melodramatischen. Seinen Durchbruch feierte er 1988 mit dem Film *Mujeres al borde de un ataque de nervios* (Frauen am Rande des Nervenzusammenbruchs). Mehrere seiner nachfolgenden Filme wurden mit Preisen ausgezeichnet.
Neuere bekannte Filme: *Carne trémula* (Mit Haut und Haar) 1997; *Todo sobre mi madre* (Alles über meine Mutter) 1999; *Hable con ella* (Sprich mit ihr) 2002; *La mala educación* (Schlechte Erziehung) 2004; *Volver* (Zurückkehren) 2006; *Los abrazos rotos* (Zerrissene Umarmungen) 2009.

Sidonie ist eine Rock / Popgruppe, die 1997 in Barcelona gegründet wurde. Sie besteht aus drei Mitgliedern: Marc (Gitarre), Jesús (Gesang, elektrische Gitarre) und Axel (Schlagzeug, Percussion). Die drei Musiker wurden bei einem Talentwettbewerb entdeckt. Inzwischen brachten sie zahlreiche CDs heraus. Sie singen in englischer und spanischer Sprache.

Unidad 3 — En el instituto

Thema: Schule und Schulalltag	
Lernziel: Ein Veranstaltungsprogramm zusammenstellen und präsentieren (Tarea final)	
PP:	über den Spanischunterricht sprechen
A:	über die Schule, den Stundenplan und den Schulalltag sprechen
B:	den Tagesablauf beschreiben und andere zu ihrem Tagesablauf befragen
C:	Vorschläge machen und über Absichten sprechen
Leer:	einen kurzen Reisebericht verstehen und auf Deutsch wiedergeben

Lernbereiche	Lernziele	Lektionsteil, Aufg./Üb.
Funktional-kommunikative Kompetenzen		
Hablar	über den Spanischunterricht sprechen	SB PP 4
	über den Schulalltag sprechen	SB A1 + KV 09 + OL 538000-0010, SB A 6
	ein Gespräch auf dem Schulhof erstellen	SB B 8
	über den Tagesablauf sprechen	SB B1 + KV 10
	sich verabreden	SB C 6 + KV 13 + OL 538000-0016
Escuchar	kurze Stellungnahmen zum Schulalltag verstehen	SB A1 + KV 09 + OL 538000-0011
	einen Stundenplan verstehen und über ihn sprechen	SB A 4
	Schilderungen des Tagesablaufs verstehen	SB B1, B 2 ▶ CDA 12, 13
	Vorschläge machen	SB C1 + KV 12
Escribir	in einer E-Mail über den Schulalltag sprechen	SB A 9 + OL 538000-0012
	jemandem schriftlich einen Vorschlag machen	SB C 3
	in einer E-Mail Pläne für das Wochenende darlegen	SB C 7
Leer	kurze Stellungnahmen zum Schulalltag verstehen	SB A1 + KV 09 + OL 538000-0010
	Textteile mithilfe visueller Impulse ordnen	SB B 1 + KV 10 ▶ CDA 11
	Vorschläge machen	SB C1 + KV 12
	einen unbekannten Text erschließen	SB Leer 1
Mediación	einen kurzen Reisebericht in der Muttersprache wiedergeben	SB Leer 2
Lexikalische Strukturen	Klassenzimmer-Vokabular	SB PP1, PP2, PP 3
	Zeitangaben, die Uhrzeit	SB A2 + OL 538000-0011 ▶ CDA 5–7, SB A 3 ▶ CDA 8
Grammatische Strukturen	die Struktur *hay*	SB PP1 ▶ CDA 1
	das Verb *tener*	SB A 5 ▶ CDA 2–4
	das direkte Objekt bei Personen	SB A7 ▶ CDA 10, SB A 8
	das Verb *poder*	SB C2 + OL 538000-0013 ▶ CDA 14
	die Reflexivpronomen	SB B1 + KV 10 ▶ CDA 9, 11
	das Verb *poder* mit Verneinung und Reflexivpronomen	SB C4 + OL 538000-0014
	Pläne und Absichten, die Struktur *ir a* + Infinitiv	SB C5 + OL 538000-0015 ▶ CDA 15
Interkulturelle Kompetenzen		
	El viaje de fin de curso	SB C1 + KV 12
	die Region Galicien und ihre Freizeitmöglichkeiten kennenlernen	SB Leer 1, 2

Unidad 3

Methodische Kompetenzen	
Methoden des Wortschatzlernens	SB PP2, PP3
Texte schreiben	SB A9, C3 + OL 538000-0012
Hörverstehen: bei Schlüsselwörtern genau hinhören	SB B2 ▶ CDA12, 13
einen unbekannten Text erschließen	SB Leer 1

Ziele klären
Die S lesen die *Tarea final* und die kommunikativen Fertigkeiten auf S. 39. Mithilfe der Kompetenzen, die sie im Laufe der Lektion entwickeln, sind sie auf einen Besuch einer spanischen Austauschklasse gut vorbereitet.

Primer paso (S. 38/39)

Lernziele: Die S lernen Vokabular zum Thema „Schule" und kennen am Ende des Teilkapitels verschiedene Methoden des Wortschatzlernens.

1 ¿Qué hay en la clase?

Lernziel: die Struktur hay

Einstieg
Die S betrachten die Fotos und erklären mithilfe der Lektionsüberschrift die Bedeutung des Wortes *instituto*. Der L ergänzt mit der Zusatzinformation.

Zusatzinformation

🌐 **El instituto en España**

El instituto ist im Spanischen die Bezeichnung für das (staatliche) Gymnasium in Spanien, nach der RAE bezeichnet es ein „centro estatal de enseñanza secundaria". Dagegen wird *colegio* allgemein verwendet (*ir al colegio*: „zur Schule gehen").

a) Die S beschreiben die Fotos.

Differenzierungsvorschlag:
- Schwächere Gruppen spielen „Koffer packen", wie in Übung 1a) (SB, S. 38) beschrieben.
- Stärkere Gruppen beschreiben die Fotos. Jeweils vier S bilden eine Gruppe. Jeder S bekommt ein Bild und beschreibt es den anderen: *En la foto número 1 hay una profesora y cuatro alumnos, dos chicos y dos chicas. Los chicos estudian.* usw.

b) **Entdeckendes Lernen unter dem Ansatz der Mehrsprachigkeit:** Die S entdecken mithilfe des Vergleichs mit anderen Sprachen die Unveränderlichkeit von *hay*. Ergebnissicherung an der Tafel.

En la clase	hay	una pizarra.
	There is	a board	in the classroom.
Dans la salle de classe	il y a	un tableau.

En la clase	hay	mesas y sillas.
	There are	tables and chairs	in the classroom.
Dans la salle de classe	il y a	des tables et des chaises.

2 Actividades en clase

Lernziel: Wortschatzerweiterung

a) Die S verbinden die Wörter der beiden Tabellenspalten miteinander und formulieren jeweils einen vollständigen Satz. Dabei können die Wörter in der linken und in der rechten Spalte mehrmals verwendet werden.

b) Schreiben Sie zur Ergebnissicherung alle Schülerantworten an die Tafel.

3 En el instituto

Lernziel: Wörternetz zum Thema „Schule" erstellen

Das Wörternetz wird in regelmäßigen Abständen ergänzt, z. B. nach A 1 (S. 40) und A 4 (S. 42).

Tipp: Weisen Sie Ihre S auf die verschiedenen Möglichkeiten, Vokabeln zu lernen, hin (s. Lernstrategie, SB, S. 140). Fordern Sie sie auf, mehrere Methoden des Wortschatzlernens auszuprobieren und die für sie adäquate Methode herauszufinden.

4 ¿Qué te gusta hacer en clase de español?

Lernziel: über den Spanischunterricht sprechen

Differenzierungsvorschlag:
- Schwächere Gruppen formulieren einen möglichst einfachen Satz, z. B. nur Verben: *me gusta hablar / leer / escribir* usw.

3 | Unidad

- Stärkere Gruppen erweitern ihre Antwort.
  - *Me gusta hablar sobre Salvador Dalí.*
  - *Me gusta hablar sobre la geografía de España.* usw.
  Sie schlagen fehlende Wörter im Wörterbuch nach oder fragen den Lehrer:
  - *¿Cómo se dice ... en español?*
  - *¿Qué significa ...?*

Tipp: Gehen Sie auf S. 10 und 11 im SB zurück und nennen Sie Ihren S die spanischen Wörter für abgebildete Dinge, die sie interessieren könnten.

Aprender y practicar A (S. 40–43)

Lernziele: Die S lernen Wortschatz und Redemittel zum Thema „Schule" und können am Ende des Teilkapitels über den Schulalltag und den Stundenplan sprechen.

1 ¿El instituto? Sí, me gusta ... ⓢ L 1/33 = S 21

Lernziel: über den Schulalltag sprechen

Einstieg
Der L erläutert den Kontext: Für eine Radiosendung mit dem Titel *¿Te gusta el instituto?* werden Schüler aus Mirandas Klasse interviewt.

Erarbeitung
a) Die S hören zunächst das Interview bei geschlossenen Büchern und versuchen, eine grobe Vorstellung vom Inhalt zu bekommen.
Dann bearbeiten sie **Kopiervorlage 9** und ergänzen die Lücken mit den richtigen Wörtern. Dabei lernen sie, wie man über den Kontext und unter Zuhilfenahme von Vorkenntnissen Voraussagen über einen Text machen kann. Beim zweiten Hören überprüfen sie ihre Lösung mithilfe der CD.
Beim anschließenden Lesen fragen sie nach unbekannten Wörtern.

Ergänzung (für schwächere S): Gehen Sie vor Bearbeiten der Aufgabe die Wörter, die auf der Kopiervorlage angegeben sind, mit den S durch. Geben Sie Verständnishilfen, lassen Sie aber die S die Wortbedeutung erschließen, bevor Sie Worterklärungen geben.

Sicherung
Die S lesen den Text und beantworten die Fragen unter b).

Festigung
c) **Interkultureller Ansatz:** Die S vergleichen angegebene Aspekte aus dem Schulalltag der spanischen Jugendlichen mit ihrem eigenen.

Ergänzung: Sofern interkulturelle Erfahrungen vorhanden sind, kann ein kurzes Gespräch auf Deutsch eingeschoben werden: Die S berichten aus dem Schulalltag, den sie im Zielland kennen gelernt haben, und stellen Vergleiche zum eigenen Land an.

Weiterarbeit
Die S bearbeiten den **Online-Link 538000-0010** zum Schulsystem in Spanien.

2 ¿Qué hora es?

Lernziel: die Uhrzeit erschließen

Erarbeitung
a) **Differenzierungsvorschlag:**
- Stärkere Gruppen erschließen aus den Beispielen im Buch die Bildung der Uhrzeit im Spanischen.
- Schwächere Gruppen bearbeiten den **Online-Link 538000-0011** mit zusätzlichen Hilfen.

Festigung
Die S lesen den So-kann-ich-Kasten auf S. 41 und bearbeiten b) und c).

Alternative: Uhrzeiten-Lotto
Vorbereitung: Es wird ein Spielleiter bestimmt. Der Spielleiter schreibt ca. 30 Uhrzeiten in digitaler Form auf ein Blatt Papier (Viertelstundenschritte, 0–24 Uhr). Die S schreiben ihrerseits jeweils drei Uhrzeiten in digitaler Form auf ein Blatt Papier. Es können pro Spieler mehrere Blätter mit Uhrzeiten angefertigt werden.

Durchführung: Das Uhrzeiten-Lotto wird wie Bingo gespielt. Der Spielleiter liest die notierten Uhrzeiten nacheinander vor, die S, die diese auf ihrem Blatt finden, streichen sie durch usw. Um auf jeden Fall einen Gewinner zu ermitteln, können alternativ alle Uhrzeiten von 0–24 Uhr im Viertelstundenschritt auf kleine Papierzettel geschrieben werden. Diese werden gefaltet, in einen Behälter gelegt und nacheinander gezogen.

3 ¿A qué hora abre la biblioteca?

Lernziel: Zeitangaben erfragen und angeben

Tipp: Weisen Sie ausdrücklich auf folgende Unterscheidung hin:
- *¿Qué hora es? – Son las ...*
- *¿A qué hora ...? – A las ...*

Festigung
Weitere Übungen zu den Uhrzeiten finden Sie unter dem **Online-Link 538000-0011b**.

4 El horario de Miranda ⓢ L 1/34 = S 13

Lernziel: einen Stundenplan verstehen und über ihn sprechen

Vor dem Hören
Die S betrachten den Stundenplan und erschließen die Wochentage. Mit der Information unter *¡Ojo!* versprachlichen sie Mirandas Stundenplan und klären unbekannte Wörter.

Beispiel: *Los lunes de 8:30h a 9:20h los alumnos tienen Física y Química. De ... a ... tienen ...*

Danach erfolgt die Bearbeitung von a) und b).

5 Yo tengo, pero tú tienes ...

Lernziel: das Verb tener

a) Entdeckendes Lernen
Die S entdecken mithilfe des Textes die Formen von *tener* und ordnen sie in eine Tabelle im Heft ein.

Anmerkung: Zu diesem Zeitpunkt wird noch nicht auf die Diphtongierung des Verbes eingegangen (vgl. Unidad 4).

Die S bearbeiten b) und c).

6 Tarea: ¿Y vosotros?

Lernziel: über den eigenen Schulalltag sprechen

Alternative (schriftlich): Die S formulieren die Antwort auf die angegebenen Fragen schriftlich und schreiben einen kurzen Text über ihren Schulalltag.

7 ¿Qué hace quién en clase?

Lernziel: das direkte Objekt (Personen)

Die S lesen vor Bearbeitung der Aufgabe den Grammatikkasten, nach Bearbeitung der Aufgabe betrachten sie die Sätze noch einmal und vergewissern sich der grammatischen Regel.

8 Un día en clase

Lernziel: das direkte Objekt (Personen)

a) Festigungsübung für das direkte Objekt: Lückentext.

b) Jeweils drei S arbeiten zusammen, versetzen sich in die Rolle der drei Jugendlichen auf dem Schulhof und schreiben eine Fortsetzung der Geschichte in a). Diese Übung ist fakultativ.

Tipp: Geben Sie Ihren S, wenn sie das **Rollenspiel** nicht spontan spielen, folgende Anleitung:
1. Entscheiden Sie in der Gruppe, wie der Dialog verlaufen soll.
2. Verteilen Sie die Rollen untereinander.
3. Entscheiden Sie gemeinsam über den Inhalt des Dialogs, jeder S macht sich stichwortartig Notizen zu seinem Part.
4. Sprechen Sie Ihren Dialog zur Probe einmal durch, bevor Sie ihn in der Klasse spielen.

9 Tarea: Mi instituto

Lernziel: in einer E-Mail über den Schulalltag sprechen

Vor dem Schreiben
Tipp: Bereiten Sie, wenn Ihren S die Bausteine für das Briefeschreiben noch nicht bekannt sind, das Verfassen der E-Mail schrittweise vor:

Bitten Sie Ihre S, in einer **Kettenübung** nacheinander jeweils einen Satz zu den Themen (1–3) zu formulieren.
1. Selbstvorstellung (Name, Alter, Wohnort, ...)
2. Schule (Fächer, Uhrzeit, Lehrer ...)
3. Freizeitbeschäftigungen.
Beginnen Sie bei 1, bei jedem Mal sollte eine neue Information dazukommen. Wenn zu einem Punkt keine Information mehr gefunden wird, gehen die S zum nächsten über.

Beispiel:
→ *Me llamo Susanne.*
→ *Me llamo Susanne. Tengo 16 años.*
→ *Me llamo Susanne. Tengo 16 años y soy de Hamburgo.*
→ *Me llamo Susanne, tengo 16 años, soy de Hamburgo y me gusta el instituto.* usw.

Während des Schreibens
Geben Sie Ihren S für das Schreiben der E-Mail folgende Anleitung:

1. Überlegen Sie sich, worüber Sie schreiben möchten: Notieren Sie in einer Tabelle, was Sie über sich sagen und was Sie Ihren Austauschpartner fragen möchten.

Was möchte ich über mich sagen?	Was möchte ich fragen?

2. Geben Sie Ihrer E-Mail eine Struktur und ordnen Sie Ihre Sätze.
3. Überlegen Sie sich, wie Sie Ihre E-Mail beginnen und wie Sie sie beenden (vgl. SB, S. 35, Unidad 2, C10).
4. Lesen Sie am Schluss Ihren Text noch einmal auf Fehler durch.

Alternative (für schwächere Gruppen): S, die mehr Anleitung brauchen, arbeiten mit dem **Online-Link 538000-0012** und vervollständigen die vorgefertigte Briefstruktur mit ihren eigenen Angaben.

Aprender y practicar B (S. 44/45)

Lernziele: Die S lernen ein paar reflexive Verben kennen und können am Ende des Teilkapitels den Tagesablauf beschreiben und andere zu ihrem Tagesablauf befragen.

3 | Unidad

1 El día de Miranda ⓘ L 1/35 = S 22

Lernziel: die Reflexivpronomen, Textteile mithilfe visueller Impulse ordnen

a) Die S ordnen die Textteile wie in der Übung beschrieben. Dabei lernen sie, visuelle Hilfen zur Erschließung eines Textes hinzuzuziehen.

b) Entdeckendes Lernen: Die S erarbeiten sich die Reflexivpronomen. Dazu betrachten sie das Beispiel *lavarse* im Grammatikkasten sowie die Belegstellen im Text und formulieren ihre Beobachtungen zur Konjugation des reflexiven Verbs im Präsens (mit Verneinung).

Ergänzung: Würfelspiel. Die S würfeln in Kleingruppen mit zwei verschiedenfarbigen Würfeln: Sie konjugieren das reflexive Verb, das die Augenzahl des ersten Würfels anzeigt in der Person, die die Augenzahl des zweiten Würfels anzeigt. Bei mehreren Personen entscheiden sich die S für eine. Schreiben Sie dazu folgendes Schema an die Tafel:

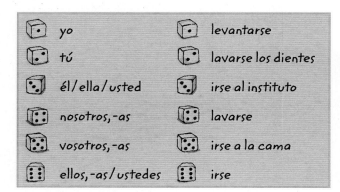

c) Alternative: Partnerinterview. Die S befragen sich in Partnerarbeit gegenseitig zu ihren Tagesaktivitäten und stellen den Tagesablauf des jeweils anderen vor:
levantarse – ducharse – desayunar – lavarse los dientes – irse de casa – llegar al instituto – tener clase – (después: actividades de tiempo libre).
Diese Aufgabe kann auch schriftlich erledigt werden. Die S berichten über sich **(Kopiervorlage 10)**.

2 ¿Qué hacen las personas? ⓘ L 1/36

Lernziel: Schilderungen des Tagesablaufs verstehen, bei Schlüsselwörtern genau hinhören

a) Vor dem Hören
Alternative (bei schwächeren Gruppen): Erstellen Sie mit Ihren S aus den Informationen in der Aufgabe eine Tabelle. Ihre S kreuzen dann während des Hörens die richtige Verbindung an.

	Pascual	Marisa	Alberto	Miranda
levantarse a las 7:00h				
irse al instituto a las 8:30h				
comer en casa a las 14:30h				
...				

b) Tipp: Fordern Sie Ihre S auf, bei den Schlüsselwörtern genau hinzuhören und alle Informationen zu notieren. Spielen Sie den Hörtext mehrmals vor.

3 Practicamos la pronunciación ⓘ L 1/37–39, = S 23–25

Lernziel: die Aussprache trainieren

Zusatzinformation

🌐 Aussprache: ll und y

LL wird in Spanien, je nach Region, unterschiedlich ausgesprochen:
- wie das deutsches /j/ (Beispiel: *ella*).
- manchmal ähnlich dem deutschen /lj/, wie in „Familie".

Y wird
- allein oder nach Vokalen wie das deutsche /i/ gesprochen (Beispiel: *soy*).
- vor Vokalen wie ein deutsches /j/ (Beispiel: *yo*).

Anmerkung: In Lateinamerika wird das *ll* wie das spanische *y* gesprochen.
In Argentinien spricht man *ll* oft wie ein stimmhaftes /sch/ (dt. „Journal").

c) Die S hören Frage und Antwort mehrmals und sprechen nach. Dabei versuchen sie, die Intonation des Fragesatzes von der des Antwortsatzes zu unterscheiden.

4 Tarea: ¿A qué hora...?

Lernziel: Fragen stellen

Differenzierungsvorschlag:
- Stärkere Gruppen denken sich Fragen aus.
- Für schwächere Gruppen sind Dialogvarianten vorgegeben **(Kopiervorlage 11)**. Die S arbeiten in Partnerarbeit. Bei mehreren Möglichkeiten entscheiden Sie sich für eine. Anschließend spielen sie ihren Dialog in der Klasse.

Aprender y practicar C (S. 46/47)

Lernziele: Die S lernen das Verb poder *und die Struktur* ir a + Infinitiv *kennen. Sie können am Ende des Teilkapitels Vorschläge machen und über Absichten sprechen.*

1 El viaje de fin de curso ⓟ L 1/40 = S 26

Lernziel: Vorschläge machen

Einstieg
Die S lesen die Überschrift *El viaje de fin de curso*, der L erläutert den Begriff (SB, S.183).
Anhand eines Wörternetzes zum Thema werden nun die zum Textverständnis wesentlichen Vokabeln eingeführt. Der L fragt die S nach ihren Erfahrungen. Dabei führt er nacheinander die unbekannten Vokabeln ein:

- ¿Qué hacéis normalmente cuando hacéis un <u>viaje</u> con la clase?
- ¿Visitáis ciudades? ¿Y qué hacéis? ¿Visitar <u>monumentos</u>?
- ¿Vais a la <u>playa</u>?
- ¿Hacéis <u>excursiones</u>?
- ¿Hacéis <u>senderismo</u>? usw.

Positive Antworten werden in das Wörternetz eingetragen. Ggf. ergänzen die S mit eigenen Ideen.

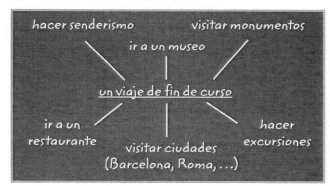

Erarbeitung
Text-Puzzle: Die S arbeiten mit der **Kopiervorlage 12** und fügen die Textteile des Lektionstextes zu einem Text zusammen. Sie lernen dabei, Strukturmerkmale eines Textes zu erkennen und diese zur Strukturierung eines Textes zu nutzen. Im folgenden Feedbackgespräch reflektieren sie die angewandte Strategie. Dann hören/lesen sie den Lektionstext. Klärung der restlichen unbekannten Vokabeln.

2 ¿Puedes o no?

Lernziel: das Verb poder

Entdeckendes Lernen: Die S entdecken mithilfe des Textes die Verbformen von *poder*. Um sich der Stammveränderung des diphthongierenden Verbes bewusst zu werden, vergleichen sie mit einem regelmäßigen Verb auf *-er*, z. B. *comer* (**Online-Link 538000-0013**).

3 Podéis...

Lernziel: jemanden schriftlich einen Vorschlag machen

Tipp: Lassen Sie Ihre S eine E-Mail an Miranda schreiben. Schreiben Sie folgenden Anfang der E-Mail an die Tafel:

> ¡Hola, Miranda!
> En tu correo me hablas sobre tu viaje de fin de curso. ¿Adónde vais? Bueno, podéis ir a Alemania. Podéis...

4 Pueden o no pueden...

Lernziel: das Verb poder *mit Verneinung und Reflexivpronomen*

Differenzierungsvorschlag:
- Bei schwächeren Gruppen empfiehlt es sich, bei der Erklärung der Grammatik nur auf die Voranstellung des Pronomens einzugehen (vgl. Beispiel im Grammatikkasten, SB, Seite 47).
- Bei stärkeren Gruppen können sowohl die Voranstellung als auch die Nachstellung der Pronomen (Grammatikanhang, SB, S.150) besprochen werden.

Tipp: Ermuntern Sie Ihre S dazu, die Struktur zu verwenden, die ihnen am leichtesten fällt.

Festigung: Weitere Übungen zum Verb *poder* finden Sie unter dem **Online-Link 538000-0014.**

5 ¿Qué vas a hacer el fin de semana que viene?

Lernziel: Pläne und Absichten, die Struktur ir a + Infinitiv

Entdeckendes Lernen unter dem Ansatz der Mehrsprachigkeit: Die S beschreiben zunächst die Bildung der Struktur *ir a* + Infinitiv.

Tipp: Lassen Sie sie zu jeder Verbformen einen Satz bilden.

Yo		<u>voy</u> a	ir al cine.
Tú		<u>vas</u> a	visitar museos.
Él/ella/usted		<u>va</u> a	quedar con amigos en el centro.
Nosotros		<u>vamos</u> a	ir a un concierto.
¿Vosotros		<u>vais</u> a	ver una película en el cine?
Ellos/ellas/ustedes	no	<u>van</u> a	ir al estadio y ver un partido de fútbol.

Anschließend reflektieren sie mithilfe des Vergleichs zu anderen Sprachen den Gebrauch von *ir a* + Infinitiv (vgl. Grammatikanhang, SB, S.158).

Ergänzung: Stärkere Gruppen machen eine weitere Übung zu *ir a* + Infinitiv **(Online-Link 538000-0015)**.

Danach erfolgt die Bearbeitung von a) und b).

6 Vamos a quedar

Lernziel: sich verabreden

Differenzierungsvorschlag:
- Stärkere Gruppen formulieren ihre Sätze frei.
- Schwächere Gruppen nehmen bei der Formulierung ihrer Sätze die Redemittel des **Online-Link 538000-0016** zu Hilfe.

Alternative: Die S arbeiten in Partnerarbeit. Mithilfe von **Kopiervorlage 13** legen sie eine gemeinsame Unternehmung fest.

7 Tarea: Un correo electrónico

Lernziel: in einer E-Mail seine Pläne für das Wochenende darlegen

Differenzierungsvorschlag:
- Schwächere Gruppen beschreiben ihren Tagesablauf:
  El fin de semana que viene me voy a levantar tarde. Depués, ...
- Stärkere Gruppen beschreiben eine Aktivität oder mehrere Aktivitäten:
  El fin de semana que viene voy a hacer una excursión con unos amigos. Vamos a ... .
  Vamos a levantarnos temprano. A las ... vamos a ...

Tipp: Schreiben Sie den S zur Hilfe W-Fragen an die Tafel.

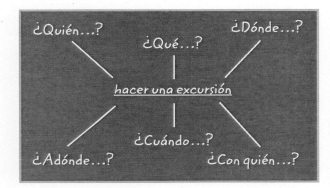

Leer (S.48)

Lernziele: Die S lernen, sich mit einem unbekannten Text auseinanderzusetzen und können einen kurzen Reisebericht verstehen und auf Deutsch wiedergeben.

1 Viaje de fin de curso: Galicia 2010

Lernziel: einen unbekannten Text erschließen

Vorschlag: Gehen Sie im Besonderen auf das Leseverstehen ein. Verweisen Sie auf die Lernstrategie auf S.134 im SB.

Globalverstehen
Die S versuchen, eine grobe Vorstellung vom Inhalt des Textes zu bekommen.

Selektives Verstehen
Die S lesen den Text noch einmal und gliedern ihn in Abschnitte. Sie suchen zu jedem Abschnitt das zentrale Wort heraus.

Abschnitt: Zeilen	Schlüsselwort
1–5	Santiago de Compostela, la catedral
5–9	las tapas
10–14	la catedral, el tejado
15	el parque natural del Eume
16–23	senderismo
24–28	Vigo, las islas Cíes
27–28	el agua

Detailverstehen
Die S erschließen mithilfe von Kontext, Weltwissen und vorgelernten Sprachen den Text (s. Unidad 2, A1, S.28).

2 En Galicia

Lernziel: einen kurzen Reisebericht in der Muttersprache wiedergeben

Vor der Mediation
1. Mithilfe der obigen Tabelle gehen die S den Text abschnittsweise durch und erzählen zu jedem Foto, was sie verstanden haben.
2. Sie überlegen sich, welche Informationen für die deutschen Freunde interessant sein könnten und notieren sich Stichwörter.
3. Anhand der Stichwörter erklären sie, was es in Galicien zu sehen gibt.

Unidad | 3

Tarea final (S.49)

Programa para la clase de intercambio

Lernziel: Die S können am Ende der Tarea final ein Veranstaltungsprogramm für eine spanische Austauschklasse aufstellen und kommentieren.

Durchführung der Tarea final:
1. Die S machen Vorschläge und reagieren auf die Vorschläge ihrer Gruppenmitglieder.
2. Sie einigen sich auf Veranstaltungen und Aktivitäten. Das Programm sollte möglichst unterschiedliche Aktivitäten enthalten.
3. Sie stellen ein Programm auf und halten dieses schriftlich fest.
4. Sie präsentieren ihr Programm.
5. Jeder S äußert sich zum Programm.
6. Die Klasse ermittelt das Programm, das den meisten gefallen hat.

Tipp: Aus gruppendynamischen Gründen empfiehlt es sich manchmal, die S nur aufzählen zu lassen, was ihnen an der Präsentation der anderen besonders gefallen hat.

Landeskundeglossar

Die Fächer der ESO
Die S haben in der ESO rund 32 Wochenstunden Unterricht. Die Fächer teilen sich auf in Pflicht- und Wahlfächer, insgesamt werden 10 bis 12 Fächer unterrichtet. Das Fächerangebot variiert nach Schuljahren (1^0-3^0 ciclo und 4^0 ciclo) und ist von Schule zu Schule verschieden. Normalerweise wird eine zweite Fremdsprache angeboten. Das Fach Religion ist nur Wahlfach.

Das spanische Schulsystem
Schulpflicht besteht in Spanien vom 6. bis zum 16. Lebensjahr. Kindergartenkinder können freiwillig eine Vorschule besuchen.

0–6 Jahre	Educación infantil	≈ Vorschulerziehung
6–12 Jahre	Educación Primaria	≈ Grundschule
12–16 Jahre	Educación Secundaria Obligatoria (ESO)	≈ Gesamtschule, Sekundarstufe I
16–18 Jahre	Bachillerato alternativ: Formación profesional	≈ Sekundarstufe II, Vorbereitung auf das Abitur

Am Ende der *ESO* erhalten die S ein Zeugnis, das der mittleren Reife entspricht.
Der Besuch des *Bachillerato* erfolgt freiwillig. Die Vorbereitung auf das Abitur dauert zwei Jahre. Im *Bachillerato* können die Schüler unter bis zu vier Schwerpunkten wählen. Allerdings bietet nicht jede Schule alle vier Schwerpunkte an. Zur Wahl stehen aber an jeder Schule mindestens zwei Schwerpunkte.

Die Videoszenen zum Lehrwerk

Jeweils nach den Lektionen 3, 6 und 9 können lehrbuchbegleitend Videoszenen eingesetzt werden. Sie sind auf die Lerneinheiten und die Progression des Lehrbuchs abgestimmt und befinden sich auf der dem Lehrerbuch beiliegenden DVD.
Zu jeder Videoszene gibt es auf der Lehrersoftware Kopiervorlagen mit Aufgaben für die Schülerhand. Die Lösungen zu den Aufgaben, Transkriptionen, ein Landeskundeglossar zu jeder Szene und methodisch-didaktische Anmerkungen sind für den Lehrer gedacht.

Alle Personen, die in den Videoabschnitten vorkommen, sind authentisch und stellen sich mit ihren richtigen Namen vor. Auch die Informationen, die sie uns geben, stimmen. Sie leben alle in oder bei Barcelona.

Anbei eine kurze Inhaltsangabe der einzelnen Szenen.

- **Szene 1: ¿Quién soy?**
Melania Pinilla, ein 17-jähriges Mädchen, ist Schülerin des *Instituto de Educación Secundaria* (IES) *Miramar* in Viladecans, einer Stadt in der Nähe von Barcelona. Melania stellt sich vor, spricht über ihre Vorlieben und zeigt uns ihre Schule. Sie erklärt die verschiedenen Abschlüsse, die man an ihrer Schule machen kann und erläutert ihre Fächerkombination. Dann zeigt sie uns einige Klassenräume.
Nach Schulschluss trifft sie sich mit ihren Freunden Tania und Alejandro. Sie verabreden sich für den Abend.

- **Szene 2: De visita en Barcelona**
Melania ist mit Armando, einem Freund, in Barcelona verabredet. Sie zeigen die Sehenswürdigkeiten der Stadt, u. a. la Sagrada Familia, Paseo de Gracia, Plaza de Cataluña, las Ramblas, el Barrio Gótico. Am Ende gehen sie zum Strand.

- **Szene 3: De América a España**
Drei aus Südamerika stammende und in Barcelona lebende Personen stellen sich vor: César aus Mexiko, Laura aus Argentinien und Reinaldo aus Venezuela.
Sie sprechen über ihren Beruf und die Voraussetzungen, die man dafür benötigt.
Im zweiten Teil des Videos erzählen sie aus ihrem Leben und erläutern die Gründe für ihre Einwanderung nach Spanien.

Repaso 1

Anforderungen: elementare Kenntnisse der spanischen Sprache (Niveau A 1)
Lernziel: der S kann alltägliche Ausdrücke und einfache Sätze verstehen, die auf die Befriedigung konkreter Bedürfnisse abzielen

Lernbereiche	Lernziele	Lektionsteil, Aufg./Üb.
Funktional-kommunikative Kompetenzen		
Hablar	über die eigene Person sprechen	SB Repaso 4.1
	über den Alltag sprechen	SB Repaso 4.2
Escuchar	einem gesprochenen Text die Hauptaussagen entnehmen, Uhrzeiten verstehen	SB Repaso 3
Escribir	Verfassen von kurzen und einfach strukturierten Texten praktischen Inhalts aus dem alltäglichen Leben	SB Repaso 2
Leer	kurze und einfache Nachrichten verstehen, einer E-Mail selektiv Informationen entnehmen	SB Repaso 1

Die Wiederholungsphasen *Repaso 1* und *2* bereiten auf die Bewältigung der Aufgaben der DELE-Prüfung, Niveau A 1, des *Instituto Cervantes* vor. Die Aufgabentypen basieren auf der Aufgabentypologie, wie sie in der DELE-Prüfung vorkommen. Die erste Wiederholungsphase *Repaso 1* deckt nicht alle in der DELE-Prüfung vorkommenden Aufgabentypen ab.

Die Aufgaben der DELE-Prüfung

Die DELE-Prüfung, Niveau A 1, des Instituto Cervantes besteht aus vier Teilen, die den folgenden vier Fertigkeiten entsprechen:

	Prüfungsteile	Aufgaben	Zeitdauer
1.	*Prueba de comprensión de lectura*	4 Tareas	45 Min.
2.	*Prueba de comprensión auditiva*	4 Tareas	20 Min.
3.	*Prueba de expresión e interacción escritas*	2 Tareas	25 Min.
4.	*Prueba de expresión e interacción orales*	4 Tareas	15 Min.

Die ersten drei Prüfungen finden in der genannten Reihenfolge und ohne Pause statt. Jede Aufgabe wird mit dem Kontext und einer genauen Arbeitsanweisung (evtl. Angabe der erforderlichen Textsorte) eingeleitet, vor jedem Kapitel werden die Anzahl der Aufgaben / Fragen sowie das Zeitlimit genannt.
Für die mündliche Prüfung werden die Kandidaten einzeln aufgerufen.

In der *prueba de comprensión de lectura* müssen kurze und einfache Nachrichten verstanden und aus einfachen Texten selektiv Informationen entnommen werden. In einer Aufgabe werden zum Text visuelle Impulse gegeben. In der *prueba de comprensión auditiva* müssen einem gesprochenen Text (Monolog und / oder Dialog) Hauptaussagen entnommen werden. Darüber hinaus müssen Daten (Zahlen, Uhrzeiten, Preise) verstanden werden. Die Hörtexte sind von Muttersprachlern eingesprochen, die mit verminderter Redegeschwindigkeit und sehr deutlicher Artikulation sprechen.
In der *prueba de expresión e interacción escritas* müssen zwei Texte zur eigenen Person und zum unmittelbaren Lebensumfeld verfasst werden.
Folgende Aufgabentypen kommen in den drei Prüfungsteilen vor: Multiple-Choice-Übungen, Bild-Text-Zuordnungen, Text-Text-Zuordnungen (meist mit Distraktoren) und Lückentexte.
Häufig verwendete Textsorten sind: Formulare, E-Mails, Postkarten, Flyer, Katalogausschnitte, Annoncen, Plakate, Aufschriften, Werbeprospekte, Fahrscheine, Notizen.
Die *prueba de expresión e interacción orales* besteht aus vier Teilaufgaben:

Tarea 1	Monolog	über ein Thema sprechen	3 – 4 Min.
Tarea 2	Bildbeschreibung	über ein Bild sprechen	2 – 3 Min.
Tarea 3	Simulation	einen Dialog mit dem Prüfer über ein Thema führen	2 – 3 Min.
Tarea 4	Simulation	ein Gespräch mit dem Prüfer über einen Aspekt aus dem täglichen Leben führen	3 – 4 Min.

Der Dialog zwischen Prüfer und Kandidat im Anschluss an die Bildbeschreibung greift die Themen der beiden ersten Prüfungsteile auf. Die Kandidaten bekommen im Vorfeld

15 Minuten Vorbereitungszeit. Wörterbücher oder andere didaktische Hilfsmittel dürfen nicht verwendet werden. Mehr Informationen zur DELE-Prüfung können auf der Hompage des Instituto Cervantes eingesehen werden.

Die Aufgaben des Repaso 1 (S. 50–51)

Die Aufgaben des *Repaso 1* sind, ebenso wie die der DELE-Prüfung, in vier Fertigkeiten unterteilt:

	Fertigkeit	Aufgaben	Zeitdauer
1.	comprensión de lectura	1 Tarea	10–15 Min.
2.	expresión e interacción escritas	1 Tarea	15 Min.
3.	comprensión auditiva	1 Tarea	5–7 Min.
4.	expresión e interacción orales	2 Tareas	5 Min.

Die Lernziele entsprechen denen der Anforderungen der DELE-Prüfung. Die Arbeitsanweisungen sind, um der Progression des Lehrwerks zu folgen, in der ersten Wiederholungsphase noch deutsch.

Tipp: Besprechen Sie, bevor Sie direkt zu den Aufgaben übergehen, mit Ihren S die Aufgabentypen. Geben Sie ihnen Tipps, wie sie diese erfolgreich bewältigen können. Danach empfiehlt sich eine Feedbackrunde:
- Was ist leicht / schwer gefallen?
- Welche Strategien konnten wo eingesetzt werden?
- Was können die S tun, um ihre Ergebnisse zu verbessern?

1 Comprensión de lectura

Lernziel: kurze und einfache Nachrichten verstehen, einer E-Mail selektiv Informationen entnehmen

Vor Bearbeitung der Aufgabe empfiehlt es sich, den Textinhalt einmal grob zu überfliegen und die Fragen aufmerksam durchzulesen.

Tipps:
- Verdeutlichen Sie Ihren S, dass zur erfolgreichen Bewältigung der Aufgabe nur die Hauptaussagen des Textes erfasst werden müssen.
- Geben Sie keine Vokabelangaben oder zusätzliche Hilfen, sondern leiten Sie Ihre S an, bei Wortschatzproblemen das Ausschlussverfahren anzuwenden.

2 Expresión e interacción escritas

Lernziel: Verfassen von kurzen und einfach strukturierten Texten praktischen Inhalts aus dem alltäglichen Leben

Tipps:
- Weisen Sie Ihre S darauf hin, dass es sinnvoll ist, zuerst die Arbeitsanweisung aufmerksam durchzulesen: Diese enthält bereits einige Informationen, die für die Beantwortung wesentlich sind (Informationen zur Textsorte, zum Inhalt, zur Länge des Textes).
- Leiten Sie sie dazu an, auf textsortenspezifische Merkmale zu achten, in diesem Fall auf die Grußformeln zu Beginn und am Ende des Textes. Andernfalls werden den S wertvolle Punkte abgezogen.
- Empfehlen Sie Ihren S, kurze und einfache Sätze zu schreiben.
- Für S, die gut mit ihrer Zeit umgehen können, empfiehlt es sich, einen Entwurf (nur Stichwörter und einzelne Wendungen) auf einem Blatt Papier anzufertigen.

Bewertet wird nach folgenden zwei Kriterien:
1. Inhalt: Sind im Text alle wichtigen inhaltlichen Informationen enthalten?
2. Form: Wie viele stilistische, lexikalische und / oder orthografische Fehler wurden gemacht?

3 Comprensión auditiva ⓢ L 1/43 = S 29

Lernziel: einem gesprochenen Text die Hauptaussagen entnehmen, Uhrzeiten verstehen

Tipps:
- Vor dem Hören sollten die Fragen gelesen und die Abbildungen betrachtet werden. Weisen Sie Ihre S darauf hin, dass in der Aufgabenstellung bereits wichtige Informationen zur Durchführung enthalten sind. Auch werden während des Vorspielens der Texte Signale gegeben und die Übungsnummern eingesagt. Dies hilft den S, sich auf die Aufgabe und ihren Ablauf einzustellen.
- Unterbrechen Sie deshalb auch das Vorspielen des Hörtextes nicht, beantworten Sie keine Fragen und machen Sie keine Bemerkungen. Die S sollen sich an den Ablauf, wie er in der DELE-Prüfung stattfindet, gewöhnen.

4 Expresión e interacción orales

Lernziel: über die eigene Person und den Alltag sprechen

Der Aufgabenteil besteht aus zwei von einander getrennten Aufgaben.
In der ersten Aufgabe muss der S sich vorstellen und die persönlichen Daten, die in der Aufgabenstellung explizit genannt sind, anführen. In der DELE-Prüfung findet dieser Aufgabenteil im Monolog statt. Die Prüfer intervenieren nicht.
Bei der zweiten Aufgabe wird ein Thema behandelt, die S müssen drei der fünf genannten Aspekte ausführen.

Tipp: Empfehlen Sie Ihren S, sich während der 15-minütigen Vorbereitungsphase Stichwörter zu notieren. Die Notizen dürfen während der Prüfung benutzt werden, ein wortwörtliches Ablesen ist nicht gestattet.

Die Lösungen zu *Repaso 1* können auf S. 208 im SB nachgeschlagen werden.

Unidad 4 Anuncios de piso

Thema: Eine Wohnung suchen
Lernziel: Auskünfte über eine Wohnung einholen (Tarea final)

PP:	spanische Wohnungsanzeigen verstehen
A:	beschreiben, wie man gerne wohnen möchte
B:	sich in einer Stadt orientieren
C:	Zimmer und Wohnungen beschreiben
Leer:	sich zu einem Thema äußern

Lernbereiche	Lernziele	Lektionsteil, Aufg./Üb.
	Funktional-kommunikative Kompetenzen	
Hablar	erklären, was jemand morgens tut	SB PP 3
	in einem Telefongespräch Auskünfte über eine Wohnung einholen	SB A 1
	über ein Stadtviertel sprechen	SB A 3
	Vermutungen über die Anzahl von Museen, Kinos, etc. in Madrid anstellen	SB A 6
	Vorlieben angeben und erfragen	SB A 8 ▶ CDA 8
	nach dem Weg fragen und den Weg beschreiben	SB B 1 + KV 17, SB B 2
	verstehen, angeben und erfragen, was es in einem Stadtviertel gibt und wo sich etwas befindet	SB B 4 + KV 18 ▶ CDA 12, 13, 16 – 18
	über Wohnungseinrichtungen sprechen	SB C 1 + KV 19
	eine Wohnung einrichten	SB C 2
	über eigene Dinge sprechen	SB C 4
	eine Statistik versprachlichen	SB Leer 2
Escuchar	sich in einer Wohnung orientieren	SB PP 3
	ein Telefonat mit Auskünften über eine Wohnung verstehen	SB A 1
	die Zahlen von 100 bis 1000 in einem Werbespot verstehen	SB A 6
	nach dem Weg fragen und den Weg beschreiben	SB B 1 + KV 17
	verstehen, angeben und erfragen, was es in einem Stadtviertel gibt und wo sich etwas befindet	SB B 4 + KV 18 ▶ CDA 12, 13, 16 – 18
	ein Gespräch über Wohnungseinrichtungen verstehen	SB C 1 + KV 19
Escribir	eine Wohnungsanzeige schreiben	SB PP 4, C 6
	beschreiben, wie man gerne wohnen möchte	SB A 11
	den Weg am eigenen Ort beschreiben	SB B 6
	das Wohnverhalten von Jugendlichen	SB Leer 1
Leer	spanische Abkürzungen verstehen und Schlüsselwörter zum Thema Wohnungssuche erkennen	SB PP 2 ▶ CDA 1, 2
	ein Telefonat mit Auskünften über eine Wohnung verstehen	SB A 1
	Wohnen in Madrid: das Stadtviertel *La Latina*	SB A 7 + KV 16
	nach dem Weg fragen und den Weg beschreiben	SB B 1 + KV 17
	ein Gespräch über Wohnungseinrichtungen verstehen	SB C 1 + KV 19
	das Wohnverhalten von Jugendlichen	SB Leer 1
Mediación	Informationen aus einem spanischen Text auf Deutsch zusammenfassen	SB A 4 ▶ CDA 4 SB A 7 + KV 16

Unidad 4

Lexikalische Strukturen	die Zahlen von 100 bis 1000	SB A5+KV15 ▶ CDA 6, 7, **SB A6**
	nach dem Weg fragen und den Weg beschreiben	**SB B1**+KV17
	verstehen, angeben und erfragen, was es in einem Stadtviertel gibt und wo sich etwas befindet	**SB B4**+KV18 ▶ CDA 12, 13, 16–18
	Wohnungseinrichtungen	**SB C1**+KV19, **SB C2**
Grammatische Strukturen	die Bildung der Adjektive	**SB A2, A3** ▶ CDA3, **SB A4** ▶ CDA4
	die Zahlen von 100 bis 1000	**SB A5**+KV15 ▶ CDA 6, 7, **SB A6**
	Vorlieben angeben und erfragen: *querer* und *preferir*	**SB A8** ▶ CDA8, **SB A9** ▶ CDA 9–10
	angeben, wo man sich befindet, das Verb *estar*	**SB B3, B4**+KV18 ▶ CDA 12, 13, 16–18
	die Ordnungszahlen	**SB B5**
	Besitzverhältnisse angeben: die Possessivbegleiter	**SB C3, C4, C5**+OL 538000-0017 ▶ CDA19
Interkulturelle Kompetenzen		
	spanische Wohnungsanzeigen verstehen	**SB PP1**+KV14, **SB PP2** ▶ CDA 1, 2
	Wohnen in Madrid: das Stadtviertel *La Latina*	**SB A3, A6, A7**+KV16
	Wohnen in Madrid	**SB A7**+KV16, **Leer 1–2**
	spanische Klingelschilder lesen	**SB B5**
Methodische Kompetenzen		
	kursorisches Lesen	**SB PP1**+KV14
	detailliertes Hören	**SB B4**+KV18 ▶ CDA 12, 13, 16–18
	eine Statistik auswerten	**SB Leer 2**
	das Wohnverhalten von Jugendlichen	**SB A7, Leer 1**

Ziele klären

Die S lesen die *Tarea final* und die kommunikativen Fertigkeiten auf S. 53. Mithilfe dieser Kompetenzen kann die *Tarea final* am Ende der Lektion bewältigt werden.

Primer paso (S. 52/53)

Lernziele: Die S lernen, spanische Wohnungsanzeigen zu verstehen. Sie können am Ende des Teilkapitels eine kurze Wohnungsanzeige schreiben.

1 ¿Cómo se escribe?

Lernziel: eine spanische Wohnungsanzeige verstehen

Einstieg

a) Der L führt zum Thema der Lektion hin und präsentiert die Wohnungsanzeigen. Er ergänzt mit landeskundlichen Hinweisen zu Mietwohnungen in Spanien.

Zusatzinformation

> 🌐 **Eine Wohnung mieten**
>
> In einer Mietwohnung zu wohnen ist in Spanien relativ teuer, da sowohl die Grundmiete als auch die Nebenkosten hoch sind. Wohngemeinschaften sind daher bei Studenten, vor allem in den großen Städten, sehr beliebt.
> Vermietet wird in den meisten Fällen möbliert, die Wohnungen sind aber nicht immer komplett eingerichtet. Das Mietangebot variiert je nach Jahreszeit. Ohne Makler erscheint es sehr schwierig, eine Mietwohnung zu finden. Mietwohnungen sind in Spanien aber eher die Ausnahme: die meisten Spanier kaufen sich, sobald sie können, eine Wohnung oder ein Haus.

Erarbeitung

Die S gehen die Anzeigen in Partnerarbeit durch und suchen die wesentlichen Informationen heraus. Die neuen Wörter werden an die Tafel geschrieben und erklärt. Der L verweist bei der Bearbeitung auf die Informationen im interkulturellen Kasten auf S. 52.

Alternative (für schwächere S): Die S arbeiten mit **Kopiervorlage 14** und ergänzen die Illustrationen mit den richtigen Wörtern.

Ergänzung: Mithilfe der erarbeiteten Wörter geben die S nacheinander an, welches Wohnungangebot für sie interessant ist:

– *La casa con tres habitaciones (no) es interesante (para mí).* usw.

Dann bearbeiten sie b).

4 | Unidad

Weiterarbeit
Die S denken sich in die Lage eines Wohnungssuchenden hinein und überlegen sich zu jedem Wohnungsangebot, ob ihnen die enthaltenen Informationen ausreichen. Bei Informationsbedarf formulieren sie zu den Wohnungsangeboten Fragen:
– *¿Hay un jardín?*
– *¿Hay una terraza?*
– *¿Es un piso céntrico?* usw.

2 ¿Cómo se dice en español … ?

Lernziel: Spanische Abkürzungen verstehen und Schlüsselwörter zum Thema „Wohnungssuche" erkennen

Die S geben aus den Wohnungsanzeigen die entsprechenden spanischen Wörter an.

3 Un piso en Madrid L 1/44

Lernziel: sich in einer Wohnung orientieren; erklären was jemand morgens tut

a) Ergänzung: Im Plenum können weitere Fragen zur Wohnung gestellt und beantwortet werden, z. B.:
– *¿Qué tipo de piso es? ¿Por qué?*
– *¿Qué hay en el piso?*
– *¿Cuántas personas son?* usw.

b) Differenzierungsvorschlag:
- Stärkere Gruppen notieren beim Hören Stichwörter.
- Schwächere Gruppen bekommen eine Kopie des im Buch abgebildeten Wohnungsgrundrisses. Sie zeichnen beim Hören den Weg, den Blanca zurücklegt, in den Wohnungsgrundriss ein und beschreiben ihn.

Tipp: Lassen Sie die S vor dem Hören die einzelnen Zimmer beschriften.

Weiterarbeit
Die S werden in drei Gruppen eingeteilt, jede Gruppe erhält eine Wohnungsanzeige (1, 2 oder 3 auf S. 52). Zur erhaltenden Anzeige soll ein Wohnungsgrundriss gezeichnet werden. Fehlende Informationen werden frei ergänzt. Ein Vertreter der Gruppe beschreibt anschließend anhand des Grundrisses die Wohnung.

Ergänzung: Die S können ihren Grundriss zum Beispiel auf Folie skizzieren und mit dem Tageslichtprojektor visualisieren oder ihn auf ein großes Blatt Papier zeichnen und in der Klasse aufhängen.

Tipp: Lenken Sie die S auf das Wort *hay*, um über die Wohnung zu sprechen.

4 Busco un piso

Lernziel: eine Wohnungsanzeige schreiben

Tipp: Geben Sie Ihren S einige zusätzliche Informationen zu den Stadtvierteln (Informationen s. Landeskundeglossar). Diese Übung kann auch als Hausaufgabe erledigt werden.

Aprender y practicar A (S. 54–57)

Lernziele: Die S lernen, Auskünfte über eine Wohnung einzuholen und über Vorlieben zu sprechen. Sie können am Ende des Teilkapitels beschreiben, wie sie gerne wohnen möchten.

1 Busco un piso barato L 1/45 = S 30

Lernziel: in einem Telefongespräch Auskünfte über eine Wohnung einholen

Einstieg
Der L erläutert das Thema: Tim ist auf Wohnungssuche. Er fragt die S, auf welche der Wohnungsanzeigen von S. 52 Tim sich wohl melden wird. Die S äußern ihre Vermutung:
– *Creo que va a llamar a … porque …*

Erarbeitung
a) Die S hören die beiden Telefongespräche zweimal bei geschlossenen Büchern. Der L gibt an der Tafel folgende Fragen zur Beantwortung vor:

> Llamada 1
> 1. ¿Dónde busca Tim el piso?
> 2. ¿Con quién habla?
> 3. ¿Sobre qué hablan?
>
> Llamada 2
> 1. ¿Por qué llama Tim?
> 2. ¿Con quién habla?
> 3. ¿Sobre qué hablan?

Beim anschließenden Lesen des Textes fragen die S nach der Bedeutung einzelner Wörter. Der L ermutigt sie, sie aus dem Kontext abzuleiten, und gibt erst danach selbst Worterklärungen.

Sicherung und Festigung
Ergänzung: Lassen Sie Ihre S die Antworten auf die Fragen von b) als Textzusammenfassung formulieren.

Beispiel: *Tim busca un piso en el centro de Madrid. Primero, llama a una inmobiliaria y habla con …*

c) und d) Die S stellen als Rollenspiel einen kurzen Anruf im Maklerbüro dar. Die unter c) herausgesuchten Redemittel zur Kontaktaufnahme am Telefon dienen ihnen zur Vorbereitung. Bei Unsicherheit orientieren sie sich am Textbeispiel.

Unidad 4

2 ¿Cómo son?

Lernziel: die Bildung der Adjektive

Der L nennt das Lernziel: Die S können am Ende der Lektionseinheit Wohnungen beschreiben. Dafür lernen sie im Folgenden Adjektive.

Entdeckendes Lernen: Die S entdecken anhand des Textes die Angleichung der Adjektive.

Ergänzung: Die S fragen sich gegenseitig, wie ihr Zimmer aussieht: *¿Cómo es tu habitación?*

Tipp: Nennen Sie bei Bedarf weitere Adjektive und halten Sie diese als individuellen Wortschatz an der Tafel fest. Anschließend beschreibt Partner A das Zimmer von Partner B und umgekehrt.

3 La Latina

Lernziel: über ein Stadtviertel sprechen

a) Die S betrachten die Fotos und beschreiben mithilfe der angegebenen Wörter das Stadtviertel.

b) Tipp: Falls noch nicht geschehen, gehen Sie vor Bearbeitung der Aufgabe auf das prädikativ gebrauchte Adjektiv ein. Schreiben Sie die Beispiele an die Tafel.

```
Los pisos          son   muy grandes.
                   Son   baratos.
                   Son   muy caros.
Las habitaciones   son   muy grandes y luminosas.
La habitación      es    barata.
```

Alternative (für schwächere S): Schreiben Sie zur Übersichtlichkeit das ganze Paradigma an die Tafel:

```
El piso            es caro.    / es grande.
La habitación      es cara.    / es grande.
Los pisos          son caros.  / son grandes.
Las habitaciones   son caras.  / son grandes.
```

Geben Sie auch folgende **Ergänzung:** Bei männlichen und weiblichen Bezugswörtern steht das Adjektiv in der männlichen Pluralform: *Los pisos y habitaciones son caros.*

4 Un piso en Berlín

Lernziel: Adjektive; Informationen aus einem spanischen Text auf Deutsch zusammenfassen

a) Ergänzung: Stellen Sie nach dem Bearbeiten Fragen zum Inhalt der E-Mail.

Beispiel:
1. ¿Qué tipo de habitación busca Cristina?
2. ¿Dónde busca la habitación?
3. ¿A qué precio busca la habitación?

Lösung:
1. Cristina busca una habitación amueblada en un piso compartido.
2. Busca la habitación en Berlín / en una zona tranquila / en un barrio interesante y moderno.
3. Busca una habitación barata: no más de 350 euros al mes.

b) Tipp: Fordern Sie die S auf, sich vor der Mediation zu überlegen, wie eine deutsche Wohnungsanzeige aufgebaut ist.

5 Números

Lernziel: die Zahlen von 100–1000

Tipp: Wiederholen Sie an dieser Stelle die Zahlen bis 100. Die S hören den Rap aus Lektion 2 und rappen mit. Danach folgt eine **Kettenübung:** Sie nennen der Reihe nach die Zahlen von 0–99, jede Zahl, die durch 3 teilbar ist, wird ausgelassen.

Erarbeitung
Lernen durch Lehren: Ein S, der sich am Vortag vorbereitet hat, präsentiert seinen Mitschülern die Zahlen von 100 bis 1000. Er weist auf die Angleichung der Hunderterzahlen hin und geht auch auf Beispiele zwischen den Hunderterzahlen ein:
- 492: *cuatrocientos noventa y dos*
- 515: *quinientos quince* usw.

Festigung
Mithilfe von **Kopiervorlage 15** wird Domino gespielt. Danach erfolgt die Bearbeitung der Übung.

6 ¡Cuántas cosas hay en Madrid! ⓘ L 1/46

Lernziel: Zahlen angeben

Tipp: Lassen Sie den Hörtext zwei- oder dreimal hören.

Ergänzung (für schwächere S): Lassen Sie die S vor Bearbeitung der Aufgabe zu den abgebildeten Dingen jeweils das spanische Wort nennen. Weisen Sie auf die Veränderlichkeit von *cuánto, -a, -os, -as* hin.

7 ¿Por qué La Latina?

Lernziel: Wohnen in Madrid: das Stadtviertel La Latina

Einstieg
Fragen Sie Ihre S, in welchem Stadtteil sie gerne wohnen möchten – im Zentrum, außerhalb, in der Stadt, im Stadtteil X, auf dem Land. Die S begründen ihre Auswahl.

4 Unidad

– *Me gusta vivir en el centro de la ciudad porque me gusta salir de noche y es muy cerca.*
– *No me gusta vivir en el centro, es muy caro.*
– *Me gusta vivir en un pueblo, es muy tranquilo.* usw.
Hier können bereits neue Wörter *(querer algo, vivir, preferir algo)* vorentlastend eingeführt werden.

Tipp: Stellen Sie die Frage, wo Jugendliche aus Madrid wohl gerne wohnen. Lassen Sie sie aber im Raum stehen und gehen Sie zum folgenden Text über.

Erarbeitung
a) Ergänzung: Nach Behandlung des Textes stellen sich die S in Partnerarbeit gegenseitig Fragen zum Text:
– *¿Dónde viven los jóvenes en Madrid?*
– *¿Por qué no viven en el centro de Madrid?* usw.
Anschließend lesen sie sich den Text gegenseitig vor.

Festigung
b) Vorschlag zur Durchführung: Lassen Sie den Text anhand der **Methode des sukzessiven Ausstreichens** nacherzählen: Der L visualisiert den Text mit dem Tageslichtprojektor und streicht für den Kontext verzichtbare Wörter (Beispiele s. **Kopiervorlage 16**). Die S rekonstruieren den Text in Partnerarbeit.
Dieser Schritt wird mehrmals wiederholt, dabei werden immer mehr Wörter gestrichen, bis nur noch das Textgerüst stehen bleibt. Die S formulieren immer freier.

Tipp: Lassen Sie in mehreren Abständen den Text im Plenum für alle hörbar rekonstruieren, um aufgekommene Unsicherheiten abzubauen.

c) Interkultureller Ansatz: Die S denken sich in die Rolle hinein und fassen die Besonderheiten des Stadtviertels auf Deutsch zusammen.

8 ¿Quieres o prefieres?

Lernziel: Vorlieben angeben und erfragen: querer *und* preferir

a) Entdeckendes Lernen: Die S entdecken anhand des Vergleichs mit den regelmäßigen Verben die Diphtongierung *e – ie*.

b) Ergänzung: Minidebatte. Die Klasse wird in zwei Gruppen eingeteilt: in S, die gerne zu Hause wohnen, und in diejenigen, die lieber in Wohngemeinschaften wohnen. Jede Gruppe sucht zu ihrer Position Argumente. Nun setzt sich jeder Teilnehmer einer Gruppe mit einem Teilnehmer der anderen Gruppe zusammen und versucht, den jeweils anderen von seiner Meinung zu überzeugen.

Tipp: Erarbeiten Sie mit Ihren S vor der Durchführung die benötigten Redemittel und schreiben Sie sie an die Tafel.

> *A mí me gusta mucho…*
> *A mí también.*
> *A mí no. Yo prefiero…*
> *Bueno, pues… Sí, claro, pero…*

9 En Alemania no

Lernziel: Vorlieben angeben: querer *und* preferir

a) Ergänzung: Stellen Sie nach Bearbeitung der Übung Fragen zum Inhalt des Textes:
1. *¿Por qué Miranda y Alberto no quieren vivir en un piso compartido?*
2. *¿Qué prefiere Tim? ¿Por qué?*

b) Interkultureller Ansatz: Die S vergleichen mit den Vorlieben im eigenen Land.

Differenzierungsvorschlag:
- Schwächere Gruppen sprechen darüber, welche Vorlieben Jugendliche im eigenen Land haben. Sie unterscheiden dabei verschiedene Altersgruppen.
- Stärkere Gruppen nennen zudem mögliche Gründe für diese Vorlieben. Sie recherchieren gegebenenfalls im Internet.

10 Practicamos la pronunciación L 1/47 = S 31

Lernziel: die Aussprache trainieren

Ergänzung: Vor Bearbeitung der Übung schauen sich die S die Ausspracheregeln an.
Zur Sicherung des Verständnisses suchen sie zu den ersten beiden Phänomenen je drei Beispiele aus den bisher gelernten Vokabeln heraus.

Zusatzinformation

Aussprache: j und g

Anmerkung: In Lateinamerika wird j mehr oder weniger hart ausgesprochen. Die Variationsbreite variiert vom harten /ch/ wie in „Dach" bis zum weicheren /ch/ wie in „Buch".
Oft wird das g wie ein deutsches h ausgesprochen.

11 Tarea: Mi casa

Lernziel: beschreiben, wie man gerne wohnen möchte

Differenzierungsvorschlag:
- Die S beschreiben ihr Haus (siehe Aufgabe).
- Die S zeichnen ihr Haus auf ein Blatt Papier und beschreiben es auf einem zweiten Blatt. Die Zeichnungen werden in der Klasse aufgehängt. Der Reihe nach lesen sie ihren Text in der Klasse vor. Die Mitschüler raten, welche Zeichnung zu welcher Beschreibung gehört.

Aprender y practicar B (S. 58/59)

Lernziele: Die S lernen den Weg zu beschreiben und anzugeben, was es in einem Stadtviertel gibt und wo sich etwas befindet. Sie können sich am Ende des Teilkapitels in einer Stadt orientieren.

1 ¿Estoy en La Latina? L 1/48 = S 32

Lernziel: nach dem Weg fragen und den Weg beschreiben

Der L führt in das Thema ein und nennt das Lernziel: Um zu einer Adresse zu gelangen, muss man nach dem Weg fragen und die Antwort verstehen können.

Erarbeitung
a) Die S hören und lesen den Dialog. Danach arbeiten sie mit **Kopiervorlage 17** und ordnen die Richtungsangaben den betreffenden Bildern zu. Ergebnissicherung an der Tafel.
Anschließend schneiden sie die einzelnen Karten aus, mischen sie und spielen in Gruppen zu vier Schülern **Memory**.
Danach erfolgt die Bearbeitung von b).

Festigung
c) **Ergänzung:** Halten Sie in einem So-kann-ich-Kasten fest, wie man nach dem Weg fragen und den Weg beschreiben kann.

So kann ich...

nach dem Weg fragen...	und den Weg erklären
Perdón.	Nosotros estamos
¿Dónde está...?	aquí:...
Busco la calle...	Primero..., después...
¿Está cerca de aquí?	Entonces...
	Ahí está...
	ir todo recto
	tomar una calle
	girar a la derecha
	girar a la izquierda
	girar en la primera / segunda /... calle

Tipp: Weisen Sie explizit auf Strukturwörter wie *primero, después, entonces* hin.

2 ¿A la derecha o a la izquierda?

Lernziel: den Weg beschreiben

Information: Die *calle Barcelona* befindet sich in D4.

3 ¿Dónde estás, Tim?

Lernziel: angeben, wo man sich befindet, das Verb estar

a) **Entdeckendes Lernen:** Die S entdecken mithilfe des Textes die Verbformen von *estar*.

Tipp: Erinnern Sie Ihre Schüler an die Verwendung der richtigen Präposition:
– *Ir a un lugar: Voy al supermercado.*
– *Estar en un lugar: Estoy en el supermercado.*

b) **Weiterarbeit**
Tim weiß nicht, wie er zur *bar Toné* kommt. Lassen Sie Ihre S den Weg von der Haltestelle *La Latina* zur *bar Toné* beschreiben. Kontext: Tim ruft Alberto an und fragt, wo sich die Tapasbar befindet.

4 El barrio L 1/49

Lernziel: verstehen, angeben und erfragen, was es in einem Stadtviertel gibt und wo sich etwas befindet

a) Die S lesen vor Bearbeitung der Aufgabe den So-kann-ich-Kasten.

Weiterarbeit
– Die S arbeiten mit dem Stadtplan auf der Umschlaginnenseite und **Kopiervorlage 18**. Sie lesen die Kurznachrichten und suchen im Stadtplan von Madrid die Orte, an denen sich die Personen befinden.
– Geben Sie Ihren S als Hausaufgabe auf, über das eigene Stadtviertel / die eigene Stadt zu sprechen:
¿Hay en tu barrio / en tu ciudad un supermercado, una cafetería, un restaurante, ...?
¿Dónde están ...?

5 ¿Dónde vive Blanca?

Lernziele: spanische Klingelschilder lesen; die Ordnungszahlen

Die S betrachten die Abbildung und lesen den Grammatikkasten. Vor Bearbeitung der nächsten Aufgabe erklärt der L, dass *el piso* auch „Stockwerk" bedeuten kann.

Zusatzinformation

🌐 Klingelschilder

Spanische Klingelschilder enthalten keine Namen, sondern geben an, wo sich die Wohnungen befinden. In Mehrfamilienhäusern werden die Wohnungen auf jeder Etage durchgezählt. So findet man Angaben, wie 2° Izq = 2. Stock links, 3° 7 = 3. Stock, Wohnung 7.
Wenn man jemanden zu Hause besuchen möchte, ist es deshalb immer wichtig, Stockwerk und Wohnungsnummer zu erfragen. Adressangaben auf Briefen sollten neben der Straße und Hausnummer ebenfalls das Stockwerk und die Wohnungsnummer enthalten.

4 | Unidad

6 Tarea: ¿Cómo es tu barrio?

Lernziel: den Weg am eigenen Ort beschreiben

Tipp (für schwächere S): Fordern Sie Ihre S auf, zu ihrem Text eine Skizze anzufertigen.

Aprender y practicar C (S. 60/61)

Lernziele: Die S lernen, über Zimmereinrichtungen zu sprechen, und können am Ende des Teilkapitels Zimmer und Wohnungen beschreiben.

1 El piso compartido L 1/50 = S 33

Lernziel: Wohnungseinrichtungen

Einstieg und Vorentlastung
Der L nennt das Lernziel und führt in das Thema ein. Die S sammeln bereits bekannte Vokabeln zum Thema „Wohnungseinrichtung" an der Tafel *(la cama, la mesa, la silla, la foto, el reloj)*. Neue Wörter *(la estantería, el armario, la bañera)* werden an der Tafel eingeführt.

Festigung
Die S arbeiten in Partnerarbeit und bekommen jeweils verschiedene Versionen eines Zimmers (**Kopiervorlage 19**). In jedem sind Möbel und Gegenstände eingezeichnet, in beiden aber unvollständig.
Die S ermitteln den Standort aller Möbel und Gegenstände, indem sie sich gegenseitig nach den auf ihrer Skizze fehlenden Möbeln und Gegenständen fragen und zeichnen sie an die Stelle, die der jeweils andere Partner angibt. Anschließend vergleichen sie die Kopien: Stimmen die Abbildungen überein?
Ergebnissicherung im Plenum. Ein S beschreibt eines der beiden Zimmer, der L zeichnet die Möbelstücke und Gegenstände in der Folie auf dem Tageslichtprojektor ein.

a) Die S lesen und hören den Text. Weitere unbekannte Wörter werden geklärt.

b) **Differenzierungsvorschlag:**
- Schwächere Gruppen bearbeiten die Übung wie angegeben.
- Stärkeren Gruppen werden keine Satzzeichen und Großbuchstaben angegeben.

Tipp: Weisen Sie Ihre S darauf hin, dass manchmal mehrere Sätze gebildet werden müssen.

c) **Differenzierungsvorschlag:**
- Stärkere Gruppen beschreiben die Wohnung.
- Schwächeren Gruppen werden ein paar Fragen zur Beantwortung vorgegeben:
  - ¿Qué hay/no hay en la habitación de Tim?
  - ¿En el piso hay una bañera?
  - ¿Hay una terraza o un balcón? usw.

Tipp: Geben Sie in beiden Fällen den Tipp, auf die Seiten 52 und 53 zurückzugehen und sich die Wohnungsanzeige und den Wohnungsgrundriss noch einmal anzuschauen.

2 ¿Dónde pones las cosas?

Lernziel: eine Wohnung einrichten

Alternative: Zuerst beschreibt der eine, dann der andere S seine eingerichtete Wohnung. Der jeweils andere notiert seine Fragen und stellt sie am Schluss.

3 Mi, tu, su, ...

Lernziel: Besitzverhältnisse angeben: die Possessivbegleiter

Der L nennt das Lernziel: über eigene Dinge sprechen können. Im Folgenden lernen sie, Besitz bzw. Zugehörigkeit auszudrücken.

Entdeckendes Lernen: Die S entdecken mithilfe des Textes die Possessivbegleiter und tragen Sie in eine Tabelle im Heft ein.

Ergänzung: Festigungsübung. Jeweils drei Schüler bilden eine Gruppe. Jeder S erhält sechs Blankokarten. Auf jede Karte schreibt er ein Substantiv und ein Personalpronomen, auf die Rückseite das Substantiv mit dem Possessivbegleiter (s. Beispiel). Jede Person muss einmal vorkommen.

Beispiel:

compañeros (yo)	mis compañeros

Aktivität: Die Vorderseite der Karte wird in der Gruppe gezeigt, ein S nennt das passende Posessivpronomen zum angegebenen Substantiv. Zur Überprüfung wird die Karte umgedreht. Dann ist dieser S an der Reihe und zeigt eine seiner Karten usw.

Alternative (für stärkere Gruppen): Statt einzelner Wörter können ganze Sätze formuliert werden:
fin de semana – deporte – compañeros (yo)
→ *Este fin de semana hago deporte con mis compañeros.*

4 ¿Cómo se llama ...?

Lernziel: über eigene Dinge sprechen

Differenzierungsvorschlag:
- Schwächere Gruppen interviewen sich gegenseitig in Partnerarbeit. Sie stellen sich anschließend gegenseitig der Klasse vor.
- Stärkere Gruppen interviewen jeweils sechs Schüler. Anschließend stellen sie ein Schülerprofil in der Klasse vor,

ohne den Namen des Schülers zu nennen. Die anderen raten, um welchen Mitschüler es sich handelt.

Alternative: Heißer Stuhl. Ein Schüler sitzt in der Mitte, die anderen dürfen ihm Fragen stellen, er antwortet.

5 ¿Mi bolígrafo o tu bolígrafo?

Lernziel: angeben, wem was gehört

Differenzierungsvorschlag:
- Stärkere Gruppen bearbeiten die Übung im Schülerbuch.
- Schwächere Gruppen bearbeiten zusätzlich die Übungen des **Online-Links 538000-0017**.

Alternative: Der L sammelt ein paar Gegenstände von den S ein und legt sie sichtbar auf einem Tisch. Dann nimmt er einen Gegenstand in die Hand und fragt, ob er S XY gehöre. Wer die Antwort weiß, meldet sich, und bestätigt oder verneint und berichtigt gegebenenfalls den Irrtum. Weiß niemand, wem der Gegenstand gehört, dann meldet sich sein Besitzer. Mögliche Gegenstände: *el libro, el reloj, el bolígrafo, el cuaderno, el texto, el móvil.*

6 Tarea: La visita

Lernziel: eine Wohnungsanzeige schreiben

Tipp (für schwächere S): Erarbeiten Sie vor dem Schreiben gemeinsam an der Tafel die wichtigsten Fragen zum Thema Wohnungssuche.
¿Dónde está el piso? / ¿Está cerca del centro / de …? ¿Qué hay en el barrio? / ¿Qué hay en el piso? usw.

Leer (S. 62)

Lernziele: das Wohnverhalten von Jugendlichen; sich zu einem Thema äußern und eine Statistik auswerten

1 Los jóvenes en España

Lernziel: das Wohnverhalten von Jugendlichen

a) und b) Die S lesen, jeder für sich, den Artikel in Stillarbeit. Sie sollten auf die Fragen in b) antworten können.

c) Interkultureller Ansatz: Die S vergleichen mit ihren Lebensgewohnheiten.

Anmerkung: Auch bei uns ist das Phänomen bekannt. Wir sprechen von „Nesthockern" oder dem „Hotel Mama". Bei uns ist vor allem die Bequemlichkeit Grund für das lange Verweilen im Elternhaus. Häufig kommen junge Leute, wenn ihre Beziehung gescheitert ist, wieder ins Elternhaus zurück („Generation Bumerang").

2 Una estadística

Lernziel: eine Statistik versprachlichen

Vor der Bearbeitung sollten die Redemittel zur Versprachlichung einer Statistik erworben werden (s. Redemittelkasten, SB, S. 62).

Tarea final (S. 63)

Estudiar en Madrid

Lernziel: Die S können am Ende der Tarea final Auskünfte über eine Wohnung einholen.

a) Differenzierungsvorschlag:
- Stärkere Gruppen bereiten das Rollenspiel vor.
  Tipp: Weisen Sie Ihre S darauf hin, ein Dialoggerüst anzufertigen und lassen Sie sie das Rollenspiel Rücken an Rücken durchführen.
- Schwächere Gruppen arbeiten mit dem Tandembogen des **Online-Links 538000-0018**.

c) Die S wählen mithilfe des Evaluationsbogens **(Kopiervorlage 20)** die flüssigste und die originellste Darstellung sowie den überzeugendsten Wohnungssucher / Vermieter.

Landeskundeglossar

Madrid und seine Stadtviertel

	Metro:	
Sol / Huertas	Sol	- typische spanische Bars - Tavernen, Kneipen - viele Touristenattraktionen
La Latina	Metro: Latina	- malerisches Viertel mit kleinen Straßen und alten Gebäuden - Sonntags Flohmarkt
Lavapiés	Metro: Lavapiés	- mulitkulturelles Viertel - Straßenartisten - künstlerisches Flair - alternative Szene - viele Bars und Restaurants
Salamanca	Metro: Goya / Serrano / Salamanca	- wohlhabendes Viertel mit vornehmen Bürgerhäusern aus dem 19. Jahrhundert - teure Wohnungen - teure Designerläden
Malasaña	Metro: Malasaña / Tribunal	- alternatives Viertel - hippe Kleidergeschäfte - viele Bars, Restaurants und Plätze
Chueca	Metro: Chueca	- viele Bars und Restaurants - nachts sehr lebhaftes Viertel - alle Stilrichtungen - beliebtes Viertel, hohe Mieten
Madrid de las Austrias	Metro: Opera	- schöne Architektur - elegantes Viertel - bekannte Sehenswürdigkeiten

Unidad 5 La fiesta

Thema: Eine Party vorbereiten	
Lernziel: Eine *Fiesta española* organisieren (Tarea final)	
PP:	den Ablauf einer Party beschreiben
A:	über Hausarbeiten und Musik sprechen
B:	eine Einladung annehmen und absagen
C:	über Lebensmittel, Mengen und Preise sprechen, ein einfaches Gericht zubereiten
Leer:	einen spanischen Song hören

Lernbereiche	Lernziele	Lektionsteil, Aufg./Üb.
	Funktional-kommunikative Kompetenzen	
Hablar	zeitliche Abfolgen ausdrücken	SB PP1
	sich zum Thema „Party feiern" äußern	SB PP3
	über interkulturelle Unterschiede in Bezug auf eine Party sprechen	SB A1
	sich zu Haushaltstätigkeiten äußern	SB A4 + KV 21 ▶ CDA 2, 3
	über Musik sprechen	SB A5 + OL 538000-0019
	Einladungstexte verstehen	SB B1
	Geburtstage angeben	SB B7
	das Datum angeben	SB B8
	über Lebensmittel, Preise und Mengen sprechen	SB C1 + OL 538000-0022, SB C2 + KV 23 ▶ CDA 8, 9
	die Zubereitung eines Gerichts erklären	SB C4
	sagen, was getan werden muss	SB C8
	die Arbeit organisieren	SB C9
Escuchar	zeitliche Abfolgen erkennen und ausdrücken	SB PP1
	über interkulturelle Unterschiede in Bezug auf eine Party sprechen	SB A1
	Aufgaben verteilen	SB A3
	Einladungstexte verstehen	SB B1
	Lebensmittel, Mengen und Preise verstehen	SB C1 + OL 538000-0022 SB C3
	die Zubereitung eines Gerichts verstehen	SB C4
	einen spanischen Song hören	SB Leer 1 + OL 538000-0045
Escribir	eine Notiz schreiben	SB A2
	eine Ausrede finden	SB A7 + KV 22
	eine Einladung schreiben, auf eine Einladung reagieren	SB B2, B10
	die Arbeit organisieren	SB C9
Leer	über interkulturelle Unterschiede in Bezug auf eine Party sprechen	SB A1
	Einladungstexte verstehen	SB B1
	die Zubereitung eines Gerichts verstehen	SB C4
	einen Text über eine spanische Musikgruppe und einen ihrer Songtexte lesen	SB Leer 1
Mediación	in einer Partysituation zwischen Deutschen und Spaniern dolmetschen	SB C7
	den Inhalt eines spanischen Songs auf Deutsch zusammenfassen	SB Leer 2
Lexikalische Strukturen	ein Wörternetz zum Thema „fiesta" erstellen	SB PP4 ▶ CDA 1
	Haushaltstätigkeiten	SB A1, A4 + KV 21 ▶ CDA 2, 3
	Monatsnamen	SB B7 + OL 538000-0020 ▶ CDA 12

Unidad 5

Lexikalische Strukturen (Fortsetzung)	das Datum angeben, Geburtstage	SB B7 + OL 538000-0020 ▶ CDA 12, SB B8 ▶ CDA 13
	Mengen und Preise	SB C2 + KV 23 ▶ CDA 8, 9, SB C3
	jemanden auffordern, etwas zu tun	SB C8, C9
Grammatische Strukturen	*hay que*	SB PP 2
	mucho, a und *poco, a*	SB A1
	tener que	SB A2, A3
	Notwendigkeiten ausdrücken	SB A6
	conocer	SB B1
	die direkten Objektpronomen	SB B3 ▶ CDA 4, 5, SB B4 ▶ CDA 6, SB B5, B6 ▶ CDA 7
	der bejahte Imperativ der 2. Person	SB C4, C5 ▶ CDA 14, 15, SB C6
Interkulturelle Kompetenzen		
	kulturelle Unterschiede: wo feiert man eine Party?	SB A1
	die spanischen Top 40	SB A5 + OL 538000-0019
	eine Ausrede finden	SB A7 + KV 22
	auf eine Einladung reagieren	SB B2
Methodische Kompetenzen		
	mit einem Wörterbuch arbeiten	SB A4 + KV 21 ▶ CDA 2, 3
	einen Text verstehen	SB Leer 2

Ziele klären

Die S lesen die *Tarea final* und die kommunikativen Fertigkeiten auf S. 65. Sie verdeutlichen sich, dass sie im Laufe der Lektion Kompetenzen und Fertigkeiten erwerben, die sie zur Bewältigung der abschließenden Aufgabe am Ende der Lektion benötigen werden.

Primer paso (S. 64/65)

Lernziele: Die S lernen zeitliche Abfolgen auszudrücken und darüber zu sprechen, was gemacht werden muss. Sie können am Ende des Lektionsteils den Ablauf einer Party beschreiben.

1 La fiesta ◉ L 1/54

Lernziel: zeitliche Abfolgen ausdrücken

Einstieg
Die S betrachten die Fotos auf den Seiten 64 und 65 und äußern sich zum Abgebildeten. Der L lenkt das Gespräch und fragt einzelne S:
– *¿Te gusta la fiesta?*
– *¿Qué te gusta? ¿Qué no te gusta?*

Die S lesen den Text in den Sprechblasen und erschließen sich die Bedeutung der Schlüsselwörter aus dem Zusammenhang. Danach ordnen sie die Fotos chronologisch, wie in der Übung beschrieben.

Alternative (Gruppenarbeit): Es werden Gruppen zu sieben S gebildet. Jeder S sucht sich ein Foto (1, 2, 3, 5–8) aus.

Dieses wird so gehalten, dass es nicht von den anderen eingesehen werden kann. Jeder S berichtet, was auf seinem Foto abgebildet ist. Anhand der Beschreibungen wird der chronologische Ablauf festgelegt. Danach erfolgt die Versprachlichung, wie in der Übung angegeben.

Weiterarbeit
Interkultureller Ansatz: Die S stellen Vergleiche zum eigenen Land an: *Una fiesta en vuestra casa, ¿es igual?*
– *Es igual.*
– *No es igual. No bailamos. No ponemos música…*

Alternative: Sie schreiben einen kurzen Dialog zu einem von ihnen gewählten Bild.

2 Hay que

Lernziel: Ausdrücken, was getan werden muss: hay que

Entdeckendes Lernen: Die S wenden sich den (drei) Sätzen mit *hay que* in Übung 1 zu und schließen mithilfe der Übersetzung ins Deutsche auf die Bedeutung. Sie vergleichen mit anderen Sprachen und werden sich des unpersönlichen Gebrauchs von *hay que* bewusst.

3 Me gustan las fiestas

Lernziel: sich zum Thema „Party feiern" äußern

Tipp: Zur Unterstützung kann Übung 4 vorgezogen werden. Das erstellte Wörternetz kann den S Ideen zur Beantwortung der Frage geben.

5 | Unidad

4 La fiesta

Lernziel: ein Wörternetz zum Thema „fiesta" erstellen

Legen Sie gemeinsam mit den S ein Wörternetz an der Tafel an, falls nicht schon in Übung 3 geschehen.

Das Wörternetz wird in regelmäßigen Abständen ergänzt, z. B. nach A 4, A 5 (S. 67), B 1 (S. 68), C 2 (S. 71) und C 4 (S. 72). Darüber hinaus kann es mit Wörtern aus *Unidad 1* und *Unidad 2* ergänzt werden.

Aprender y practicar A (S. 66/67)

Lernziele: Die S lernen Redemittel, um eine Party zu organisieren. Sie können am Ende des Lektionsteils über Hausarbeiten und Musik sprechen.

1 La fiesta es un problema ⓞ L 1/55 = S 37

Lernziel: Sensibilisierung für interkulturelle Unterschiede

Einstieg
Die S werden gefragt, wo sie gewöhnlich ihre Party feiern: *¿Dónde hacéis una fiesta normalmente? ¿En casa? ¿En un bar? ¿En el instituto? ¿En casa de unos amigos?*
Danach leitet der L zum Thema der Lektion über: *Tim quiere hacer una fiesta, pero hay un problema…*

Erarbeitung
a) Die S hören den Text von der CD und lesen ihn mit verteilten Rollen. Sie beantworten die in der Übung gestellte Frage: *¿Por qué la fiesta es un problema?*
Die unbekannten Wörter werden geklärt.

b) **Interkultureller Ansatz:** Die S vergleichen mit Spanien und äußern sich zu den Gepflogenheiten ihres Landes:
– *La gente hace …*
– *La gente no hace …*
S mit anderen Muttersprachen als Deutsch werden im Besonderen aufgefordert, aus ihrem Herkunftsland zu berichten. Der L lenkt das Gespräch und hilft bei der Formulierung der Sätze.

2 Blanca habla con Marcelo

Lernziele: tener que; eine Notiz schreiben

Tipp: Erläutern Sie den S, bevor sie die Übung beginnen, den Unterschied zwischen *hay que* und *tener que* (z. B. anhand der Beispiele aus dem Grammatikanhang auf S. 157).

3 ¿Quién hace qué? ⓞ L 1/56

Lernziel: Aufgaben verteilen; tener que

Einstieg
a) **Tipp:** Spielen Sie den Hörtext mehrmals vor. Beim ersten Hören bekommen die S eine grobe Vorstellung vom Inhalt. Fragen Sie gezielt nach den Personen:
– *¿Quién organiza la fiesta?* (Marcelo)
– *¿Quién reparte el trabajo?* (Marcelo)
– *¿Quién no quiere ir de compras?* (Julia)
– *¿Quién no quiere cocinar?* (Tim)
– *¿Quién tiene que limpiar el piso?* (Blanca)
– *¿Quién pone la música?* (Julia)
Beim zweiten Hören achten sie darauf, wer welche Tätigkeiten ausübt und tragen die Tätigkeiten in eine Tabelle im Heft ein.
Alternative (für schwächere S): Die S erstellen vor dem Hören eine Tabelle, sodass sie während des Hörens keine ganzen Sätze schreiben, sondern nur die betreffenden Kombinationen ankreuzen müssen.

¿Qué tiene que hacer…?	Tim	Julia	Marcelo	Blanca
ir al supermercado				
hacer la compra				
cocinar				
limpiar el piso usw.				

b) Die S versprachlichen das eben Erarbeitete.

4 El trabajo en casa

Lernziel: Wortschatzerweiterung „Haushaltstätigkeiten", sich zu Haushaltstätigkeiten äußern

a) **Differenzierungsvorschlag:**
- Stärkere Gruppen erarbeiten sich die Vokabeln selbstständig, wie in der Übung beschrieben. Ausdrücke, die sie nicht kennen, schlagen sie im Wörterbuch nach.
  Tipp: Erläutern Sie den S vor Bearbeitung der Aufgabe den Aufbau eines Wörterbucheintrags (SB, S. 141).
- Schwächere Gruppen arbeiten mit **Kopiervorlage 21.** Sie zeigt die auf S. 67 im SB abgebildeten Haushaltstätigkeiten mit Beschriftung.
  1. Die S schauen sich die Folie ein bis zwei Minuten lang an und prägen sich so viele Tätigkeiten wie möglich ein. Dann wird der Tageslichtprojektor ausgeschaltet.
  2. Die S versuchen, sich in Zweiergruppen an so viele Tätigkeiten wie möglich zu erinnern.
  3. Ergebnissicherung anhand der Folie auf dem wieder eingeschalteten Tageslichtprojektor.
  4. **Kettenübung:** Lassen Sie die S der Reihe nach je einen Satz zu einer oder mehreren Tätigkeiten formulieren. Sie können die auf der Kopiervorlage angegebenen Redemittel oder eigene verwenden.

b) und c) **Interkulturelles Lernen:** Die S berichten aus ihrem Lebensalltag. S mit anderen Muttersprachen als Deutsch werden besonders aufgefordert, sich einzubringen.

5 Música para la fiesta

Lernziel: die spanischen Top 40; über Musik sprechen

a) **Interkultureller Ansatz:** Die S recherchieren auf der angegebenen Internetseite **(Online-Link 538000-0019)** und bearbeiten die Übung, wie angegeben.

Zusatzinformation

> 🌐 **La cadena 40 principales**
>
> *40 principales* ist ein Netz verschiedener Rundfunksender, man spricht auch von *Los 40 principales*. Dieser Sender ist der bekannteste Musiksender in Spanien. Jeden Samstag werden die von den Hörern per SMS oder Internet gewählten neuen Top 40 gekürt.
>
> Anmerkung zum **Online-Link 538000-0019:** Um die vollständige Liste der Hitparade zu sehen klickt man auf der dort angegebenen Seite **www.los40.com** auf den Link *ver toda la lista* (links unter den ersten fünf Titeln). Dort finden sich auch Hörbeispiele der einzelnen Songs.

b) **Differenzierungsvorschlag:**
- Schwächere Gruppen zählen ihre Lieblingssongs auf (Titel, Sänger / Gruppe).
- Stärkere Gruppen geben auch Informationen über den Sänger / die Gruppe an.

Tipp: Diese Aufgabe sollte freiwillig erledigt werden dürfen, da nicht jeder Musikgeschmack gleichermaßen populär ist.

6 El trabajo

Lernziel: Notwendigkeiten ausdrücken

Ergänzung: Folgende Sätze werden an die Tafel geschrieben. Die S ergänzen mit *hay que* oder einer Form von *tener que*.

> 1. _____ sacar la basura.
> 2. Marcelo, tú _____ limpiar el piso, ¿vale?
> 3. Para el examen _____ estudiar mucho.
> 4. _____ estudiar mucho.
> 5. Este libro lo _____ leer. Toma.
> 6. No hay metro, _____ tomar un taxi.

Lösung: 1. hay que, tengo/tienes/... que, 2. tienes que, 3. hay que, tengo/tienes/... que, 4. hay que, tengo/tienes/... que, 5. hay que, tienes que, 6. hay que, tengo/tienes/... que

7 Tarea: ¡Qué horror!

Lernziel: eine Ausrede finden

Alternative: Rollenspiel. Es werden Gruppen zu vier S gebildet. Jeder S bekommt eine Rollenkarte **(Kopiervorlage 22)** und ein paar Minuten Zeit für die Vorbereitung. Die Schülergruppe spielt das Rollenspiel nach den Informationen auf den Karten. Nützliche Redemittel finden sie auf der Kopiervorlage.
Tipp: Geben Sie Ihren S genug Zeit, sich in die gewählte Rolle hineinzudenken.

Aprender y practicar B (S. 68–70)

Lernziele: Die S lernen, auf eine Einladung zu reagieren. Sie können am Ende des Lektionsteils eine Einladung annehmen bzw. absagen.

1 La invitación 🔘 L 1/57 = S 38

Lernziel: Einladungstexte verstehen

Einstieg
Der L führt in das Thema ein und nennt das Lernziel: eine Einladung schreiben und auf eine Einladung reagieren.

Erarbeitung
a) Die S lesen und erschließen sich die Texte in Partnerarbeit mithilfe von Kontext und vorgelernten Sprachen. Sie versuchen, so viel wie möglich zu verstehen.

b) **Ergänzung:** In Partnerarbeit werden weitere Fragen zum Text gestellt, z. B.:
– ¿Quién invita a una fiesta?
– ¿Dónde hace la fiesta? usw.

Sicherung und Festigung
c) Die Redemittel zum Thema „Briefe schreiben" werden an der Tafel gesammelt. Sie werden für die nächste Übung benötigt.

> | Para comenzar | Para terminar |
> |---|---|
> | Hola : | Saludos |
> | Querido,-a, -os, -as (queridos amigos) XX : | Un abrazo |
> | Hola, Tim : | Nos vemos |
> | | Besos |
> | | ¡Hasta luego!, ¡Hasta pronto! usw. |

5 | Unidad

Interkultureller Ansatz: Die S vergleichen mit den Konventionen im eigenen Land und suchen Entsprechungen, z. B.:
- Wie sagt man „liebe Grüße" auf Spanisch?
- Was entspricht dem deutschen „Lieber XY"?

2 ¿Me invitas a la fiesta?

Lernziel: auf eine Einladung reagieren

Diese Aufgabe kann als Hausaufgabe erledigt werden.

Zusatzinformation

> 🌐 **Eine Einladung absagen**
>
> Eine Einladung ohne Grund abzusagen, gilt in Spanien als unhöflich. Es sollte daher immer gesagt werden, warum man einer Einladung nicht folgen kann.

3 ¿Nos vemos después?

Lernziel: die direkten Objektpronomen

Erarbeitung
a) **Entdeckendes Lernen:** Die S erarbeiten sich anhand der Beispielsätze die Akkusativpronomen. Die Beispiele aus dem Text werden an die Tafel geschrieben und übersetzt.

b) Es werden weitere Beispiele aus dem Text herausgesucht. Das gesamte Paradigma wird angeschrieben.
Tipp: Weisen Sie Ihre S darauf hin, dass Verben, die im Spanischen ein direktes Objekt nach sich ziehen, im Deutschen u. U. mit einem indirekten Objekt konstruiert werden müssen:
Os invito. – Ich lade euch ein. (Akkusativ)
¿Quién me puede ayudar? – Wer kann mir helfen? (Dativ)

4 La fiesta de Tim

Lernziel: die direkten Objektpronomen

Tipp: Für schwächere Gruppen empfiehlt sich die Bearbeitung in zwei Schritten:
1. Die S formulieren die Antwort auf die Frage ohne Verwendung eines Pronomens;
2. Sie ersetzen das Objekt durch ein Pronomen.

5 Me ayudas y te ayudo

Lernziel: die direkten Objektpronomen

Anmerkung: Zur Formulierung der Sätze gibt es mehrere Möglichkeiten, die S entscheiden sich jeweils für eine.

6 ¿Repartimos el trabajo?

Lernziel: die direkten Objektpronomen

Ergänzung: Die S stellen sich nach Bearbeitung gegenseitig weitere Fragen zum Inhalt:
- ¿Ayudan Alberto y Miranda a Tim?
- ¿Quién hace la compra?
- ¿Quién busca la música? usw.

7 Cumpleaños

Lernziel: das Datum angeben, Geburtstage

Einstieg
Interkulturelles Lernen: Der L führt zum Thema „Geburtstage" hin und schreibt den Ausdruck *¡Feliz cumpleaños!* an die Tafel. Nach Klärung der Bedeutung ergänzt er mit *Bon anniversaire* und *Happy birthday*. Die Klasse wird darum gebeten, Geburtstagswünsche aus weiteren Sprachen hinzuzufügen. Jeder S liest den Ausdruck, den er anschreibt, laut vor.

Ergänzung: Der L schreibt das spanische Geburtstagslied an die Tafel:

Cumpleaños feliz,	te deseamos todos,
cumpleaños feliz,	¡cumpleaños feliz!

Er erläutert, dass dieser Text zur Melodie des englischen *Happy birthday* gesungen wird. Bei Belieben kann das Lied angestimmt und gemeinsam gesungen werden.

Erarbeitung
Lernen durch Lehren: Diese Übung kann von einzelnen leistungsstarken S vorbereitet und durchgeführt werden. Diese erläutern zunächst, wie im Spanischen das Datum angegeben wird und vergleichen mit anderen Sprachen.

Spanisch	Französisch	Englisch
el uno de agosto de 2010	le premier août 2010	1st (of) August 2010 August (the) 1st, 2010
el dos de febrero	le deux février	2nd (of) February 2010 February (the) 2nd, 2010
el tres de enero	le trois janvier	3rd (of) January 2010 January (the) 3rd, 2010

Ergebnis: Weisen Sie im Besonderen auf Folgendes hin:
- Im Spanischen wird das Datum in Grundzahlen angegeben.
- Monatsnamen werden klein geschrieben.
- Zwischen Zahl und Monat und zwischen Monat und Jahr steht ein *de*.

Festigung
Es werden Übung a) und b) bearbeitet. Die Geburtstage werden in einen Geburtstagskalender eingetragen (**Online-Link 538000-0020**).

8 Cuándo, cuándo, cuándo

Lernziel: das Datum angeben

Zum Thema „wichtige Termine" zeigt der L drei Eintrittskarten von Veranstaltungen. Die S fragen sich gegenseitig, wann die Veranstaltungen stattfinden.

9 Practicamos la pronunciación ⓢ L 1/58–59 = S 39–40

Lernziel: die Aussprache trainieren

Weiterarbeit
Die S lesen die folgenden (unbekannten) Wörter vor und achten auf die Betonung des Wortes. Sie erkennen, dass sie mit den eben gesehenen Regeln jedes beliebige Wort aussprechen können.

> 1. el autobús
> 2. el problema
> 3. el agua mineral
> 4. la producción
> 5. el ordenador
> 6. Correos

10 Tarea: ¿Vienes a mi fiesta?

Lernziel: eine Einladung schreiben und auf eine Einladung reagieren

Alternative: Kooperatives Schreiben. Im Vorfeld schreibt der L W-Fragen an die Tafel:
¿qué? ¿cuándo? ¿dónde? ¿con quién? ¿qué más?
Er nennt das Ziel der Aufgabe: es soll eine Einladung geschrieben werden.
Jeder S schreibt einen Satz auf ein Blatt Papier, der die erste Frage (¿qué?) beantwortet. Das Papier wird gefaltet und an den linken Nachbarn weitergegeben. Dieser schreibt die Antwort auf die zweite Frage, faltet wieder usw.
Die S lesen ihre Einladungen in der Klasse vor.

Aprender y practicar C (S. 71–73)

Lernziele: Die S lernen die Wörter für Lebensmittel, Preise und Mengen. Sie können am Ende des Lektionsteils ein einfaches Gericht zubereiten.

1 La comida de la fiesta

Lernziel: über Lebensmittel, Mengen und Preise sprechen

Einstieg
Die S äußern sich zu den Lebensmitteln auf dem Supermarktprospekt; der L lenkt das Gespräch:
– ¿Hay un producto que no te gusta? ¿Cuál?
– ¿Cuáles de estos productos comes / bebes normalmente?
– ¿Cuáles no comes / bebes?

Tipp: Fragen Sie nach weiteren Lebensmitteln, die den S gar nicht schmecken und schreiben Sie sie als individuellen Wortschatz an die Tafel. So können sie sich später in spanischsprachigen Gastfamilien verständigen.

Der L führt auf das Thema der Lektion hin.
Es folgt die Bearbeitung von **a)** und **b)**.

Weiterarbeit
Die S rechnen mithilfe des **Online-Links 538000-0022** aus, was die Zubereitung einer Tortilla kostet.

2 ¿Cuánto cuesta?

Lernziel: Mengen und Preise nennen

Vor der Bearbeitung
Die S erarbeiten sich die Mengenangaben in Gruppen von vier bis fünf Personen.

Ansatz der Mehrsprachigkeit: Der L gibt die erste Spalte der folgenden Tabelle vor und bittet die S, die Mengenangaben in anderen Sprachen einzutragen.

Angabe	Englisch	Französisch	Deutsch
un kilo de patatas	one kilo of potatoes	un kilo de pommes de terre	ein Kilo Kartoffeln
medio kilo de patatas	half a kilo of potatoes	un demi kilo de pommes de terre	ein halbes Kilo Kartoffeln
un kilo y medio de...	one and a half kilos of...	un kilo et demi de...	eineinhalb (anderthalb) Kilo...
dos litros de agua	two litres of water	deux litres d'eau	zwei Liter Wasser
cien gramos de jamón	one hundred grams of ham	cent grammes de jambon	100 Gramm Schinken

Die S beschreiben anhand des Vergleichs zu anderen Sprachen, wie Mengenangaben im Spanischen gebildet werden. Der L verweist auf zwei wichtige Punkte:
– Im Gegensatz zum Deutschen gibt es bei Mengenangaben auch die Pluralform: *un kilo de patatas – dos kilos de patatas – tres kilos de patatas* ...
– Im Gegensatz zum Deutschen steht bei *medio* kein Artikel: *Quiero medio kilo de patatas.* – Ich hätte gerne ein halbes Kilo Kartoffeln.

5 | Unidad

Die S bearbeiten die Übung, wie angegeben.
Der L visualisiert die Struktur der Preise an der Tafel:
Una barra de pan cuesta un euro con veinte céntimos.

Festigung und Weiterarbeit
Interkultureller Ansatz: Die S arbeiten mit **Kopiervorlage 23** und vergleichen Lebensmittelpreise in Onlineshops spanischer und deutscher Supermärkte. Anschließend fassen Sie für jedes Produkt zusammen, in welchem Land die Preise höher sind.

Alternative: Bringen Sie spanische Supermarktprospekte (z. B. aus dem letzten Spanienurlaub) von zu Hause mit und geben Sie Ihren S den Rechercheauftrag, in deutschen Supermärkten nach äquivalenten Produkten zu suchen. Die S notieren die Preise und berichten am folgenden Tag in der Klasse.

3 En el supermercado L 1/61–62

Lernziel: Preise und Mengen aus einem Einkaufsdialog verstehen

a) Alternative (für schwächere Gruppen): Die S bekommen eine Liste mit den Produkten, die Tim und Miranda im Supermarkt einkaufen.

1. patatas fritas:	6. pan:
2. jamón:	7. croquetas:
3. tomates:	8. huevos:
4. cebollas:	9. aceitunas:
5. patatas:	

Sie hören den Text von der CD und notieren die Menge, die eingekauft wird.

Tipp: Geben Sie die Produkte in einer anderen Reihenfolge an, als die, in der sie im Hörtext vorkommen.

Es folgt die Bearbeitung von **b)** und **c)**.

4 ¡Tim y la cocina española! L 1/63 = S 41

Lernziele: die Zubereitung eines Gerichtes verstehen und erklären; der Imperativ

Einstieg
Der L erklärt die verschiedenen Varianten einer Tortilla und geht zur Erarbeitung des Textes über.

Zusatzinformation

🌐 **La tortilla**

Die Tortilla ist ein Kartoffelomelett. In ihrer einfachsten Variante wird sie aus Kartoffeln, Eier, Olivenöl und Salz zubereitet. Sie kann aber mit verschiedensten Zutaten, z. B. Gemüse oder Wurst, „angereichert" werden: *tortilla de atún* (mit Thunfisch), *tortilla de caracoles* (mit Schnecken), *tortilla de chorizo* (mit Paprikawurst) usw.

Erarbeitung
a) Die S hören den Text mehrmals von der CD. Beim ersten Hören versuchen sie, eine grobe Vorstellung vom Inhalt zu bekommen.
b) Beim zweiten Hören bringen sie die Fotos in die richtige Reihenfolge.
Anschließend wird der Text als Lückentext ausgeteilt: im Vorfeld wurden die Lebensmittel, die eine Tortilla zusammensetzen, gestrichen. Der S hört noch einmal den Text und ergänzt die Lücken.
Falls es weitere Verständnisprobleme gibt, werden diese geklärt.

Anmerkung: Die Lesetexte befinden sich als Worddatei auf der Lehrersoftware.

c) Diese Übung kann als Hausaufgabe vorbereitet werden.

5 ¡Ayuda a Tim!

Lernziel: der bejahte Imperativ der 2. Person

Entdeckendes Lernen: Die S entdecken anhand des Textes die Formen des Imperativs und formulieren Regeln zur Bildung des bejahten Imperativs der 2. Person.

Ergänzung: Lassen Sie die S auch entdecken, dass die Formen des bejahten Imperativs der zweiten Person von der dritten Person Singular des Präsens abzuleiten sind:
(él) coge → ¡coge!

Tipp: Schlagen Sie mit den S gemeinsam S. 159 im SB auf und gehen Sie mit ihnen die unregelmäßigen Formen des Imperativs (2.) durch. Ermuntern Sie sie, auch im Folgenden mit dem Grammatikanhang zu arbeiten.

6 Un poco de teatro

Lernziel: der bejahte Imperativ der 2. Person

Tipp: Folgender Wortschatz kann bei der Aufgabe verwendet werden; wiederholen Sie ihn gegebenenfalls vor der Aktivität:

– abrir los libros	– hablar de un texto
– escribir algo en la pizarra	– estudiar
– escribir en el cuaderno	– leer un texto
– tomar un bolígrafo / una silla	– buscar algo
– escribir algo en español	

Alternative (bei schwächeren Gruppen): Schreiben Sie folgende Sätze an die Tafel; die S formulieren den dazugehörigen Befehl. Aus dem Kontext ergibt sich, ob sie den Imperativ Singular oder Plural verwenden müssen.

Tipp: Sie können danach den jeweiligen S bitten, die Tätigkeit auszuführen.

Unidad 5

> - Chicos, el texto está en la página 72.
> - Las cinco frases para mañana en vuestros cuadernos.
> - Tenéis que escribir el texto en español, no en alemán.
> - Tienes que estudiar para el examen.
> - Lo siento, no hay sillas. Ah sí, mirad, allí están.

Lösung: ¡abrid los libros!, ¡escribid las frases en vuestros cuadernos!, ¡escribid el texto en español!, ¡estudia para el examen!, ¡tomad las sillas!

7 La fiesta

Lernziel: in einer Partysituation zwischen Deutschen und Spaniern dolmetschen

Tipp: Der skizzierte Dialog enthält viele Füllwörter. Bitten Sie die S, nur die wesentlichen Informationen zu übersetzen. Geben Sie ihnen ein bis zwei Minuten Zeit, sich in die Rolle des Gastgebers hineinzudenken.

8 La cocina es un desastre

Lernziel: sagen, was getan werden muss

Tipp: Machen Sie Ihren S deutlich, dass sie auf verschiedene Weise sagen können, was getan werden muss: bejahter Imperativ der 2. Person, *tener que, hay que, ¿puedes...?, ¿por qué no...?*

Alternative: Fehlersuche. Geben Sie Ihren S folgenden Kontext vor: Marcelo und Blanca kommen nach Hause und finden in der Küche ein Chaos vor. Lesen Sie ihnen dazu den Text unten vor. Die S betrachten während des Hörens die Abbildung und geben an, an welcher Stelle der Text nicht mit der Abbildung übereinstimmt. Danach formulieren sie im Imperativ, was in der Küche gemacht werden muss.

> (Blanca / Marcelo:) Mira, mira, ¡qué caos en la cocina! Los platos y vasos no están en su lugar. Y tenemos que lavarlos. Y la sartén también. ¿Dónde ponemos las latas? En la basura. Ay, tenemos que sacarla. El jamón y los huevos no están en su lugar. Mira, no hay nada en el frigorífico... sí, una cebolla y unas croquetas. ¿Qué comemos ahora? ¿Vamos al supermercado? Pero antes, tenemos que limpiar la cocina. ¡Qué trabajo!

9 Tarea: ¡En casa con los amigos!

Lernziel: die Arbeit organisieren

Differenzierungsvorschlag:
- Die S bearbeiten die Aufgabe wie beschrieben. Weisen Sie sie darauf hin, dass ihnen nur 15 Euro zur Verfügung stehen. Ein Tipp: Tapas sind einfach und billig.
- Die Bearbeitung erfolgt nach folgenden Vorgaben: Es gibt *pan con tomate y jamón*. Außerdem: Oliven, Kroketten und Pommes frites. Da sie kein Knoblauch mögen, wird der Knoblauch weggelassen. Die Wohnung ist ein Chaos: es muss gesaugt, geputzt, gebügelt und gekocht werden. Ernesto soll gefragt werden, ob er zum Kochen vorbeikommen könnte (SMS).

Leer (S. 74)

Lernziele: einen spanischen Song hören und interpretieren

1 Jarabe de Palo ⓢ L 1/64

Lernziel: einen spanischen Song hören

Einstieg
Der L fragt die S, ob sie Jarabe de Palo kennen:
- ¿Conocéis a Jarabe de Palo?
- ¿Es conocido en Alemania?

S, die mit dem Kopf genickt haben, fragt er weiter:
- ¿Conoces una canción de Jarabe de Palo?
- ¿Te gusta / no te gusta?

Tipp: Die Fragen werden bei geschlossenen Büchern gestellt. Dann wird der Einleitungstext gelesen.

Erarbeitung

a) Die S hören das Lied.

b) Gemeinsam wird die Bedeutung der Schlüsselwörter geklärt.

2 Cuando todo está mal...

Lernziel: den Inhalt eines spanischen Songs auf Deutsch zusammenfassen

Tipp: Leiten Sie Ihre S an, zunächst die Schlüsselwörter aus dem Liedtext herauszusuchen, das sind z. B. Wörter, die im Refrain wiederkehren.

Tarea final (S. 75)

Fiesta española

Lernziel: Die S können am Ende der Tarea final kooperativ Aufgaben lösen und eine Party organisieren.

Durchführung der Tarea final:
1. Die S besprechen sich in der Gruppe und halten schriftlich fest, was zur Vorbereitung der Party getan werden muss. Dann verteilen sie die Aufgaben.
2. Sie überlegen gemeinsam, welche Informationen die Einladungskarte enthalten und wie diese aussehen soll. Dann verfassen sie den Text für die Einladung.
3. Sie stellen der Klasse ihre Partyplanung vor.
4. Nachdem alle Gruppen ihre Planungen präsentiert haben, wird der beste Vorschlag ausgewählt.

Unidad 6 Vacaciones en Málaga

Thema: Eine Reise planen
Lernziel: Reiseinformationen über eine Stadt zusammenstellen und über die eigenen Reiseerfahrungen berichten (Tarea final)

- **PP:** über Vorlieben im Urlaub sprechen
- **A:** Verkehrsmittel vergleichen, über das Wetter sprechen
- **B:** Hotels empfehlen
- **C:** über vergangene Dinge berichten
- **Leer:** die Handlung einer Geschichte nachvollziehen

Lernbereiche	Lernziele	Lektionsteil, Aufg./Üb.
	Funktional-kommunikative Kompetenzen	
Hablar	sich zu Freizeitaktivitäten in der Provinz Málaga äußern	SB PP1 + KV 24 ▶ CDA 1
	Himmelsrichtungen angeben	SB PP2 ▶ CDA 8
	über Ferienaktivitäten sprechen	SB PP4
	ein Gespräch über Urlaubspläne nachvollziehen	SB A1 + KV 25
	die Sprachensituation in Spanien mit der des eigenen Landes vergleichen	SB A2 + OL 538000-0023
	über Verkehrsmittel sprechen	SB A3 ▶ CDA 2–5
	Angebote einer Autovermietung bewerten und vorstellen	SB A4 + KV 26
	das Wetter beschreiben	SB A5 + OL 538000-0024 ▶ CDA 6, 7
	Hotelbewertungen zusammenfassen	SB B2 + OL 538000-0025
	über Wochenendbeschäftigungen sprechen	SB C4 ▶ CDA 20
	über eine Geschichte diskutieren	SB Leer 2
Escuchar	Reisewünsche verstehen	SB PP3
	ein Gespräch über Urlaubspläne nachvollziehen	SB A1 + KV 25
	über Verkehrsmittel sprechen	SB A3 ▶ CDA 2–5
	das Wetter beschreiben	SB A5 + OL 538000-0024 ▶ CDA 6, 7
	positive und negative Aspekte von Hotelbewertungen erfassen	SB B2 + OL 538000-0025
	Reiseerlebnisse verstehen	SB C1, C3 + KV 30 ▶ CDA 18, 19
Escribir	Wegbeschreibung in der eigenen Stadt	SB A6
	einen Text zusammenfassen	SB B4
	Hotels empfehlen	SB B6 + KV 27
	von den letzten Ferien erzählen	SB C6
Leer	ein Gespräch über Urlaubspläne nachvollziehen	SB A1 + KV 25
	Hotelprospekte verstehen	SB B1 ▶ CDA 9, 10
	positive und negative Aspekte von Hotelbewertungen erfassen	SB B2 + OL 538000-0025
	Reiseerlebnisse verstehen	SB C1
	einer komplexen Geschichte folgen können	SB Leer 1
Mediación	Mietwagenangebote auf Deutsch zusammenfassen	SB A4 + KV 26
	Informationen aus spanischen Hotelprospekten zusammenfassen	SB B1 ▶ CDA 9, 10
Lexikalische Strukturen	Himmelsrichtungen angeben	SB PP2 ▶ CDA 8
	ein Vokabelnetz zum Thema „Freizeitaktivitäten" anfertigen	SB PP4
	Verkehrsmittel	SB A3 ▶ CDA 2–5
	das Wetter beschreiben	SB A5 + OL 538000-0024 ▶ CDA 6, 7
Grammatische Strukturen	die Steigerungsformen des Adjektivs	SB A3 ▶ CDA 2–5, SB A4 + KV 26
	die indirekten Objektpronomen	SB B3, B4 ▶ CDA 11, 12, SB B5
	über vergangene Ereignisse berichten: das *pretérito indefinido* (regelmäßige Bildung)	SB C2 + KV 28, 29 ▶ CDA 16, 17, SB C3 + KV 30 ▶ CDA 18, 19, SB C4, C6 ▶ CDA 20

Unidad 6

Interkulturelle Kompetenzen	
Freizeitaktivitäten in der Provinz Málaga	SB PP1 + KV 24 ▶ CDA 1
die Sprachensituation in Spanien mit der des eigenen Landes vergleichen	SB A2 + OL 538000-0023
Methodische Kompetenzen	
Wortschatz erschließen	SB B1 ▶ CDA 9, 10

Ziele klären
Die S lesen die *Tarea final* und die kommunikativen Fertigkeiten auf S. 77. Sie verdeutlichen sich, dass sie im Laufe der Lektion Kompetenzen und Fertigkeiten erwerben, die sie zur Bewältigung der abschließenden Aufgabe am Ende der Lektion benötigen.

Primer paso (S. 76 / 77)

Lernziele: Die S lernen die Provinz Málaga kennen und Himmelsrichtungen angeben. Sie können am Ende des Lektionsteils über Vorlieben im Urlaub sprechen.

1 ¿Qué se puede hacer? L 2/1

Lernziel: sich zu Freizeitaktivitäten in der Provinz Málaga äußern

Einstieg
Der L führt in das Thema der Lektion ein und schreibt die zentrale Vokabel an die Tafel: *las vacaciones*. Anschließend erfolgt ein kurzes Gespräch über Urlaubsvorlieben. Der L hat sich im Vorfeld die Tabelle aus **Kopiervorlage 24** auf Folie gezogen und visualisiert sie mit dem Tageslichtprojektor. Er wendet sich an einen S und fragt:
– *¿Adónde te gusta ir de vacaciones?*
Dieser antwortet und begründet seine Wahl mit einem der angeführten Argumente:
– *Me gusta ir de vacaciones a la montaña porque me gusta hacer senderismo.*
Dann fragt er den nächsten S usw., bis alle möglichen Kombinationen genannt und alle S befragt wurden.

Anmerkung: Die S lesen stets die angeführten Argumente ab; unbekannte Wörter zum Thema werden an dieser Stelle vorentlastet. Sie sind transparent und können leicht verstanden werden.

Der L leitet zum Thema über und erläutert, dass die Provinz Málaga bei Urlaubern sehr beliebt ist, da sie verschiedene Möglichkeiten der Freizeitgestaltung bietet.
Die S schlagen die S. 76–77 im SB auf und lesen die Texte zu den Fotos im Hinblick auf die Frage: *¿Qué se puede hacer en la provincia de Málaga?* durch.
Nach Beantwortung der Frage nennt jeder S einen der Orte, der ihn interessieren würde:
– *Para mí las playas de Nerja son interesantes.*
– *Para mí el Chorro es interesante. Me gusta mucho escalar.* usw.

2 ¿Dónde están?

Lernziel: Himmelsrichtungen angeben

a) Die S lesen die Informationen zu Málaga im Kasten und schauen sich die Spanienkarte auf der Umschlaginnenseite an. Alternativ kann auch die Spanienkarte aus der Lehrersoftware an die Wand projiziert werden. Der L erklärt, dass Spanien in Provinzen aufgeteilt ist und zeigt diese auf der Landkarte. Er liest die Namen der Provinzen der Reihe nach vor. Dann suchen die S die Provinz Málaga und beschreiben, wo die im Einführungstext genannten Orte in Bezug auf die Stadt Málaga liegen:
– *Nerja está al este de la ciudad de Málaga.*
– *La sierra de Ronda está al oeste de la ciudad de Málaga.* usw.
An diesen Beispielen werden die Himmelsrichtungen *al norte / al este / al sur / al oeste* eingeführt.

b) **Alternative zur Durchführung:** Partnerarbeit bei aufgeschlagener bzw. an die Wand projizierter Spanienkarte. Es sollten möglichst S zusammenarbeiten, die sich nicht so gut kennen. Partner A denkt an eine Stadt / Region, die er kennt oder von der er schon einmal gehört hat. Partner B muss raten, welche dies ist:
– *¿Está al norte de Madrid?*
– *No. Está al norte de Sevilla.* usw.

Tipp: Gehen Sie während der Partnerarbeit von Gruppe zu Gruppe und erklären Sie bei Bedarf den Unterschied zwischen: *está al este / oeste / norte / sur de …* und *está en el norte / sur / este / oeste de …*

3 ¿Adónde quiere ir? L 2/2

Lernziel: Reisewünsche verstehen

Weiterarbeit
Bezugnehmend auf den Hörtext schreibt der L folgende Frage und zwei mögliche Antworten an die Tafel:

> ¿Qué buscas tú en tus vacaciones?
> Busco un lugar tranquilo y con playa.
> Busco unas vacaciones llenas de aventura.

Die S beziehen kurz Stellung.

6 | Unidad

4 En las vacaciones

Lernziel: über Ferienaktivitäten sprechen

Die S fertigen ein Vokabelnetz zum Thema „Ferienaktivitäten" an, in das sie ihre Vorlieben der Freizeitgestaltung eintragen. Sie erläutern diese vor der Klasse.

Tipp: Als Hausaufgabe schreiben sie mithilfe ihres Vokabelnetzes einen kleinen Text zu ihren Ferienaktivitäten.

Aprender y practicar A (S. 78–80)

Lernziele: Die S lernen Autos im Angebot einer Autovermietung zu vergleichen und über das Wetter zu sprechen. Sie können am Ende des Lektionsteils diesbezüglich Auskunft geben.

1 Un viaje de fin de semana ⓞ L 2/3 = S 45

Lernziel: ein Gespräch über Urlaubspläne nachvollziehen

Einstieg
Der Lehrer führt in das Thema ein, liest die Überschrift vor und erläutert den Kontext: die WG möchte übers Wochenende verreisen. Wohin die WG fahren will, sollen sich die S anhand eines Text-Puzzles erarbeiten.

Erarbeitung
a) Text-Puzzle: Die S bilden Gruppen zu vier bis fünf Schülern. Sie arbeiten mit **Kopiervorlage 25** und fügen die Abschnitte des Lektionstextes zu einem Text zusammen. Im folgenden Feedbackgespräch reflektieren sie die in dieser Übung angewandte Strategie und geben jeweils das Schlüsselwort an, das sie auf die Lösung gebracht hat. Zur Überprüfung hören sie den Text von der CD. Unbekannte Vokabeln werden geklärt.

Festigung
Beantwortung der Frage in b).

Ergänzung: Die S suchen anschließend die Städte (Santiago de Compostela, Granada, Sevilla, Málaga) auf der Landkarte.

Weiterarbeit
Interkultureller Ansatz: Die S werden befragt, ob sie die Städte kennen. Sie erklären auf Deutsch, was sie mit den genannten Städten verbinden. Der L hält dazu an der Tafel ein paar Stichwörter auf Spanisch fest.

Beispiel:

Santiago de Compostela	la catedral
	la universidad
	Galicia
	el Camino de Santiago
Granada	la Alhambra

Sevilla	Semana Santa
	Andalucía
	Flamenco
	Feria de Abril
	las tapas
	FC Sevilla
	la universidad
Málaga	el pescaíto frito
	Andalucía

Tipp: Als Hausaufgabe können sich die S im Internet zu den genannten Aspekten informieren.

c) Der L ergänzt die Beantwortung der Frage mit landeskundlicher Information zum Hochgeschwindigkeitszug:

Zusatzinformation

🌐 **Der AVE**

Die Abkürzung AVE (*Alta Velocidad Española*) bezeichnet das Hochgeschwindigkeitsnetz der spanischen Eisenbahngesellschaft Renfe. Der Begriff steht auch für die Hochgeschwindigkeitszüge selbst.
Die erste Verbindung entstand im Jahre 1992 anlässlich der Weltausstellung (Expo) in Sevilla. Die Züge erreichen eine Geschwindigkeit von 300–350 km/h. Eine Fahrt von Madrid nach Sevilla dauert ca. 2 Stunden und 15 Minuten. Jedes Jahr werden weitere Strecken an das Schienennetz angeschlossen. Heute hat Spanien das längste Hochgeschwindigkeitsnetz Europas.

Weiterarbeit und Transfer
Den S wird folgendes Thema gegeben: *Estáis en España y queréis hacer un viaje de fin de semana*. Gemeinsam diskutieren sie, wohin es gehen soll und wie sie an den betreffenden Ort gelangen. Dazu lesen sie den Text noch einmal und schreiben relevante Sätze heraus.

Tipp: Geben Sie den S den Tipp, im Buch nach Orten zu suchen, über die bereits gesprochen wurde.

2 No voy a entender a la gente

Lernziel: die Sprachensituation in Spanien mit der des eigenen Landes vergleichen

a) Nach Beantwortung der Frage lesen die S die Information zu den Sprachen in Spanien im Kasten, um zu erfahren, welche Sprachen neben Galicisch in Spanien gesprochen werden. Sie arbeiten mit dem **Online-Link 538000-0023** und tragen die erwähnten Sprachen in das Schaubild ein. Ihre Ergebnisse überprüfen sie anhand der Karte auf der Umschlaginnenseite.

b) Interkultureller Ansatz: Der L ergänzt mit landeskundlicher Information bezüglich der Sprachen in Spanien (s. Landeskundeglossar). Mithilfe dieser Information vergleichen die S die Sprachensituation in Spanien mit der in Deutschland. S mit anderen Muttersprachen als Deutsch werden aufgefordert, kurz aus ihrem Land zu berichten:

- Wie viele Sprachen werden in Ihrem Land gesprochen?
- Welchen Status haben sie?

3 Los medios de transporte ⊚ L 2/4

Lernziele: über Verkehrsmittel sprechen, die Bildung des Komparativs

Lernen durch Lehren: Ein S, der sich am Vortag vorbereitet hat, präsentiert seinen Mitschülern die Bildung des Komparativs im Spanischen. Seine Beispielsätze formuliert er zum Thema „Verkehrsmittel".
Er erarbeitet mit den Mitschülern a) und b).

Alternative (für b): Die S beantworten anhand konkreter Situationen die Fragen, welche Verkehrsmittel sie bevorzugen. Dabei denken sie sich jeweils ein Ausgangs- und ein Endziel aus.

Beispiele:
- ¿Cómo prefieres ir de tu ciudad a Hamburgo?
- Prefiero ir en coche porque es más cómodo.
- ¿Cómo prefieres ir de tu ciudad a Múnich?
- Prefiero ir en tren porque es más ecológico. usw.

4 Alquilar un coche

Lernziele: die Steigerungsformen des Adjektivs, Angebote einer Autovermietung auf Deutsch zusammenfassen, bewerten und vorstellen

Vor der Übung sollten die Steigerungsformen des Adjektivs behandelt werden. Dies kann, nach der Methode des **Lernens durch Lehren,** einer Schülergruppe übergeben werden. Die S visualisieren die Formen der Steigerung und des Vergleichs im Spanischen und machen auf die Angleichung der Adjektive aufmerksam:

> El avión es rápid*o*.
> La bicicleta es lent*a*.
>
> El avión es más rápid*o* que el coche.
> La bicicleta es menos rápid*a* que el coche.
> Las motos son tan rápid*as* como los coches.
>
> El avión es el más rápid*o* y la bicicleta es la menos rápid*a*.

Zur Sicherung und Festigung vervollständigen die S folgende Sätze:
1. Wenn ich im Spanischen ausdrücken möchte, dass etwas schneller, billiger, größer, praktischer ist, dann…
2. Wenn ich ausdrücken möchte, dass etwas das schnellste, billigste, größte, praktischste ist, dann…
3. Dabei muss ich immer darauf achten, dass das Adjektiv…

Es erfolgt die Bearbeitung a) – c).

Weiterarbeit
Die S arbeiten mit **Kopiervorlage 26** und stellen anhand der Rollenkarten ein Rollenspiel in der Autovermietung dar: Partner A ist Autovermieter, Partner B Kunde. Der Kunde möchte ein Auto mieten und hat bestimmte Vorstellungen / Bedingungen, der Autovermieter verfügt über ein bestimmtes Angebot. Werden sie sich einig?

5 El tiempo ⊚ L 2/5

Lernziel: das Wetter beschreiben

a) Die S betrachten die Karte der Region Andalusien. Der L präsentiert die Karte und liest die Wetterbeschreibungen vor. Dann beschreiben die S das Wetter in den verschiedenen Gegenden.

Anmerkung: Anstatt mit der Andalusienkarte zu arbeiten, können die S sich auch anhand der Spanienkarte das Wetter erarbeiten (**Online-Link 538000-0024**).

b) **Weiterarbeit**
Die S recherchieren nach Bearbeitung des Hörtextes im Internet die aktuelle Wetterlage in den Städten Berlin, Madrid, London, Stockholm und Rom und stellen Vergleiche an. Dies kann als Hausaufgabe erledigt und am folgenden Tag im Unterricht präsentiert werden.

c) **Tipp:** Diese Aufgabe kann auch als Mediationsaufgabe angelegt werden. Nehmen Sie einen Wetterbericht aus einer Zeitung oder aus dem Internet und lassen Sie Ihre S das Wichtigste auf Spanisch zusammenfassen. Einfache Wetterberichte (mit Symbolkarten) finden Sie zum Beispiel unter www.spiegel-online.de.

6 Tarea: Te quiero visitar

Lernziel: Wegbeschreibung in der eigenen Stadt

a) **Tipp:** Die E-Mail sollte aufmerksam gelesen und alle Fragen, auf die geantwortet werden soll, sollten herausgeschrieben werden.

b) **Tipp:** Bevor die S zu schreiben beginnen, sollten sie sich zunächst überlegen, was sie sagen und wie sie das Gesagte strukturieren möchten. Leiten Sie sie an, möglichst einfach zu formulieren, und das Wichtigste darzulegen. Es sind verschiedene Lösungen möglich:

Differenzierung (nach Leistungsniveau)
- Schwächere Gruppen sollten sich darauf konzentrieren, verschiedene Verkehrsmittel zu vergleichen und eines vorzuschlagen. Es kann ein Grund für die Wahl eines jeweiligen Verkehrsmittels angegeben werden.
- Stärkere Gruppen können die Abfolge der Verkehrsmittel, die der Gast nehmen soll, beschreiben. Folgende Redemittel können ihnen hierfür an die Hand gegeben werden:

6 | Unidad

So kann ich... den Weg beschreiben
tomar / coger un autobús... desde... hasta...
ir en metro / tren / autobús hasta...
bajar en...
cambiar el metro
ir a pie

la estación (de trenes / de autobuses / de metro)
el aeropuerto

Aprender y practicar B (S. 81/82)

Lernziele: Die S lernen die indirekten Objektpronomen und üben, Informationen aus spanischen Hotelprospekten zusammenzufassen. Sie können am Ende des Lektionsteils Hotels empfehlen.

1 ¿El hotel Don Paco o el hostal Miguel?

Lernziele: Hotelprospekte verstehen, für deutsche Freunde Informationen aus spanischen Hotelprospekten zusammenfassen, Wortschatz erschließen.

a) Die S lesen die Arbeitsanweisung und betrachten die beiden Anzeigen, die sie sich zunächst grob erschließen. Dabei gehen sie so vor, wie auf S. 134 im Schülerbuch beschrieben: Sie konzentrieren sich auf prägnante Merkmale des Textes: Abbildungen, fettgedruckte Wörter, typographische Merkmale wie Aufzählungszeichen etc. und überlegen, was sie bereits über den Text sagen können. Mit dieser Vorerwartung lesen sie den Text.
Dann erfolgt die Bearbeitung von **a)** bis **d)**.

Teilaufgabe **c)** ist fakultativ und für stärkere Gruppen geeignet. Da diese Teilaufgabe recht zeitaufwändig ist, sollte sie als Hausaufgabe erledigt werden.

d) Tipp: Fordern Sie die S auf, sich zuerst zu überlegen, welche Informationen für ihre Zusammenfassung von Bedeutung sein könnten (s. Lernstrategie, SB, S. 138). Leiten Sie sie an, aus der Perspektive eines Interessenten Fragen an den Text zu stellen:
– Wo liegt das Hotel? In der Innenstadt?
– Ist es ruhig?
– Wie teuer ist es, was kostet eine Nacht?
– Welche Leistungen bietet das Hotel?
– Welche wichtigen Informationen sind des Weiteren in den Annoncen enthalten?
Ihre Zusammenfassung sollte Antworten auf diese Fragen geben.

2 ¿Nos ayudas? L 2/6 = S 46

Lernziel: positive und negative Aspekte von Hotelbewertungen zusammenfassen

a) Die S arbeiten auf S. 81 im Schülerbuch sowie mit dem **Online-Link 538000-0025.**

b) Gruppenarbeit: Es werden fünf gleichstarke Gruppen (A – E) gebildet. Jede Gruppe arbeitet die positiven bzw. negativen Beurteilungen einer Hotelbewertung heraus. Anschließend werden in Expertengruppen, die sich aus jeweils einem Vertreter der Gruppen A – E zusammensetzen, die Ergebnisse vorgestellt und in einer Tabelle festgehalten.

Tipp: Es empfiehlt sich, zur Inhaltssicherung je einen Vertreter der Gruppen A – E die Ergebnisse im Plenum darlegen zu lassen. Die anderen ergänzen bzw. korrigieren.

3 Me, te, le

Lernziel: die indirekten Objektpronomen

a) Entdeckendes Lernen: Der L schreibt die indirekten Objektpronomen aus dem Grammatikkasten im Schülerbuch an die Tafel, die S suchen aus dem Text (S. 81, Übung 2) Beispielsätze dazu. Diese werden auf Zuruf in die Tabelle eingetragen.

me	Así me podéis preguntar más cosas.
te	¿Te gustan los hoteles en el centro?
le...	usw.

Die S schauen sich die Beispielsätze an und reflektieren die Stellung der Pronomen.

b) Tipp: Weisen Sie darauf hin, dass die Verwendung eines indirekten Objektpronomens im Spanischen nicht automatisch eine Verwendung des Dativpronomens im Deutschen nach sich zieht. Lassen Sie die Beispielsätze übersetzen:
... <u>les</u> podéis preguntar todo. Ihr könnt <u>sie</u> alles fragen.

Anmerkung: An dieser Stelle empfiehlt es sich, auf die gesonderte Stellung von *gustar* einzugehen. Schreiben Sie das Paradigma einmal vollständig auf:

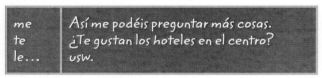

(A mí)	me gusta	
(A ti)	te gusta	
(A él, ella / usted)	le gusta	el hotel.
(A nosotros, -as)	nos gusta	la ciudad.
(A vosotros, -as)	os gusta	
(A ellos, ellas / ustedes)	les gusta	

Ergänzung: Gehen Sie auf die Doppelung der Pronomen *(a mí me gusta, a ti te gusta ...)* ein und geben Sie ein

Beispiel zur Verdeutlichung: *A mí me gusta el hotel Don Paco, pero a ti no te gusta, ¿verdad?*

4 ¡Nos gusta!

Lernziele: die indirekten Objektpronomen; einen Text zusammenfassen

a) Diese Übung dient dazu, die Formen der indirekten Objektpronomen einzuüben.

Ergänzung: Lassen Sie zusätzlich zur Übung das Gespräch in der 3. Person zusammenfassen:
– *¿A Tim y a Blanca les gusta el hotel?*
– *Sí, a Tim y a Blanca les gusta el hotel, pero …*

Dann folgt die Bearbeitung von **b)**.

c) Tipp: Weisen Sie Ihre S auf die beiden Möglichkeiten, Sätze mit *poder* + Objektpronomen zu bilden, hin:
– *Le puedo recomendar el hotel.*
– *Puedo recomendarle el hotel.*
Die S wählen für ihre eigenen Texte die Struktur, die für sie am einfachsten ist.

5 Te recomiendo el hotel

Lernziel: die indirekten Objektpronomen

a) Tipp: Geben Sie Ihren S etwas Zeit für diesen Übungsteil, damit sie sich die Antworten in Ruhe anschauen können. Einige Antworten können zu mehreren Fragen passen.

b) Ergänzung (für schwächere Gruppen): Geben Sie einige Verbverbindungen an, ermuntern Sie die S aber, darüber hinaus auch eigene Sätze zu bilden. Bei Verben mit Objekt soll nur ein Pronomen (indirektes Objektpronomen) ersetzt werden, das direkte Objekt bleibt.

preguntar:	dirección de correo electrónico – coche…
proponer:	ir al cine – ir en autobús – visitar Málaga…
dar:	número de teléfono – libro – coche – casa…
escribir:	correo electrónico – pronto…
permitir:	levantarse tarde mañana – tomar el coche – hacer el viaje…
recomendar:	hotel – restaurante – excursión – hacer el viaje – comprar la casa – comer pescaíto frito…

Beispiel:
🎲 *preguntar:*
– *¿Te puedo preguntar tu dirección?*
– *Sí, me puedes preguntar mi dirección.*

6 Tarea: ¿Qué puedo ver?

Lernziel: Hotels empfehlen

Differenzierungsvorschlag:
- frei: Die S verfahren, wie in der Aufgabe angegeben, und nennen Beispiele aus ihrem Lebensumfeld. Unbekannte Wörter schlagen sie im Wörterbuch nach.
- vorgegeben: Die S arbeiten mit **Kopiervorlage 27**. Geben Sie ihnen folgenden Kontext vor: Stellen Sie sich vor, Sie verbringen ein halbes Jahr in Madrid. Ihr chilenischer Brieffreund möchte sie besuchen. Da er noch Freunde und Familie mitbringt, bittet er Sie, ihm ein kleines Hotel zu suchen. Sie haben zwei in Frage kommende Hotels gefunden, empfehlen Sie ihm eines davon.

Aprender y practicar C (S. 83–85)

Lernziele: Die S lernen das pretérito indefinido kennen. Sie können am Ende des Lektionsteils über Vergangenes berichten.

1 ¡Adiós, Málaga! 💿 L 2/7 = S 47

Lernziel: eine Reiseerzählung verstehen

Der L führt in den Kontext ein, die S bearbeiten den Text, wie in Übung **a)** und **b)** beschrieben.

2 Hablar del pasado

Lernziel: das pretérito indefinido (regelmäßige Bildung)

a) + b) Entdeckendes Lernen: Die S suchen im Text die Formen des *pretérito indefinido* und tragen sie in eine Tabelle in ihrem Heft ein. Sie geben zu jedem der Verben den Infinitiv an und formulieren die Regeln zur Bildung dieser Zeitform.

Tipp: Erläutern Sie die Betonung der regelmäßigen Formen.

Festigung
Es erfolgt die Bearbeitung von **c)**.

Alternative: Die S teilen sich in Dreiergruppen auf und spielen unter Zuhilfenahme von Wortkarten (**Kopiervorlage 28a und b**) ein Satzlegespiel mit Sätzen im *pretérito indefinido*.

Weiterarbeit
Die S arbeiten in Partnerarbeit und ermitteln anhand der auf der **Kopiervorlage 29** angegebenen Aktivitäten, welche Tätigkeiten der Partner gestern ausgeübt hat. Sechs Tätigkeiten sollten genannt werden.

Variante: Jeweils drei S bilden eine Gruppe. Sie befragen sich, um herauszufinden, wie viele Gemeinsamkeiten sie haben. Sie geben darüber im Plenum Auskunft.

3 Una postal 🔊 L 2/8

Lernziele: das pretérito indefinido (regelmäßige Bildung); Reiseerlebnisse verstehen

a) Die S setzen die Verbformen in den Lückentext ein.

b) Die S hören den Text von der CD. Es empfiehlt sich ein mehrmaliges Hören. Beim ersten Hören verschaffen sich die S eine grobe Vorstellung vom Erzählten, beim zweiten Hören notieren sie sich die genannten Aktivitäten der Gruppe. Sie überprüfen und ergänzen beim dritten Hören.

Alternative (für schwächere Gruppen): Den S werden Verben vorgegeben, sie kreuzen auf der **Kopiervorlage 30** die Aktivitäten an, die im Hörtext genannt werden. Sie bearbeiten die auf der Kopiervorlage angegebenen Aufgaben.

4 ¿Cómo fue su fin de semana?

Lernziel: über Wochenendbeschäftigungen sprechen

Die S formulieren Sätze anhand der Bildimpulse.

Alternative (bei schwächeren Gruppen): Es empfiehlt sich, zunächst die Abbildungen beschreiben zu lassen. Der L lenkt das Gespräch:
- ¿Dónde está Julia en el primer dibujo?
- Está en un supermercado y hace la compra.
- ¿Dónde está Marcelo?
- Está en la cocina y hace la comida.

5 Practicamos la pronunciación 🔊 L 2/9–10 = S 48–49

Lernziel: die Aussprache trainieren

a) und b) Die bei der Erarbeitung der Grammatik angesprochenen Betonungsregeln werden vertieft und geübt. Der Akzent wird als bedeutungsunterscheidendes Merkmal erfahren.

6 Tarea: ¿Dónde pasaste tus vacaciones?

Lernziel: von den letzten Ferien erzählen

Die S überlegen sich im Vorfeld, was sie sagen möchten, und strukturieren ihre Gedanken. Die angegebenen Fragepronomen können ihnen dabei eine Hilfe sein.

Tipp: Verweisen Sie, falls nötig, noch einmal auf die Lernstrategie auf S. 135 im SB.

Leer (S. 86)

Lernziel: einer komplexen Geschichte folgen können

1 La obra de Picasso

Lernziel: die Handlung einer Geschichte nachvollziehen können

a) **Anmerkung:** Dies ist der erste längere Text, den die S in der Fremdsprache lesen. Bei dieser Übung kommt es nicht darauf an, sich so viele Wörter wie möglich zu erschließen. Es geht darum, der Handlung der Geschichte zu folgen und zu verstehen, was passiert.

Tipp: Lassen Sie die S, jeden für sich, den Text in Stillarbeit lesen und geben Sie ihnen einen gewissen Zeitrahmen vor. Sie sollen erfassen, worum es in der Geschichte geht. Stellen Sie allgemeine Fragen zur Groborientierung. Bearbeiten Sie dann b).

2 ¿Quién fue?

Lernziel: über eine Geschichte diskutieren

In Partnerarbeit stellen die S Vermutungen an, wer das Gemälde geraubt haben könnte. Sie versuchen, sich in ihrer Argumentation auf Aussagen des Textes zu stützen.

Tarea final (S. 87)

Diario de viaje

Lernziel: Die S können am Ende der Tarea final Reiseinformationen über eine Stadt zusammenstellen und von ihren Reiseerfahrungen berichten.

Durchführung der Tarea final:
1. Die S werden in Gruppen eingeteilt und einigen sich auf eine Stadt, die sie gut kennen.
2. Sie tragen Informationen über diese Stadt zusammen und überlegen sich gemeinsam, wie sie diese strukturieren möchten. Gegebenenfalls recherchieren sie im Internet.
3. Danach schreiben sie einen Text über ihre Reiseerfahrungen.
4. Sie ergänzen den Text durch Fotos, Karten usw.
5. Die Reisetagebücher werden der Reihe nach präsentiert. Nach jeder Präsentation äußern sich die Zuhörer zur vorgestellten Stadt. Sie können sich bereits während des Vortrags Notizen machen.
6. Die S stimmen ab, welches Reisetagebuch das interessanteste war. Sie begründen ihre Meinung.

Landeskundeglossar

Santiago de Compostela
Die Hauptstadt Galiciens hat vor allem kirchenhistorisch eine große Bedeutung: sie ist Bischofssitz, Wallfahrtsort und Ziel des Jakobsweges *(Camino de Santiago)*, auf dem jährlich ca. 75 000 Menschen unterwegs sind. Bereits im Jahre 830 wurde Santiago zum Wallfahrtsort und gehörte neben Rom und Jerusalem zu den bedeutendsten Pilgerzielen im Mittelalter. Beeindruckend ist die Kathedrale von Santiago de Compostela; das Grab des Hl. Jakobus ist dabei symbolisches Ziel der Pilger.

Sevilla
Die Hauptstadt Andalusiens und der Provinz Sevilla ist die viertgrößte Stadt Spaniens. Sevilla besitzt eine malerische Altstadt mit verwinkelten Gassen. Die Universität ist eine der größten Universitäten in Spanien. In Sevilla sollen der Flamenco entstanden und die Tapas erfunden worden sein. Sevilla ist bekannt für seine eindrucksvollen Prozessionen während der Semana Santa (Karwoche). Im April findet die Feria de Abril statt. Die Feria war ursprünglich ein Viehmarkt, heute ist sie ein farbenprächtiges Volksfest für die ganze Familie, das auch international bekannt ist. Die Frauen tragen andalusische Trachten im Stil der Flamencotänzerinnen, die Herren einen Trachtenanzug mit kurzer Jacke und Schärpe sowie einem breitkrempigen Hut. Hauptattraktion sind die Stierkämpfe. Eine Woche lang wird ausgelassen gefeiert und getanzt, oft auch in den Straßen.

(Regional-)Sprachen in Spanien
In Spanien wird vor allem Spanisch *(castellano)*, Katalanisch *(catalán)*, Galicisch *(gallego)* und Baskisch *(euskera)* gesprochen.
Im katalanischen Sprachgebiet gibt es zwei lokale Ausprägungen, das Valencianische um Valencia und das Mallorquinische auf den Balearen.
Katalanisch ist im gesamten Sprachgebiet Amtssprache, während Galicisch und Baskisch diesen Status nur in ihren Autonomen Gemeinschaften (Regionen) genießen. Galicisch wird in Galicien gesprochen, Baskisch im Baskenland und in Nord-Navarra.
Zu diesen vier Hauptsprachen kommen noch einige regionale Varianten und zahlreiche Dialekte. Zwei Beispiele: *el andaluz* in der Region Andalusien und *el bable* in Asturien.
Katalanisch ist eine romanische Sprache und wurde vom Italienischen und Französischen beeinflusst.
Galicisch ist dem Portugiesischen ähnlich, da sich das Sprachgebiet an der Grenze zu Portugal erstreckt.
Das Baskische unterscheidet sich stark von den romanischen Sprachen.
Während der Franco-Diktatur waren die Regionalsprachen verboten, ab den 70er Jahren erfuhren sie einen Aufschwung.
Spricht man heute vom „Spanischen", meint man das Kastilische *(castellano)*, das in der Grafschaft Kastilien gesprochen wurde und sich von dort als Norm über ganz Spanien ausbreitete.

Andalusien
Andalusien ist, von der Einwohnerzahl her gesehen, die größte Region Spaniens, sie ist zugleich die südlichste. Bekannt sind vor allem die Küstenstrände am Atlantischen Ozean. Andalusien bietet jedem etwas: man kann im Meer baden, surfen, in den Bergen wandern, klettern oder skifahren.
Bekannt sind die weißen Dörfer *(pueblos blancos)* der Bergregion: Ihre Häuser haben quadratische Grundrisse, die Kalkfassaden sind weiß getüncht, die Dächer mit roten Ziegeln gedeckt. Bekanntestes Beispiel ist die Stadt Ronda.
Andalusien ist ebenso reich an Folklore und Brauchtum (vgl. der Eintrag zu Sevilla). Der Stierkampf existiert in Andalusien in seiner ursprünglichen Form.
Andalusien stand von allen spanischen Regionen am längsten unter arabischer Herrschaft. Einflüsse der Muslime zeigen sich heute noch in den Zeugnissen maurischer Baukunst.

Berühmte Beispiele:
- Sevilla: *la Giralda* (maurischer Glockenturm), *la Torre del Oro*
- Granada: *la Alhambra*
- Córdoba: *la Mezquita* (Moschee von Córdoba)

In Andalusien ist der andalusische Dialekt (el andaluz) sehr verbreitet. Er wird auch in Murcia und im Süden der Extremadura gesprochen.

Ein paar **Merkmale des Andalusischen:**
- s wird oft wie ein deutsches h ausgesprochen: estar = /ehtá/
- d am Ende, aber auch an anderen Stellen des Wortes, wird verschluckt: universidad = /universidá/
- viele Konsonaten am Wortende entfallen: comprar = /comprá/, muy bien = /mu bié/
- x wird durch eine Verdoppelung von s oder z ersetzt: taxi = /tassi/, /tazzi/
- s und z werden als scharfes s ausgesprochen; in manchen Regionen Andalusiens wird s wie das engl. th gesprochen
- Verwendung von *ustedes* statt *vosotros*
- anderes Genus: span. el calor (die Hitze) = andalusisch /la caló/

Picasso-Museum
Málaga ist die Geburtsstadt von Pablo Picasso (1881–1973). Das Picasso-Museum ist im Palacio de Buenavista untergebracht. Die 233 im Museum ausgestellten Werke sind größtenteils Schenkungen und Leihgaben seiner Erben und zeigen Picassos vielfältiges Schaffen.

Repaso 2

Anforderungen: elementare Kenntnisse der spanischen Sprache (Niveau A 1)
Lernziel: der S kann alltägliche Ausdrücke und einfache Sätze, die auf die Befriedigung konkreter Bedürfnisse abzielen, verstehen

Lernbereiche	Lernziele	Lektionsteil, Aufg./Üb.
	Funktional-kommunikative Kompetenzen	
Hablar	über mehrere Aspekte eines Themas sprechen	SB Repaso 4.1
	anhand visueller Impulse kurze Dialoge bilden	SB Repaso 4.2
Escuchar	einem gesprochenen Text Hauptaussagen entnehmen	SB Repaso 3.1
	Dialogen selektiv Informationen entnehmen	SB Repaso 3.2
Escribir	eine E-Mail schreiben und ein Fest organisieren	SB Repaso 2
Leer	kurze und einfache Nachrichten verstehen, aus Texten selektiv Informationen entnehmen	SB Repaso 1

Die Aufgaben des Repaso 2 (S. 88–91)

Die Aufgaben des *Repaso 2* sind, ebenso wie die der DELE-Prüfung, in folgende vier Fertigkeiten eingeteilt:

	Fertigkeit	Aufgaben	Zeitdauer
1.	*comprensión de lectura*	2 Tareas	30 Min.
2.	*expresión e interacción escritas*	1 Tarea	15 Min.
3.	*comprensión auditiva*	2 Tareas	15 Min.
4.	*expresión e interacción orales*	2 Tareas	5 Min.

Die Arbeitsanweisungen werden auf Spanisch gegeben.

Tipp: Da den S noch nicht alle hier vorkommenden Aufgabentypen bekannt sind, sollten Sie die Aufgaben zunächst mit den S durchgehen und Tipps zur erfolgreichen Bewältigung jeder Aufgabe geben.

1 Comprensión de lectura

Lernziel: kurze und einfache Nachrichten verstehen, aus Texten selektiv Informationen entnehmen

Tarea 1
Neben fünf Immobilienanzeigen sind die Charakterisierungen von fünf Wohnungssuchenden abgedruckt. Aufgabe ist es, den Interessenten die passende Wohnung zuzuordnen. In dieser Aufgabe ist die Zuordnung eindeutig, in der DELE-Prüfung dagegen gibt es oft zwei bis drei Distraktoren.

1. Leiten Sie die S an, zunächst einmal die Anzeigen zu überfliegen, um sich einen Grobüberblick zu verschaffen.
2. Danach werden die Sätze 1–5 sorgfältig gelesen. Hilfreich könnte sein, sich zu den einzelnen Sätzen Stichwörter aufzuschreiben.
3. Anschließend erfolgt die Bearbeitung der Aufgabe: Die S suchen in den Immobilienanzeigen die bedeutungstragenden Informationen.

Tarea 2
In dieser Aufgabe sollen mithilfe von Informationen aus Kurznotizen sechs Sätze vervollständigt werden. Die Angaben sind sehr einfach. Zur Vervollständigung der Sätze müssen die Informationen des Textes nicht nur aufgenommen, sondern auch interpretiert werden.

2 Expresión e interacción escritas

Lernziel: eine E-Mail schreiben und ein Fest organisieren

Aufgabe ist es, eine E-Mail zu schreiben, um ein Fest zu organisieren.

Tipps:
- Auch hier sollten die textsortenspezifischen Merkmale und die inhaltlichen Anweisungen beachtet werden. Machen Sie die S auf die vier Punkte aufmerksam, die laut Aufgabe unbedingt in der E-Mail enthalten sein müssen.
- Darüber hinaus ist es wichtig, dass der Text flüssig und zusammenhängend (keine bloße Aneinanderreihung der Informationen) verfasst und in einem adäquaten Duktus (formelle oder informelle Sprache) gehalten ist. Die S müssen sich vor der Bearbeitung der Aufgabe darüber im Klaren sein, an wen die E-Mail geschickt wird. Hierzu gibt die Aufgabenstellung meistens die nötigen Hinweise.

Repaso 2

3 Comprensión auditiva L 2/13–14 = S 52–53

Lernziel: einem gesprochenen Text Hauptaussagen entnehmen, Dialogen selektiv Informationen entnehmen

Tarea 1
Die S hören den Text zweimal und wählen die Aktivitäten aus, über die im Text gesprochen wird.

1. Die S lesen die Arbeitsanweisung genau durch. Weisen Sie Ihre S auf die Distraktoren hin: nicht alle Abbildungen können mit dem Hörtext in Verbindung gebracht werden.
2. Die S betrachten die Abbildungen, um schon Hypothesen über die Gespräche bilden zu können.
3. Sie hören den Text. Beim ersten Hören konzentrieren Sie sich auf die Hauptaussagen der Dialoge und entscheiden, welche Abbildungen zu den Dialogen passen und welche nicht.
4. Sie hören den Text ein zweites Mal und achten auf Detailinformationen, um die richtige Abbildung auszuwählen.

Auch hier gilt wieder: Unterbrechen Sie das Vorspielen der Texte nicht, um die Prüfungssituation nachzustellen.

Tarea 2
Die S hören ein Gespräch zwischen Muttersprachlern und vervollständigen mithilfe des Gehörten die sieben Sätze.

Tipps:
- Lassen Sie die S die Arbeitsanweisung sorgfältig lesen, damit sie auf den Kontext und die Aufgabe eingestimmt sind.
- Weisen Sie sie explizit darauf hin, dass der Hörtext dreimal gehört wird.
- Leiten Sie sie an, vor dem Hören die Lückensätze durchzulesen, damit sie wissen, worauf sie beim Hören achten müssen.

4 Expresión e interacción orales

Lernziel: über mehrere Aspekte eines Themas sprechen, anhand visueller Impulse kurze Dialoge bilden

Tarea 1
Dieser Aufgabentyp ist den S schon von *Repaso 1* bekannt.

Tipps:
- Weisen Sie Ihre S darauf hin, dass es sinnvoll ist, sich bereits während der Vorbereitungszeit Stichpunkte aufzuschreiben, da während der Prüfung kaum Zeit zum Nachdenken ist.
- Empfehlen Sie ihnen, die Stichwörter schon in einer sinnvollen Reihenfolge anzuordnen.

Tarea 2
Hier sollten Sie im Vorfeld die Aufgabe sehr genau erklären: Ziel ist es, in Partnerarbeit vier kurze Dialoge zu formulieren. Anhand der Fotos erkennen die S jeweils, worum es geht.

1. Die S betrachten zunächst das obere Schaubild und machen sich klar, wer den Dialog beginnen und wer auf die Fragen reagieren muss: der beginnende Part ist mit fett markierten Strichen angedeutet. Neben der Zeichnung ist stets markiert, wer eine Frage stellen muss, der andere gibt die Antwort.
2. Die S interpretieren die Fotos und bilden die entsprechende Frage. Der Partner reagiert seinem Foto entsprechend.
3. Sie fahren mit der nächsten Frage fort.

Die Lösungen zu *Repaso 2* können auf S. 208 / 209 im SB nachgeschlagen werden.

Unidad 7 — Buscar trabajo

Thema: Eine Bewerbung für ein Praktikum vorbereiten
Lernziel: Lebenslauf und Anschreiben für eine Praktikumsstelle verfassen und ein Bewerbungsgespräch führen (Tarea final)

- **PP:** über Berufe und Qualifikationen sprechen
- **A:** über Gründe und Voraussetzungen für eine Bewerbung sprechen, Sprachkenntnisse angeben
- **B:** Lebensläufe darstellen
- **C:** Lebenslauf und Bewerbungsschreiben verfassen
- **Leer:** Informationen zu einem (Kino-)Film verstehen

Lernbereiche	Lernziele	Lektionsteil, Aufg./Üb.
Funktional-kommunikative Kompetenzen		
Hablar	Berufe und Arbeitsort angeben	SB PP1
	über Qualifikationen für einen Beruf sprechen	SB PP2
	Argumente für seinen Traumberuf nennen	SB PP4
	über Nationalitäten und Sprachen sprechen	SB A4 ▶ CDA 8
	sich gegenseitig zu Sprachkenntnissen interviewen	SB A5 + KV 31 + OL 538000-0026
	einen Beruf beschreiben	SB A6
	über Fertigkeiten sprechen	SB A8
	Anforderungsprofile an Bewerber vergleichen	SB A9
	jemanden zu seinem Lebenslauf interviewen	SB B1 + KV 32
	angeben, wann was getan wurde	SB B5 ▶ CDA 19, 20
	einen tabellarischen Lebenslauf versprachlichen	SB C1 + OL 538000-0027
	eine Bewerbung vorbereiten	SB C2
Escuchar	Tätigkeitsprofile verstehen	SB PP3
	Gründe und Voraussetzungen für eine Bewerbung verstehen	SB A1
	Informationen zu einem Praktikum verstehen	SB A9
	die Biografie eines Regisseurs verstehen	SB B1 + KV 32
	eine Bewerbung vorbereiten	SB C2
Escribir	eine Biografie schreiben	SB B6, B7
	einen Lebenslauf schreiben	SB C5
Leer	Gründe und Voraussetzungen für eine Bewerbung verstehen	SB A1
	Anforderungsprofile an Bewerber verstehen und vergleichen	SB A9
	die Biografie eines Regisseurs verstehen	SB B1 + KV 32
	einen tabellarischen Lebenslauf verstehen	SB C1 + OL 538000-0027
	ein Bewerbungsschreiben verstehen	SB C3 + OL 538000-0028 ▶ CDA 16, 18
	Informationen zu einem (Kino-)Film verstehen	SB Leer
Mediación	Informationen aus Stellenanzeigen auf Spanisch zusammenfassen	SB A11
	Informationen zu einem (Kino-)Film auf Deutsch zusammenfassen	SB Leer
Lexikalische Strukturen	Berufe und Arbeitsplätze nennen	SB PP1
	Qualifikationen für einen Beruf benennen können	SB PP2
	die Nationalitätenadjektive	SB A4 ▶ CDA 8
	ein Wörternetz zum Thema „Arbeitssuche" zusammenstellen	SB A10

Unidad 7

Grammatische Strukturen	die Bildung der Adverbien auf -mente	SB A2, A3 ▶ CDA 5
	das unpersönliche se	SB A4 ▶ CDA 8, SB A6 ▶ CDA 6, 7
	poder und saber	SB A7 ▶ CDA 9, SB A8
	Relativsätze mit que und donde	SB B2 + KV 33 ▶ CDA 11
	unregelmäßige Formen des pretérito indefinido	SB B3 + KV 34 ▶ CDA 12, SB B4 + KV 35 ▶ CDA 13–15, SB B5–B7
Interkulturelle Kompetenzen		
	ein Praktikum in Spanien	SB A1
	eine Klassenstatistik zu Sprachbiografien erstellen	SB A5 + KV 31 + OL 538000-0026
	der Regisseur Alejandro Amenábar	SB B1 + KV 32
	eine Bewerbung schreiben	SB C5
Methodische Kompetenzen		
	Sprachmittlung	SB A11
	frei sprechen	SB B7
	Texte strukturieren	SB C1 + OL 538000-0027

Ziele klären

Die S lesen die *Tarea final* und die kommunikativen Fertigkeiten im SB auf S. 93. Sie erkennen, dass sie die in der Lektion vermittelten kommunikativen Fertigkeiten zur Bewältigung der *Tarea final* benötigen.

Primer paso (S. 92/93)

Lernziele: Die S lernen verschiedene Berufsbezeichnungen und Qualifikationen. Sie können am Ende des Lektionsteils über Berufe und Qualifikationen sprechen.

1 ¿Dónde trabajas?

Lernziel: Berufe und Arbeitsort angeben

Einstieg
Die S betrachten die Fotos im SB auf S. 92 (vgl. auch die Datei *Profesiones y lugares de trabajo* auf der Lehrer-CD-ROM). Der L führt in das Thema der Lektion ein und stellt die Personen mit ihren Berufen vor. Dann leitet er zum Thema über und fragt, welche der Berufsbezeichnungen die S verstehen. Er schreibt die genannten Wörter nach Zuruf an die Tafel und bittet um eine Übersetzung. Dies wiederholt er so lange, bis alle Berufsbezeichnungen erkannt und übersetzt wurden. Nicht erschließbare Wörter werden durch eine Umschreibung oder Pantomime eingeführt. Die genannten Berufe werden jeweils mit ihrer femininen und maskulinen Form an die Tafel geschrieben. Es erfolgt die Bearbeitung der Übung. Hierfür werden die Fotos im SB auf S. 93 oder auf der L-CD-ROM herangezogen.

2 ¿Cómo tienes que ser?

Lernziel: über Qualifikationen für einen Beruf sprechen

Die S ordnen die in der Übung angegebenen Qualifikationen den betreffenden Berufen zu. Sie begründen ihre Wahl. Mehrfachnennungen sind möglich.

Tipp: Der L führt *el ordenador* (Computer) ein, um die Beschreibungen zu erleichtern.

3 Así es mi trabajo L 2/15

Lernziel: Tätigkeitsprofile verstehen

Der L führt in das Thema ein und gibt den S folgende Tabelle an der Tafel vor:

	1.	2.	3.
¿Quién habla?			
¿Qué profesión tiene?			
+ (lo positivo)			
− (lo negativo)			
¿Le gusta el trabajo?			

a) Die S machen sich zunächst mit der Aufgabenstellung vertraut. Danach hören sie den Text von der CD und füllen die ersten beiden Zeilen in der abgebildeten Tabelle aus: sie geben an, wer spricht (*un chico / una chica / un señor / una señora*) und nennen den Beruf der einzelnen Personen.

b) und c) Beim zweiten Hören vervollständigen sie die Tabelle mit den Informationen aus dem Hörtext. Gegebenenfalls hören sie mehrmals.

Weiterarbeit
Die S nennen zu jedem Beruf eine Tätigkeit und geben an, ob ihnen diese Aufgabe gefiele oder nicht:

7 | Unidad

- *Un recepcionista trabaja por las tardes y por las noches. Eso no me gusta.*
- *Un recepcionista gana poco. Eso tampoco no me gusta.*

4 ¿Qué profesión prefieres?

Lernziel: Argumente für seinen Traumberuf nennen

Vor Bearbeitung äußern sich die S zu den dargestellten Berufen: Welches ist für sie der kreativste, welches der verantwortungsvollste und welches der interessanteste Beruf?

Dann geben sie an, welchen Beruf sie gerne ausüben würden und begründen ihre Wahl.

Tipp (bei stärkeren Gruppen): Lassen Sie die S ihren Traumberuf nennen oder einen Beruf, den sie später einmal ausüben möchten. Helfen Sie ihnen bei der Formulierung ihrer spanischen Sätze.

Aprender y practicar A (S. 94–97)

Lernziele: Die S lernen, über Sprachkenntnisse und Fähigkeiten zu sprechen. Sie können am Ende des Lektionsteils Gründe und Voraussetzungen für eine Bewerbung nennen und ihre Sprachkenntnisse angeben.

1 Tim busca trabajo L 2/16 = S 54

Lernziel: Gründe und Voraussetzungen für eine Bewerbung verstehen

Einstieg
Der L führt in das Thema ein und schreibt den zentralen Begriff an die Tafel: *hacer unas prácticas*. Die S überlegen, aus welchen Gründen sie sich für ein Praktikum bewerben würden.

Tipp: Schon hier können Vokabeln des folgenden Textes vorentlastet werden (s. unterstrichene Wörter).

> *Me gustaría hacer unas prácticas porque…*
> – *quiero tener experiencia en el trabajo.*
> – *quiero ganar dinero.*
> – *quiero ayudar a la gente.*
> – *quiero conocer el trabajo en una empresa internacional. usw.*

Dann bittet der L die S der Reihe nach, die drei für sie wichtigsten Gründe anzugeben:
- *Lo más importante para mí es tener experiencia en el trabajo.*
- *También es importante para mí…*
- *Un poco menos importante para mí es…*

Erarbeitung
a) und b) Die S lesen / hören den Text und beantworten die Fragen unter b). Unbekannte Wörter können nachgefragt oder im Vokabelverzeichnis (SB, S. 190) nachgesehen werden. Die S stellen sich gegenseitig weitere Fragen zum Text.

Weiterarbeit
Interkultureller Ansatz: Ausgehend vom Satz „normalmente no dan dinero por las prácticas o muy poco" (Z. 6–7) überlegen die S, in welchen Branchen in ihrem eigenen Land viel / wenig / gar nichts für ein Praktikum bezahlt wird.

2 ¿Cómo hace Tim las cosas?

Lernziel: die Bildung der Adverbien auf -mente

Entdeckendes Lernen: Die S suchen im Lektionstext (A1) die Adverbien zu den hier aufgeführten Adjektiven. Sie formulieren eine Regel zur Bildung der Adverbien. Die Ergebnissicherung erfolgt anhand des grammatischen Anhangs (SB, S. 160).

3 Normalmente es así

Lernziel: die regelmäßigen Adverbien auf -mente

Weiterarbeit
Die S ergänzen die Aussagen über Tim mit weiteren Informationen aus dem Text auf S. 94. Sie werden die Informationen für spätere Übungen benötigen.

> *Tim…*
> – *trabaja bien con Word y Excel.*
> – *se levanta normalmente muy temprano por la mañana.*
> – *habla muy bien inglés, muy mal francés y habla alemán.*
> – *no sabe exactamente qué prácticas puede hacer.*
> – *aprende fácilmente español.*
> – *quiere aprender español.*
> – *quiere tener experiencia en el trabajo / no tiene experiencia en el trabajo.*
> – *es comunicativo.*
> – *no quiere trabajar de noche.*
> – *cree que no es fácil hablar en español por teléfono con clientes.*

4 Países e idiomas

Lernziele: das unpersönliche se, über Nationalitäten und Sprachen sprechen

Entdeckendes Lernen: Die S lesen vor Bearbeitung der Übung die Information im Grammatikkasten. Der L schreibt weitere Beispiele an die Tafel. Dazu greift er vor allem Strukturen auf, die die S bereits kennen:

> ¿Cómo se escribe tu nombre?
> ¿Cómo se dice "Praktikum" en español?
> ¿Cómo se hace una tortilla?
> ¿Qué se dice en las diferentes situaciones?
>
> Se habla español.
> Se busca recepcionista para hotel en Marbella.
> En esa casa se alquilan habitaciones.

Die S überlegen, wie die Struktur ins Deutsche übertragen werden kann. Dann bearbeiten sie die Übung. Ländernamen, die sie nicht kennen, entnehmen sie der Länderliste (SB, S. 212–214).

5 ¿Qué idiomas hablas?

Lernziel: sich gegenseitig zu Sprachkenntnissen interviewen

a) Die S arbeiten mit dem **Online-Link 538000-0026** und befragen sich gegenseitig zu ihren Sprachkenntnissen. Jeder S ist einmal Interviewer und einmal Interviewter. Anschließend stellen sie sich gegenseitig der Klasse vor. Ein S, der vorher bestimmt wurde, schreibt die von den Mitschülern genannten Sprachen an die Tafel. Diese Liste bildet die Grundlage für die Erstellung der Klassenstatistik in b).

b) Vorschlag: Die Informationen werden in vier Diagrammen verdeutlicht:
– ¿Qué lenguas hablamos?
– ¿Con quién hablamos esas lenguas?
– ¿Cómo hablamos esas lenguas?
  (como lengua materna – muy bien – bien – a nivel básico)
– ¿Qué otras lenguas queremos aprender?

Tipp: Die Erstellung der Klassenstatistik kann einigen S als Hausaufgabe aufgegeben werden. Die S präsentieren ihr Ergebnis in der folgenden Stunde.

Weiterarbeit
Die S füllen, jeder für sich, das Anmeldeformular einer spanischen Sprachschule aus (**Kopiervorlage 31**).

6 En esta profesión se trabaja así

Lernziel: einen Beruf beschreiben

Differenzierungsvorschlag:
- Stärkere Gruppen stellen der Klasse ihren Traumberuf vor. Die S bekommen fünf Minuten Vorbereitungszeit. Diese Übung kann schriflich oder als Hausaufgabe erledigt werden.
- Für schwächere Gruppen eignet sich das Ratespiel *Was bin ich?* Ein S schreibt eine von ihm ausgewählte Berufsbezeichnung auf die Rückseite der Tafel. Nun versuchen die anderen S den Beruf zu erraten, indem sie Fragen stellen, die nur mit Ja oder Nein beantwortet werden können. Jeder S darf so lange fragen, bis die Antwort Nein lautet (oder der Beruf erraten ist). Dann ist der nächste Schüler mit Fragen an der Reihe. Derjenige, der schließlich den Beruf erraten hat, schreibt nun eine von ihm gewählte Berufsbezeichnung auf die Tafelrückseite. Der L darf auch mitraten.

7 ¿Poder o saber?

Lernziel: poder und saber

a) Entdeckendes Lernen: Die S betrachten die Illustrationen im SB auf S. 96 und erschließen sich die beiden Bedeutungen von *saber:* „wissen" und „können".

b) Sie kontrastieren *saber* und *poder* und entdecken mithilfe des illustrierten Beispiels den Unterschied. Sie formulieren ihre Ergebnisse:
– Mit *saber* drücke ich aus, dass …
– Mit *poder* drücke ich aus, dass …

Ergänzung: Die S formulieren jeweils drei Sätze mit *saber* und drei Sätze mit *poder*.

8 ¿Qué sabes hacer y qué puedes hacer?

Lernziele: saber und poder; über Fertigkeiten sprechen

Die S arbeiten in Partnerarbeit und lesen sich gegenseitig die Sätze vor: Partner A übernimmt die Sätze mit den ungeraden, Partner B die Sätze mit den geraden Ziffern. Der jeweils andere antwortet auf die gestellte Frage. Es wird versucht, den Dialog möglichst lange aufrechtzuerhalten.

Beispiel:
B: ¿Me puedes ayudar hoy a limpiar el baño?
A: No, lo siento, no te puedo ayudar hoy, hoy tengo trabajo.
B: ¿Y mañana, tienes tiempo?
A: Sí, claro. Mañana te puedo ayudar.
B: Vale.

7 | Unidad

9 ¿El trabajo ideal para Tim? ⓢ L 2/17

Lernziel: Anforderungsprofile an Bewerber vergleichen, Informationen zu einem Praktikum verstehen

a) Die S vergleichen die Anforderungen, die die jeweiligen Unternehmen an ihre Bewerber stellen mit Tims Profil. Sie tauschen sich in Kleingruppen über ihre Ergebnisse aus und äußern Vermutungen, für welches Praktikum sich Tim bewerben wird.

Tipp: Erinnern Sie Ihre S an die in Übung 3 (SB, S. 95 und TA S. 66) über Tim zusammengetragenen Informationen. Sie können diese verwenden, um ihre Vermutung zu stützen.

b) Diese Übung ist fakultativ und für stärkere Gruppen geeignet.
Die S lesen vor dem Hören die Arbeitsanweisung sorgfältig durch. Danach hören sie den Text mehrmals. Beim ersten Hören (Groborientierung) beantworten sie Frage 1. Beim zweiten Hören achten sie bewusst auf die Aussagen, die zum angebotenen Praktikum gemacht werden. Die informationsrelevanten Textpassagen befinden sich in der Mitte des Hörtextes:
1. Wie ist die Arbeit? D.h.: Wie charakterisiert die Personalleiterin die Arbeit?
2. Wie viele Stunden wird gearbeitet?
3. Wie viel verdient ein Praktikant?

Die Antwort auf Frage 3 wird am Ende des Hörtextes gegeben.

10 Se busca trabajo

Lernziel: ein Wörternetz zum Thema „Arbeitssuche" zusammenstellen

Vorschlag: Die S fertigen ein Wörternetz zu dem Beruf, den sie später einmal ausüben möchten, an. Alternativ kann auch ein Beruf gewählt werden, der sie besonders interessiert. Die S legen sich jeweils auf einen Beruf fest. Danach lesen sie die Seiten 92–97 im SB noch einmal durch und erstellen das Wörternetz. Der L geht während der Stillarbeit durch die Klasse und beantwortet Fragen.

Weiterarbeit
Mithilfe ihres Wörternetzes verfassen die S als Hausaufgabe einen kleinen Text über ihren Traumberuf.

11 Tarea: Un anuncio de prácticas

Lernziel: Informationen aus einer Stellenanzeige auf Spanisch zusammenfassen

Tipp: Gehen Sie mit Ihren S vor Bearbeitung der Aufgabe die Lernstrategie zur Sprachmittlung (SB, S. 138) durch. Weisen Sie Ihre S dann auf den Kontext der Aufgabe hin. Lassen Sie sie, wenn sie Schwierigkeiten haben, die Informationen auf Spanisch wiederzugeben, ihre Aussagen zunächst in sehr einfachen Sätzen auf Deutsch formulieren. Dies kann ihnen dabei helfen, einfache spanische Sätze zu bilden.

Anmerkung: Diese Aufgabe kann auch schriftlich erledigt werden. Dazu gibt der Lehrer folgenden Kontext vor:
Escribe un correo electrónico a un amigo español que busca trabajo en el extranjero y dale la información más importante del anuncio.

Aprender y practicar B (S. 98/99)

Lernziele: Die S lernen unregelmäßige Formen des pretérito indefinido. Sie können am Ende des Lektionsteils Lebensläufe darstellen.

1 Alejandro Amenábar ⓢ L 2/18 = S 55

Lernziel: die Biografie eines Regisseurs verstehen, jemanden interviewen

Einstieg
Die S hören zunächst den Text von der CD und bearbeiten **Kopiervorlage 32**.

Erarbeitung
a) Die S lesen den Text und erarbeiten mithilfe des Wörterverzeichnisses (SB, S. 191) die neuen Wörter des Textes.

Festigung
Lassen Sie den Text anhand der **Methode des sukzessiven Ausstreichens** nacherzählen: Der L visualisiert den Text mit dem Tageslichtprojektor, nachdem er die für den Kontext unwichtigen Wörter gestrichen hat. Die S rekonstruieren die Passagen mit eigenen Worten mündlich in Partnerarbeit (vgl. Unidad 4, A7).
Danach bearbeiten sie **a)** – **c)**.

Weiterarbeit
Die S bilden zwei Gruppen:
– Die S der Gruppe 1 stellen ein thematisches Wortfeld zum Begriff "el cine" zusammen.
– Die S der Gruppe 2 suchen alle Wörter heraus, die allgemein Texte strukturieren.

Jeweils ein Vertreter der Gruppe präsentiert das Wortfeld an der Tafel oder mit dem Tageslichtprojektor; die anderen ergänzen gegebenenfalls mit weiteren Wörtern.

Lösung:
Gruppe 1: *un director de cine, el corto, la película, el éxito, el cine, la fama (internacional), la versión (en inglés), el guion, ganar el Óscar, el cine español.*
Gruppe 2: *pero, y, después, finalmente, (un año) después, que..., así, también..., en (2004).*

Mithilfe der beiden oben erarbeiteten Wortfelder (Gruppe 1 und 2) schreiben die S als Hausaufgabe eine Kurzbiografie eines deutschen Regisseurs ihrer Wahl.

2 El director que …

Lernziel: Relativsätze mit que und donde

a) Nach dem Prinzip des **Lernens durch Lehren** präsentiert eine Schülergruppe, die sich am Vortag vorbereitet hat, ihren Mitschülern die Relativpronomen *que* und *donde*:

- Alejandro Amenábar empezó a estudiar en la universidad de Madrid <u>donde</u> estuvo poco tiempo.
- En 1996, pudo hacer su primera película, «Tesis», <u>que</u> tuvo mucho éxito.
- … volvió al cine con su segunda película, «Abre los ojos», <u>que</u> le dio fama internacional.
- En 2004 hizo su cuarta película, «Mar adentro», <u>que</u> ganó el Óscar.

Sie verdeutlichen sich, wann *que* und wann *donde* verwendet wird.

Tipp: Machen Sie die S explizit auf die Unveränderlichkeit der Relativpronomen aufmerksam.

Dann bearbeiten sie b).

Ergänzung: Die S spielen mithilfe von **Kopiervorlage 33** ein **Memory** mit Begriffserklärungen.

Alternative (für stärkere Gruppen): In Kopiervorlage 33 gibt der L nur die Inhalte von Spalte 1 und 3 vor. Die Karten der Spalten 2 und 4 müssen von den S mit einem Relativsatz, der sich auf die entsprechende Karte in Spalte 1 bzw. 3 bezieht, ausgefüllt werden. Dann kann das Memory gespielt werden.

3 ¿Supiste que … ?

Lernziel: unregelmäßige Formen des pretérito indefinido

a) Die S rufen sich den Gebrauch des *pretérito indefinido* ins Gedächtnis zurück und wiederholen die regelmäßigen Formen des *pretérito indefinido*, z. B. mithilfe des Sprachbaukastens auf der **Kopiervorlage 34**. Es wird in Gruppenarbeit gearbeitet. Ziel ist es, alle oder möglichst viele Karten in eine sinnvolle Reihenfolge zu legen. Ausgangspunkt sind die Karten mit den Zeitangaben (unterstrichen). Nach Beendigung der Gruppenarbeit werden die Geschichten in der Klasse vorgelesen. Die S geben an, welche Geschichte ihnen am besten gefallen hat.

Ergänzung: Bei Bedarf können die Formen der regelmäßigen Verben noch einmal systematisch an die Tafel geschrieben werden.

b) **Entdeckendes Lernen:** Die S finden im Lektionstext die unregelmäßigen Formen des *pretérito indefinido* und tragen diese in eine Tabelle in ihrem Heft ein.

c) Sie verdeutlichen sich das Konjugationsmuster anhand eines ausgewählten Beispiels.

4 ¿Qué hiciste ayer?

Lernziel: unregelmäßige Formen des pretérito indefinido

Tipp: Weisen Sie Ihre S explizit auf die das *pretérito indefinido* auslösenden Indikatoren hin.

Alternative: Die S arbeiten in Partnerarbeit und fragen sich gegenseitig, was die angegebenen Personen gemacht haben (**Kopiervorlage 35**). Der eine gibt die Frage vor, der andere antwortet mithilfe des abgedruckten Lückentextes.

Tipp: Lassen Sie zur Ergebnissicherung alle Minidialoge einmal im Plenum vortragen.

5 ¿Cuándo lo hicisteis?

Lernziel: angeben, wann was getan wurde

Diese Übung soll die Formen der 2. Person (Singular und Plural) einschleifen.

6 No todo es verdad

Lernziel: eine Biografie schreiben

Anmerkung: Um die Spannung zu erhöhen, sollten bei dieser Aufgabe S miteinander spielen, die sich zwar nicht gut kennen, aber einander vertrauen.

7 Tarea: ¿Quién es?

Lernziel: eine Biografie schreiben

Anmerkung: Geben Sie Ihren S ein paar Tipps zum freien Sprechen:
1. Sich zur Vorbereitung Stichwörter oder kurze Sätze aufschreiben und möglichst nur bekannten Wortschatz verwenden
2. Den Vortrag vorher einmal im Geiste durchgehen
3. Während des Vortrags den Stichwortzettel immer in Reichweite halten, um jederzeit auf ihn zurückgreifen zu können
4. Wird während des Vortrags der Faden verloren, spontan mit einem passenden Aspekt fortfahren, auch wenn er nicht auf dem Konzeptpapier stand
5. Während des Vortrags langsam und deutlich sprechen

Weiterarbeit
Die Gruppen ergänzen das Porträt der von ihnen gewählten Persönlichkeit mit weiteren Informationen, Fotos, Zeitungsausschnitten … zu einer Collage. Die Collagen werden dann als *galería de famosos* im Klassenzimmer aufgehängt.

7 | Unidad

Aprender y practicar C (S. 100/101)

Lernziele: Die S lernen Lebenslauf und Anschreiben zu verfassen. Sie können am Ende des Lektionsteils eine Bewerbung schreiben.

1 El currículum vítae de Julia

Lernziel: einen tabellarischen Lebenslauf verstehen

a) Vor Bearbeitung der Aufgabe lesen die S die Wörter zur Strukturierung eines Bewerbungsschreibens. Viele davon sind ihnen bereits bekannt. Den Rest erschließen sie anhand des Kontextes und durch Ausschlussverfahren. Dann bearbeiten sie die Aufgabe mithilfe des **Online-Links 538000-0027**. Bei Bedarf erfragen sie die Bedeutung einzelner Wörter:
- *¿Qué significa «bachillerato»?*
- *¿Cómo se dice «atención al cliente» en alemán?* usw.

Weiterarbeit
Interkulturelles Lernen: Die S tauschen sich im Plenum (ggf. auf Deutsch oder angeleitet durch den L) über das Verfassen von Bewerbungen und das Bewerbungsverfahren aus. Der L ergänzt mit landeskundlichen Hinweisen über Spanien:

Zusatzinformation

> 🌐 **Eine Bewerbung schreiben**
>
> Bewerbungen in Spanien sind im Allgemeinen nicht sehr formal, es gibt keine festen Regeln für die Zusammenstellung der Unterlagen. Aber: eine Bewerbung sollte so kurz wie möglich und prägnant sein. Fähigkeiten und Interessen werden ohne Details aufgelistet. Angaben zu Hobbys und Weiterbildung sollten nur dann gemacht werden, wenn sie für die Stelle relevant sind. Wichtig dagegen sind möglichst genaue Angaben zu Sprachkenntnissen und Referenzen. Im Allgemeinen werden keine Arbeits- oder Praktikumszeugnisse eingereicht.
> Bewerbungen sollten direkt an den in Frage kommenden Ansprechpartner des Unternehmens adressiert werden. Falls dessen Name nicht bekannt ist, muss er unbedingt vorher telefonisch erfragt werden.

b) Diese Übung kann als Hausaufgabe erledigt werden.

2 Prácticas en un hotel 💿 L 2/19

Lernziel: eine Bewerbung vorbereiten

a) Anmerkung: Zur Beantwortung der Frage, welche Fähigkeiten Tim in seinem Bewerbungsschreiben für das Praktikum im Hotel Reina Victoria herausstellen wird, kann zusätzlich der Lektionstext A (SB, S. 94) noch einmal durchgelesen werden.

b) Die S hören den Text von der CD und notieren sich die Ratschläge, die Julia Tim gibt. Sie vergleichen ihre Ergebnisse mit den Ergebnissen von a).

3 La carta de presentación 💿 L 2/20 = S 56

Lernziel: ein Bewerbungsschreiben verstehen

a) Der L führt in das Thema ein und schreibt die zentrale Vokabel an die Tafel: *la carta de presentación*.

Interkultureller Ansatz: Die S überlegen zunächst, wie ein deutsches Bewerbungsschreiben aufgebaut ist. Dazu kann der L Musteranschreiben mitbringen, die er in der Klasse verteilt. Mithilfe des Vergleichs zu deutschen Musteranschreiben ordnen die S den deutschen Begriffen in der Übung die spanischen Wörter aus dem Lektionstext zu. Sie lesen / hören den Text noch einmal und fragen nach weiteren unbekannten Wörtern.

b) Differenzierungsvorschlag:
- in Einzelarbeit: Die S lesen, jeder für sich, das Anschreiben noch einmal durch und erstellen daraus einen tabellarischen Lebenslauf. Dabei können sie sich auch an den Musteranschreiben des **Online-Links 538000-0028** orientieren.
- im Plenum: Die S erstellen gemeinsam den tabellarischen Lebenslauf von Tim. Dazu liest immer ein S einen Satz des Anschreibens vor. Die darin enthaltene Information wird nun in das vorgegebene Schema eingetragen. Ist ein S mit der Zuordnung nicht einverstanden, legt er Widerspruch ein.

c) Diese Übung ist fakultativ und stellt ein Ergänzungsangebot zur Aufgabe dar. Die S versetzen sich in die Rolle eines für Personal zuständigen Mitarbeiters im Hotel Reina Victoria. Im Download-Angebot **(Online-Link 538000-0028)** finden sie zwei weitere Bewerbungsschreiben.
Vorschlag: Jeweils drei S bilden eine Gruppe. Jeder S bearbeitet ein Bewerbungsschreiben. Anschließend vergleichen sie der Reihe nach die Aussagen der Bewerber mit dem Anforderungsprofil der Stellenanzeige. Jeder S entscheidet sich für einen Kandidaten und begründet seine Entscheidung.

4 Practicamos la pronunciación 💿 L 2/21 = S 57

Lernziel: die Aussprache trainieren

a) Die S schauen sich die Ausspracheregeln an und hören die Wörter von der CD. Sie achten im Besonderen auf die Aussprache der Vokale.

b) Sie hören die Sätze von der CD und lesen sie sich in Partnerarbeit gegenseitig vor.

5 Tarea: Preparar una entrevista

Lernziel: einen Lebenslauf schreiben

Tipp: Die S können sich an den Fragen an Alejandro Amenábar (B 1b) und an ihrer eigenen Biografie (B 6) orientieren.

Ergänzung: Geben Sie Ihren S nützliche Vokabeln für eine Bewerbung. Erweitern Sie die Liste Ihrer Zielgruppe entsprechend.

Beispiel:

Abitur	la selectividad
Berufsschule	la formación profesional
fachgebundene Hochschulreife	la formación profesional de grado superior
Gymnasium	el bachillerato
Technisches Gymnasium	el bachillerato de Ciencias y Tecnología
Realschule	la enseñanza secundaria
Realschulabschluss	el certificado de enseñanza secundaria
Zeugnis	las notas (Jahreszeugnis); el diploma (Abschlusszeugnis)

Leer (S. 102)

Lernziel: Informationen zu einem (Kino-)Film verstehen und auf Deutsch zusammenfassen

Hipatia

Lernziel: Informationen zu einem (Kino-)Film verstehen

a) Einstieg
Der L führt in das Thema ein und erklärt die Begriffe *ágora* und *Hipatia*.

Zusatzinformation

> 🌐 **Ágora, Hypatia**
>
> Die *Ágora* war im antiken Griechenland ein Versammlungs- und Marktplatz im Zentrum der Stadt. Sie hatte die Funktion einer religiösen, politischen und juristischen Versammlungsstätte.
>
> Hypatia von Alexandria war eine bedeutende Philosophin, Mathematikerin und Astronomin. Sie genoss als erfolgreiche Literatin und Wissenschaftlerin in Alexandria hohes Ansehen und hielt an der Schule Platons Vorlesungen über Philosophie. Ihr werden mehrere Werke und Erfindungen zugeschrieben.

Erarbeitung
Die S lesen den Text mit den bisher erworbenen Lesestrategien und versuchen, so viel wie möglich zu verstehen. In einem zweiten Durchgang klären sie im Plenum oder in Partnerarbeit die Schlüsselwörter.

Die S bearbeiten b).

c) Sie fassen die wichtigsten Inhalte des Films auf Deutsch zusammen.

Tarea final (S. 103)

Prácticas en una empresa

Lernziel: Die S können am Ende der Tarea final einen Lebenslauf und ein Bewerbungsschreiben verfassen und eine Stellenanzeige verstehen. Sie üben ein Bewerbungsgespräch in der Rolle des Bewerbers und in der Rolle des Arbeitgebers.

Durchführung der Tarea final:

1. Die S lesen die Stellenanzeigen und achten auf die für sie relevanten Schlüsselwörter. Schwächere S sollten sich vor dem Lesen noch einmal aufschreiben, worauf sie achten müssen. Sie wählen die Anzeige aus, die sie bearbeiten möchten.
2. Sie verfassen Lebenslauf und Anschreiben. Sie wählen Form und Gestaltung eigenständig. Es empfiehlt sich aber, einen tabellarischen Lebenslauf zu erstellen.
3. In Partnerarbeit führen sie nun ein Bewerbungsgespräch durch: Sie verteilen die Rollen: einer ist Interviewer, der andere Interviewter.
In der Vorbereitungszeit vergleicht der Interviewer das Profil des „Bewerbers" mit den Anforderungen und formuliert Fragen an den Bewerber.
Dieser bereitet sich auf das Bewerbungsgespräch vor. Anschließend wird das Gespräch vor der Klasse gespielt.
4. Feedback-Runde: Mithilfe des **Online-Links 538000-0029** evaluieren die Mitschüler das Rollenspiel und geben den Vortragenden Tipps zur Verbesserung.

Unidad 8 Trabajar en un hotel

Thema: Einen ersten Praktikumstag überstehen
Lernziel: Gäste empfangen und am Flughafen abholen (Tarea final)

PP:	Kleidung und Farben
A:	über Kleidung sprechen
B:	jemanden um etw. bitten, sich und andere vorstellen
C:	Personen beschreiben und angeben, was man gerade tut, sich beschweren und jemanden beschwichtigen
Leer:	einer komplexen Geschichte folgen können

Lernbereiche	Lernziele	Lektionsteil, Aufg./Üb.
	Funktional-kommunikative Kompetenzen	
Hablar	über das Hotel als Erholungs- und Arbeitsort reflektieren	SB PP1
	Personen im Beruf beschreiben, Kleidungsstücke zuordnen	SB PP3+KV36 ▶ CDA1, 2
	eine Kombination von Kleidungsstücken für einen bestimmten Zweck zusammenstellen	SB A5
	eine Situation im Hotel, sich und andere vorstellen	SB B1+KV38
	siezen und duzen im Berufsleben reflektieren	SB B2+OL 538000-0030
	beschreiben, was jemand gerade tut	SB C4 ▶ CDA13, 14
	sich beschweren und jemanden beschwichtigen	SB C6 ▶ CDA15
Escuchar	gehörte Gespräche einordnen	SB PP2
	Kleidung einkaufen	SB A1
	Begrüßungssituation im Hotel, sich und andere vorstellen	SB B1+KV38
	eine Hotelbeschreibung verstehen	SB B5
	Personen beschreiben	SB C1 ▶ CDA10
	Telefongespräche entgegennehmen	SB C5+OL 538000-0031
Escribir	eine Reklamation verfassen	SB C10+KV40a und b
Leer	Kleidung einkaufen	SB A1
	Begrüßungssituation im Hotel, sich und andere vorstellen	SB B1+KV38
	Personen beschreiben	SB C1 ▶ CDA10
	sich beschweren und jemanden beschwichtigen	SB C6 ▶ CDA15
	die Handlung eines Romanauszugs nachvollziehen können	SB Leer
Mediación	mithilfe von Informationen auf Spanisch einen Reiseprospekt auf Deutsch schreiben	SB B5
	an der Hotelrezeption zwischen deutschsprachigen, englischsprachigen und spanischsprachigen Personen dolmetschen	SB C9
Lexikalische Strukturen	Personen im Beruf beschreiben, Kleidungsstücke zuordnen	SB PP3+KV36 ▶ CDA1, 2
	Kleidung und Farben	SB PP4
	Kleidung einkaufen	SB A1
	Kleidung auswählen	SB A4, A5
	Personen beschreiben	SB C1 ▶ CDA10
	sich beschweren und jemanden beschwichtigen	SB C6
Grammatische Strukturen	die Demonstrativbegleiter	SB A2+KV37, SB A3
	¿cuál? ¿cuáles?	SB A4
	der bejahte Imperativ der zweiten Person mit Objekt	SB B3 ▶ CDA8, SB B4+KV39

Unidad 8

Grammatische Strukturen (Fortsetzung)	estar + gerundio	SB C2 ▶ CDA 11, 12, SB C3, C4 ▶ CDA 13, 14
	die doppelte Verneinung	SB C7
Interkulturelle Kompetenzen		
	siezen und duzen im Berufsleben	SB B2 + OL 538000-0030
	sich am Telefon melden	SB C5 + OL 538000-0031
	Reklamationen formulieren	SB C6
Methodische Kompetenzen		
	eine Lernstrategie für das Hören unbekannter Texte entwickeln	SB PP2
	dialogisches Sprechen	SB C6
	globales Lesen	SB Leer

Ziele klären

Die S lesen die *Tarea final* und die kommunikativen Fertigkeiten auf S. 105. Mithilfe der Kompetenzen, die sie im Laufe der Lektion entwickeln, sind sie auf einen ersten Tag im Praktikum vorbereitet. Gleichzeitig lernen sie auch Redemittel, um sich als Gast in einem Hotel zu bewegen.

Primer paso (S. 104/105)

Lernziele: Die S lernen Lexik zu den Themen „Kleidung" und „Farben" und können am Ende des Lektionsteils beschreiben, was eine Person trägt.

1 En el hotel

Lernziel: über das Hotel als Erholungs- und Arbeitsort reflektieren

Einstieg
Die S betrachten die Fotos auf S. 104 und S. 105 im SB bzw. auf der L-CD-ROM. Der L führt in das Thema der Lektion ein und bittet die eine Hälfte der Klasse, sich in die Rolle eines Hotelgastes (*cliente*) hineinzuversetzen. Die andere Hälfte der Klasse bittet er, in die eines Hotelangestellten (*empleado/a*) zu schlüpfen. Beide Gruppen werden aufgefordert, Wörter zu nennen, die sie mit dem Wort „Hotel" verbinden:
¿Qué es para ti un hotel?
Sie bekommen zur Vorbereitung ein Wörterbuch und zehn Minuten Zeit.

Beispiel:

cliente	empleado/a
vacaciones	mucho estrés
playa	trabajo
comida buena	dinero
tiempo libre	ayudar a los clientes
descansar	llevar uniforme
cucarachas…	seguridad…

Ergebnis: Die S stellen bei einem Vergleich der Wörter fest, dass ein- und dieselbe Sache, je nach Sichtweise, verschiedene Assoziationen auslösen kann.

Erarbeitung
Es folgt die Bearbeitung, wie in Übung angegeben. Die S verdeutlichen sich die angegebenen Berufe im Hotel.

Weiterarbeit
Die S werden gefragt, ob sie gerne in einem Hotel arbeiten würden und warum:
- *¿Te gustaría trabajar en un hotel?*
- *Sí, me gustaría. Es un trabajo muy bonito. / Se gana mucho dinero. / Me gusta trabajar con clientes …*
- *No, no me gustaría. Es mucho estrés. / Se gana poco dinero. / No me gusta llevar uniforme …*

Tipp: Leiten Sie die S an, zur Antwort die oben gesammelten Wörter zu verwenden und helfen Sie bei weiterem unbekanntem Vokabular.

2 ¿Dónde estamos? L 2/24

Lernziel: gehörte Gespräche einordnen, eine Lernstrategie für das Hören unbekannter Texte entwickeln

Die S hören vier kurze Gespräche, die im Hotel spielen. Ziel ist es, die Situation grob zu erfassen und sie einem Foto zuordnen zu können. Die S beantworten folgende Fragen:
1. Wo spielt die Situation?
2. Wer spricht?
3. Worum geht es?

Nach dem Hören reflektieren die S das Ergebnis und fassen allgemeine Strategien zusammen, wie sie einen groben Überblick über in einer Fremdsprache Gesagtes bekommen können, auch wenn sie nur einen Bruchteil verstehen.

Alternative (für schwächere Gruppen): Geben Sie Ihren S zur Reflexion einige Fragen vor:
1. Welche Situation konnte ich anhand der sprechenden Personen einordnen? Warum?

8 | Unidad

2. Welche Situation konnte ich besser interpretieren, weil ich auf den Tonfall, in dem die Personen miteinander sprachen, geachtet habe?
3. Welche zusätzliche Information bekam ich durch die Stimmung?
4. Welche Hintergrundgeräusche trugen zum Verständnis der Situation bei?

Tipp: Die S hören den Hörtext ggf. ein weiteres Mal.

3 La señora del vestido a rayas

Lernziel: Personen im Beruf beschreiben, Kleidungsstücke zuordnen

a) Der L fragt die S zu den abgebildeten Personen: *¿Quién es y qué hace …?* Sie antworten mit dem ihnen zur Verfügung stehenden Vokabular. In einzelnen Fällen hilft der Lehrer bei der Formulierung der spanischen Sätze.

b) Ergänzung: Lernen durch Lehren. Ein S übernimmt die Lehrerrolle und führt vor Bearbeitung der Übung Kleidungsstücke und Farben ein. Er präsentiert die auf der Doppelseite angegebenen Kleidungsstücke anhand der Fotos oder anhand der eigenen Kleidung. Zur Festigung der Kleidungsstücke bearbeiten die S in Partnerarbeit **Kopiervorlage 36** und ermitteln die Preise der abgebildeten Kleidungsstücke. Die Ergebnissicherung erfolgt im Plenum. Der L hat sich die Kopiervorlage auf Folie gezogen und trägt die Preise in die Zeichnung ein.

Nun werden die Farbadjektive eingeführt. Einige formale Aspekte werden erläutert (vgl. Grammatikanhang, SB, S.146). Die S spielen zur Festigung *Veo Veo* zuerst im Plenum, dann in Partnerarbeit:
– *Veo veo una cosita y la cosita es verde.*
– *¿La pizarra?*
– *No, es más pequeña.* usw.

Die Bearbeitung von **b)** erfolgt mündlich im Plenum oder schriftlich in Stillarbeit.

4 ¿Quién es?

Lernziel: Lexik: Kleidung und Farben

Das Spiel dient zur Festigung der Kleidungsstücke und Farbadjektive und kann sowohl im Plenum als auch in Kleingruppen durchgeführt werden.

Anmerkung: Bei Bedarf können weitere Kleidungsstücke als individueller Wortschatz an der Tafel notiert werden: *unas sandalias, unos zapatos de deporte, un suéter …*

Aprender y practicar A (S. 106/107)

Lernziele: Die S lernen die Demonstrativbegleiter und das Fragepronomen ¿cuál/es …? und können am Ende des Lektionsteils über Kleidung sprechen.

1 ¿Esta blanca de aquí o esa rosa de ahí?
L 2/25 = S 60

Lernziel: Kleidung einkaufen

Einstieg

Der L erläutert den Kontext und bittet seine S, sich in folgende Situation zu versetzen: *Imagínate que tienes una entrevista de trabajo. ¿Qué vas a llevar?* Die S beziehen dazu Stellung:
– *Voy a llevar una camisa blanca y unos vaqueros negros.*
– *Voy a llevar una falda roja y una blusa naranja.*
– *Yo voy a llevar una camisa azul y una chaqueta negra.*
usw.

Interkulturelles Lernen: Die S diskutieren (ggf. auf Deutsch), wie man sich branchenüblich kleidet und in welchen Berufen ein klassischer Stil erwartet wird. Der L geht mit den S ein paar Berufe durch (Lehrer, Krankenpfleger, Sekretärin, Verkäufer, Rezeptionist, Koch). Besonders S mit anderen Muttersprachen als Deutsch werden aufgefordert, sich zu den Konventionen ihres Landes zu äußern. Der L ergänzt durch landeskundliche Hinweise zu Spanien.

Zusatzinformation

> **Kleidung**
>
> Die Spanier kleiden sich im Berufsleben eher konservativ, aber schicker als bei uns. Anzug und Krawatte sind ein Muss, der Anzug sollte dunkel und konservativ sein. Auch Frauen kleiden sich formell, mit einem Kostüm sind sie richtig angezogen. Kurze Röcke und Dekolletés sind keine „Arbeitskleidung"!

Erarbeitung

a) Der L geht zum Lektionstext über und liest die Arbeitsanweisung vor. Die S lesen / hören den Text. Sie erarbeiten sich die unbekannten Wörter mithilfe des Vokabelverzeichnisses.
Der L stellt zur Verständnissicherung Fragen:
1. *¿Dónde están Blanca y Tim?*
2. *¿Qué camisas propone Tim?*
3. *¿Qué camisa no le gusta a Blanca? ¿Por qué?*
4. *¿Por qué prefiere Blanca la camisa blanca?*
5. *¿De qué talla tiene que ser la camisa para Tim?*
6. *¿Cuánto cuesta la camisa? ¿Eso es caro o barato para Tim?*
7. *¿Qué camisa compra Tim finalmente?*

Dann erfolgt die Bearbeitung von **b)**.

2 ¿Esta, esa o aquella?

Lernziel: die Demonstrativbegleiter

Vorbemerkung: Der L geht zunächst auf die Formen der Demonstrativbegleiter ein und schreibt diese an die Tafel. Die S vergleichen mit den Formen der Adjektive und formulieren eine Regel.

este	ese	aquel	jersey
esta	esa	aquella	camisa
estos	esos	aquellos	vestidos
estas	esas	aquellas	chaquetas

a) und b) Sie gehen zum Text zurück und erarbeiten sich die Verwendung der Demonstrativbegleiter.

Ergänzung: Der L gibt zusätzliche Informationen:
- Demonstrativbegleiter können auch ein Substantiv ersetzen, wenn klar hervorgeht, worauf man sich bezieht: *¿Qué camisa te gusta más? ¿Esta blanca de aquí o esa rosa de ahí?*
- *Ese* kann auch dazu dienen, eine Sache / Person von der anderen zu unterscheiden: *Por favor, dame ese libro que está en la mesa.*

Festigung
Die S arbeiten mit **Kopiervorlage 37** und ordnen die Texte in den Sprechblasen den entsprechenden Fotos zu.

Weiterarbeit
El mercadillo. Die S spielen Flohmarkt. Sie bringen jeder zwei bis drei Kleidungsstücke von zu Hause mit. Die Kleidungsstücke werden an unterschiedlichen Plätzen ausgebreitet: vorne auf dem Tisch, hinter der Theke oben usw. Die Kleidungsstücke, die noch nicht auf Spanisch bezeichnet werden können, werden beschriftet. Jeder S zeigt auf mindestens drei Kleidungsstücke und erkundigt sich nach dem Preis. Der Verkäufer / die Verkäuferin antwortet.

Beispiel:
- Buenos días, ¿cuánto cuesta esta camisa?
- ¿Esa camisa? Treinta euros.
- Y aquel jersey, ¿cuánto cuesta? usw.

3 Por favor, ...

Lernziel: Festigung der Demonstrativbegleiter

Weiterarbeit
Die S formulieren drei weitere Sätze mit Demonstrativbegleiter. Sie können sich auf eine Situation in einem Kleidergeschäft beziehen, es können aber auch andere Situationen gewählt werden.

4 ¿Cuál de estos dos prefieres?

Lernziele: Kleidung auswählen, das Fragepronomen cuál

Anmerkung: Die S lesen vor Bearbeitung der Aufgabe die Information im Grammatikkasten sorgfältig durch und prägen sich die Struktur gut ein.

5 Tarea: ¿Qué me pongo?

Lernziel: eine Kombination von Kleidungsstücken für einen bestimmten Zweck zusammenstellen

Differenzierungsvorschlag:
- Stärkere Gruppen erledigen die Aufgabe wie im Buch beschrieben. Jeweils drei S bilden eine Gruppe, jede Gruppe arbeitet drei Vorschläge aus. Jeder S stellt in der Ergebnisrunde im Plenum einen Vorschlag vor. Für jede der genannten Gelegenheiten wird jeweils der günstigste und der originellste Vorschlag ermittelt.
- Schwächere Gruppen bringen Kleidungsstücke für ein Vorstellungsgespräch von zu Hause mit und präsentieren sie im Plenum.

Aprender y practicar B (S.108/109)

Lernziele: Die S lernen ergänzende Regeln zum bejahten Imperativ der zweiten Person. Sie können am Ende des Lektionsteils jemanden um etwas bitten und Aufgaben zuweisen. Darüber hinaus können sie sich und andere Menschen vorstellen.

1 El primer día de trabajo L 2/26 = S 61

Lernziel: eine Situation im Hotel, sich und andere vorstellen

Einstieg
Ein S liest die Überschrift der Übung vor. Bezugnehmend auf die Überschrift fordert der L die S auf, Vermutungen zu äußern, was Tim an seinem ersten Arbeitstag tun wird. Dazu gibt er Sätze vor, die S bejahen oder verneinen. Sie antworten mit folgenden Formulierungen:
- *Creo que Tim va a trabajar mucho.*
- *Creo que Tim no va a trabajar mucho.* usw.

Tipp: Führen Sie hier bereits Vokabular des folgenden Textes ein (s. unterstrichene Wörter).

> Tim va a trabajar mucho.
> Va a tener mucho estrés.
> El <u>jefe de personal</u> lo va a saludar.
> Le va a <u>presentar</u> a sus compañeros de trabajo.
> Le van a <u>explicar</u> qué hay que hacer.
> Va a conocer a los clientes.
> El jefe lo va a invitar a tomar algo.
> Le van a <u>mostrar</u> el hotel.
> Va a tener que <u>contestar</u> al teléfono.
> Le van a decir cómo tiene que ser en el trabajo.

Der L geht zur Erarbeitung des Textes über.

Erarbeitung
Text-Puzzle: Die S arbeiten mit **Kopiervorlage 38** und fügen die Textteile des Lektionstextes zu einem Text zusammen. In einer gemeinsamen Feedbackrunde geben sie die Strukturmerkmale an, die zur Lösung geführt haben. Anschließend hören / lesen sie den Lektionstext und klären weiteres unbekanntes Vokabular.
Es folgt die Bearbeitung b) – d).

8 | Unidad

2 ¿Cómo se hablan las personas?

Lernziel: siezen und duzen im Berufsleben

Interkulturelles Lernen: Die S gehen den Text abschnittsweise noch einmal durch und beschreiben, welche Personen sich duzen und welche sich siezen. Sie vergleichen mit den Gepflogenheiten im eigenen Land.

Zusatzinformation

> 🌐 **Anrede**
>
> In Spanien wird schnell geduzt, man sollte nicht auf dem „Sie" bestehen. Akademische Grade werden meist nicht verwendet, außer *profesor* (Professor) oder *doctor* (Doktor). Personen werden im Allgemeinen mit *señor* oder *señora* plus Familiennamen vorgestellt: *Le presento al señor Pérez.* In Lateinamerika verwendet man bei der Anrede die Vornamen ohne Titel. Ältere Menschen werden oft mit *don* oder *doña* angesprochen. In Mexiko nennt man die Titel.

Weiterarbeit
Mithilfe des **Online-Links 538000-0030** sprechen die S über weitere Situationen, die sich auf einen spanischsprachigen Kontext beziehen.

3 ¿En qué tienen que ayudarlo?

Lernziel: der bejahte Imperativ der zweiten Person mit Objekt

Wiederholung und Erarbeitung: Die S arbeiten mit dem Grammatikanhang auf S. 159 und wiederholen die Bildung des bejahten Imperativs der 2. Person. Sie schauen sich insbesondere die unregelmäßigen Bildungen noch einmal an.
Danach erweitern sie ihr Wissen um Punkt 3: *der Imperativ mit Pronomen.* Der L weist auf die Akzentsetzung hin:
es – cu – chad. : *es – cu – chád – lo.*

Tipp: Bei Bedarf werden die Betonungsregeln im Spanischen wiederholt.
Es folgt die Bearbeitung der Übung.

4 Pedir cosas

Lernziel: der bejahte Imperativ der zweiten Person mit Reflexivpronomen

Zur Ergänzung des Paradigmas wird der Imperativ bei reflexiven Verben geübt. Es wird auf eine Besonderheit, das Wegfallen des Endungs-d bei der 2. Person Plural, aufmerksam gemacht.

Weiterarbeit
Interkulturelles Lernen: Stärkere Gruppen reflektieren andere Möglichkeiten, Bitten, Aufforderungen und Vorschläge auszudrücken.
- Aus Unidad 5 (C 9, SB, Seite 73) kennen sie bereits die Frage mit dem Verb *poder*.

- Ergänzend kann lexikalisch die Form *podrías/podría* eingeführt werden: *¿Podrías/Podría echarme una mano?*

Zur Festigung bearbeiten die S in Gruppenarbeit eine der auf **Kopiervorlage 39** beschriebenen Situationen.

Ergänzung: Lassen Sie die S zu jeder Situation einen kleinen Dialog schreiben und die Szene dann in der Klasse vortragen. In einer gemeinsamen Feedbackrunde geben die S an, welches Rollenspiel sie am überzeugendsten und sprachlich am angemessensten fanden.

5 Tarea: El Hotel Reina Victoria 💿 L 2/27

Lernziel: eine Hotelbeschreibung verstehen, mithilfe von Informationen auf Spanisch einen Reiseprospekt auf Deutsch schreiben

a) Vor dem Hören
Die S betrachten die Symbole und geben an, welche Hoteldienste dargestellt sind (von links nach rechts):
aire acondicionado, televisión, aparcamiento, desayuno, Internet, piscina.
Sie klären gegebenenfalls unbekannte Wörter.

Vorschlag: Die Dienstleistungen werden auf einen Zettel geschrieben. Beim Anhören der CD kreuzen die S die Leistungen, die genannt werden, auf ihrer Liste an. Die Ergebnissicherung erfolgt im Plenum, die S fassen die Leistungen des Hotels mündlich zusammen:
- *En el Hotel Reina Victoria las habitaciones tienen aire acondicionado.*
- *También hay televisión en todas las habitaciones.* usw.

b) Die S hören den Text noch einmal von der CD. Sie notieren sich alle Informationen, die über das Hotel Reina Victoria gesagt werden.

Anmerkung: Der Hörtext enthält bewusst unbekannte, aber transparente Wörter. Erläutern Sie Ihren S vor dem Hören, dass es darauf ankommt, die wesentlichen Informationen zu notieren.

Differenzierungsvorschlag:
- Stärkere Gruppen hören den Text zweimal und notieren alle Informationen, die sie verstehen. Beim zweiten Hören konzentrieren sie sich vor allem auf die Ergänzung fehlender Informationen.

Anmerkung: Starke S werden auch die unbekannten Wörter (*habitaciones de lujo/habitaciones estándar/minibar/acceso a Internet/buffet continental*) aufgreifen.
- Schwächere Gruppen werden angeleitet, nur das zu notieren, was sie verstehen. Der L unterbricht nach jedem Satz die CD und lässt den S Zeit, sich Notizen zu machen.

Tipp: Es empfiehlt sich, den Hörtext beim ersten Hören zunächst ganz vorzuspielen.

Anschließend erfolgt die Bearbeitung von c). Da diese Teilaufgabe etwas zeitaufwändig ist, kann sie als Hausaufgabe erledigt werden.

Aprender y practicar C (S. 110–113)

Lernziele: Die S lernen verschiedene Situationen im Hotel zu bestehen. Sie können am Ende des Lektionsteils Personen beschreiben, sich beschweren und jemanden beschwichtigen.

1 En la cafetería ⓢ L 2/28 = S 62

Lernziel: Personen beschreiben

Erarbeitung
Vorschlag: Der L gibt den Kontext vor und beschreibt die Personen auf dem Bild. Die S verfolgen seine Äußerungen anhand der Abbildung mit. Parallel zu seiner Beschreibung vervollständigt der L folgendes Schema an der Tafel:

Die S hören/lesen den Lektionstext. Sie notieren während des Hörens/Lesens die Namen der im Text gesuchten Arbeitskollegen. Danach lesen sie den Text mit verteilten Rollen. Die Bedeutung unbekannter Wörter wird geklärt. Die S vervollständigen anschließend das Schema an der Tafel mit der Beschreibung der weiteren Personen auf dem Bild.

Weiterarbeit: Personenraten. Die S arbeiten in Partnerarbeit. Ein S denkt an einen Mitschüler in der Klasse (ohne ihn anzuschauen) und beschreibt ihn. Der jeweils andere stellt Fragen und rät den Namen der Person. Ziel ist es, mit möglichst wenigen Fragen auszukommen:
– ¿Tiene el pelo moreno?
– No.
– ¿Tiene el pelo corto?
– Sí.
– ¿Lleva gafas? usw.

2 ¿Qué estás haciendo?

Lernziel: estar + gerundio

a) Entdeckendes Lernen unter dem Ansatz der Mehrsprachigkeit: Vor Bearbeitung der Aufgabe lesen die S die Einleitung, der L schreibt das Paradigma an die Tafel:

estoy	
estás	
está	preparando la comida.
estamos	comiendo.
estáis	escribiendo una postal.
están	

b) Der L stellt die Frage, ob es in anderen Sprachen eine ähnliche Form gibt und bittet die S, die Sätze ins Englische und Französische zu übersetzen:
– I'm preparing food. / Je suis en train de préparer quelque chose à manger.
– You are eating. / Tu es en train de manger.
– He/she is writing a postcard. / Il/elle est en train d'écrire une carte postale.

Tipp: Gehen Sie die Gerundien im Lektionstext noch einmal durch und lassen Sie sie auf Deutsch übersetzen.

Festigung und Weiterarbeit
Die S gehen noch einmal auf den Text im SB, S. 110 zurück. Der L beschreibt, was die Personen tun. Nicht alle Angaben sind korrekt. Die S geben an, ob die Aussagen wahr oder falsch sind oder nicht gesagt werden.

Beispiel für mögliche Aussagen:
– *El señor mayor que está leyendo una revista tiene 58 años.*
– *La señora de la derecha está bebiendo algo.*
– *Lucía está hablando con la señora de las gafas.* usw.

Als Hausaufgabe beschreiben die S die abgebildete Situation anhand folgender Fragen schriftlich:
– Wer sind die Personen?
– Was machen sie?
– Wie sehen sie aus?

3 ¿Puedes hacer el trabajo?

Lernziel: Festigung der Struktur estar + gerundio

Alternative: Konjugationsübung. Die Übung wird in Gruppen zu vier S durchgeführt, der L schreibt die Verbengruppen vor der Übung an die Tafel:

⚀	ir	levantarse	poner
⚁	ver	pedir	comprar
⚂	pasar	llamar	freír
⚃	abrir	tomar	hablar
⚄	ducharse	hacer	estudiar
⚅	venir	leer	conducir

Die S würfeln und konjugieren entsprechend der gewürfelten Zahl der Reihe nach die Verben. Zu jedem konjugierten Verb ist ein Satz anzugeben.

Tipp: Gehen Sie von Gruppe zu Gruppe und korrigieren Sie, falls nötig.

4 ¿Qué están haciendo?

Lernziel: beschreiben, was jemand gerade tut

Alternative: Lassen Sie die Ratenden zusätzlich die Tätigkeiten, die dargestellt werden, beschreiben: *Ahora estás bebiendo y comiendo. Estás hablando …* usw. Nur die Gruppe bekommt einen Punkt, die alle Tätigkeiten versprachlicht hat.

Weiterarbeit
Differenzierungsvorschlag:
- in Einzelarbeit: Die S schreiben zu einer der abgebildeten Situationen einen Text. Mehrere Textsorten sind möglich: Postkarte an Freunde über einen Aufenthalt im Hotel und Tagesbeschäftigungen, Dialog zu einer Situation, Berufsbeschreibung (aus der Perspektive einer der abgebildeten Personen) usw. Diese Aufgabe kann als Hausaufgabe erledigt werden.
- im Plenum: **Kooperatives Schreiben.** Es werden sechs Gruppen gebildet, jede Gruppe sucht sich ein Bild aus. Der L gibt sechs Fragen vor:

> 1. ¿Quiénes son las personas que hablan? ¿Dónde están?
> 2. ¿Qué hacen las personas?
> 3. ¿Por qué están en esa situación?
> 4. Una persona habla: ¿qué dice y a quién?
> 5. ¿Qué contesta la persona?
> 6. ¿Qué pasó después?

Durchführung: (vgl. Unidad 5, B 10).

5 Un día de trabajo L 2/29

Lernziel: Telefongespräche entgegennehmen

Erarbeitung
Die S hören zwei Telefongespräche an der Rezeption des Hotels Reina Victoria und füllen das Reservierungsformular aus. Das Formular ist unter dem **Online-Link 538000-0031** abrufbar.

Ergänzung: Die S hören die Gespräche ein zweites Mal an und beantworten weitere Fragen:

> Llamada 1:
> a) ¿Qué tipo de viaje hace el señor?
> b) ¿Para cuántas noches quiere hacer la reserva?
> c) ¿Cuánto cuesta la habitación?

> Llamada 2:
> a) ¿Cuántas habitaciones necesita el grupo?
> b) ¿Por qué tienen que quedarse en un hotel?
> c) ¿Cuánto cuestan las habitaciones?

Weiterarbeit
Unter dem **Online-Link 538000-0031** finden die S noch weitere Übungen rund um das Thema „Telefonieren".

6 No funciona nada

Lernziel: sich beschweren und jemanden beschwichtigen

a) Die S lesen den Text zuerst jeder für sich, dann mit verteilten Rollen in der Klasse.

b) Sie suchen die Redemittel zum Thema Beschwerde (bzw. Beschwichtigung einer Beschwerde) im Text. Die Redemittel werden in eine Tabelle eingetragen.

c) Die S stellen die Situation anhand eines Rollenspiels an der Rezeption dar. Vor der Bearbeitung lesen sie die Informationen zum Dialogischen Sprechen (SB, S.136).

7 No vas a creerlo

Lernziel: die doppelte Verneinung

Entdeckendes Lernen: Vor dem Üben erarbeiten sich die S mithilfe des Textes C 6 die doppelte Verneinung.

Tipp: Weisen Sie explizit auf die verschiedenen Möglichkeiten der Satzstellung bei der doppelten Verneinung hin (SB, S.164): *El aire acondicionado tampoco funciona./No funciona tampoco el aire acondicionado.*

8 Practicamos la pronunciación
 L 2/30 – 32 = S 63 – 65

Lernziel: die Aussprache trainieren

a) Die S hören die Beispiele von der CD und achten auf die Aussprache des *R*-Lautes. Sie beschreiben die Ausspracheunterschiede. Danach sprechen sie die Beispiele in Partnerarbeit nach, der jeweils andere korrigiert.

Zusatzinformation

> **Aussprache: r und rr**
>
> Das spanische r wird anders als das deutsche r gebildet: beim spanischen r schlägt die Zunge an die oberen Schneidezähne, es wird gerollt.
> **R** zwischen zwei Vokalen und am Wortende wird angehaucht und nicht stark gerollt.
> **R** am Wortanfang und nach Konsonanten sowie das **rr** sind stärker gerollt und doppelt angeschlagen.

b) Die S sprechen die beiden Wörter in den vier Beispielen mehrmals nach. Sie konzentrieren sich auf die Bildung der einzelnen Laute.

c) **Ergänzung:** Die S üben die Zungenbrecher zu Hause. Sie üben so lange, bis sie mit ihrer Aussprache zufrieden sind. Ein mutiger S kann in der folgenden Stunde alle Zungenbrecher einmal vorlesen.

9 Tenéis un problema ...

Lernziel: an der Hotelrezeption zwischen deutschsprachigen, englischsprachigen und spanischsprachigen Personen dolmetschen

Anmerkung: Bei dieser Übung ist es besonders wichtig, jeweils die Kernaussagen zu erfassen und auf die Schlüsselwörter zu achten. Die relevante Information muss dann möglichst genau übersetzt werden.

Ergänzung: Die S stehen zu einem Rollenspiel auf.

10 Tarea: Una carta de reclamación

Lernziel: eine Reklamation verfassen

Differenzierungsvorschlag:
- Stärkere Gruppen schmücken die Information mit eigenen Ideen. Die Redemittel für das Schreiben offizieller Briefe werden selbstständig dem Bewerbungsschreiben auf S. 101 entnommen.
- Schwächere Gruppen zählen lediglich die genannten Mängel auf. Ihnen wird vor Bearbeitung der Aufgabe die Briefstruktur erläutert.

Alternative (für schwächere Gruppen): Die S spielen zu zweit ein Brettspiel mit Situationen aus dem Berufsalltag **(Kopiervorlage 40a und b).**

Leer (S. 114)

Lernziel: einer komplexen Geschichte folgen können

Primeras prácticas

Lernziel: die Handlung eines Romanauszugs nachvollziehen können

Tipp: Die S sollten unbedingt die Einleitung vorher gelesen zu haben, um zu wissen, wer die erzählenden Personen sind. Viele S werden vielleicht wenig verstehen; klären Sie in der Ergebnissicherung die offenen Stellen.

a) **Vorschlag:** Die S lesen sich vor Bearbeitung der Aufgabe die Lernstrategie zum Globalen Lesen (SB, S. 134) sorgfältig durch.

Inhaltssicherung: Die S lesen den Text und geben an, ob folgende Aussagen wahr oder falsch sind oder nicht im Text genannt werden:

1. *Álex Alcántara reconoce muchos modelos en los anuncios de revistas: Claudia Schiffer, Cindy Crawford, etc.*
2. *Una señora lo conduce al despacho del director.*
3. *El director no se presenta a Álex.*
4. *Es un hombre alto y delgado.*
5. *Álex Alcántara puede hacer las prácticas en la empresa porque su padre conoce al director.*
6. *A Álex Alcántara le gusta hacer las prácticas en esa empresa.*

Danach erfolgt die Bearbeitung von b).

Tarea final (S. 115)

Le saludo en nombre del hotel ...

Lernziele: Die S können am Ende der Tarea final *Gäste empfangen und abholen. Sie können*
- *sich vorstellen*
- *sich und andere beschreiben*
- *jemanden beruhigen*
- *jemandem erklären, was sich wo im Hotel befindet*

Durchführung der Tarea final:
1. Die S lesen sich die einzelnen Etappen der Situation genau durch und machen sich den Ablauf des Rollenspiels klar.
2. Sie verteilen die Rollen.
3. Das Rollenspiel wird in Partnerarbeit durchgeführt.
4. Die S proben das Rollenspiel mehrmals.
5. Anschließend führen sie die Szene vor der Klasse vor. Der L oder ein S filmen mit dem Handy oder mit einer Kamera.
6. Die S teilen sich in Kleingruppen auf und kommentieren jeweils eine aufgeführte Szene mithilfe des abgedruckten Feedbackbogens **(Kopiervorlage 20, Unidad 4).**

Alternative (für stärkere Gruppen): Die S verständigen sich gemeinsam über eine Situation aus dem Praktikum und erarbeiten sich diese selbstständig. Fehlendes Vokabular schauen sie im Wörterbuch nach.

Vorschläge für mögliche Themen:
1. Sie haben Ihren ersten Tag im Unternehmen und werden von allen begrüßt.
2. Sie gehen mit Ihren neuen Kollegen in die Kantine.
3. Ein Kollege hat Geburtstag und es gibt einen Umtrunk. Ihr Chef ist auch da.
4. Sie wissen nicht, wer der Chef ist, und fragen einen Kollegen / eine Kollegin.

Unidad 9 Argentina

Thema: Eine Bewerbung für ein Praktikum vorbereiten
Lernziel: landeskundliche Informationen zu Argentinien ausarbeiten und präsentieren

PP:	Eindrücke eines Landes versprachlichen
A:	über etwas berichten
B:	im Restaurant Essen bestellen und sich zum Essen äußern
C:	aus der Kindheit berichten
Leer:	einen Auszug aus einer Lektüre verstehen

Lernbereiche	Lernziele	Lektionsteil, Aufg./Üb.
	Funktional-kommunikative Kompetenzen	
Hablar	Assoziationen zu Argentinien	SB PP1 + KV 41
	sich zu Aspekten des Landes äußern	SB PP2, PP3, PP4
	sich über das Verhalten im Restaurant austauschen	SB B1
	sich zu verschiedenen Speisen äußern	SB B2
	in einem Restaurant Speisen bestellen	SB B8 + KV 44
	Jugendliche von früher mit denen von heute vergleichen	SB C3 + OL 538000-0032
	über die Protagonistin eines Lektüreauszugs sprechen	SB Leer
Escuchar	den Unterschied zwischen dem Spanisch der Iberischen Halbinsel und dem argentinischen Spanisch ausmachen	SB A1
	Verhalten im Restaurant in Spanien und im eigenen Land vergleichen	SB B1
	ein Gespräch im Restaurant verstehen	SB B3
	einen Text über Zu- und Auswanderung in Argentinien verstehen	SB C1
Escribir	einen Text in der indirekten Rede zusammenfassen	SB A3
	über das Leben in einem anderen Land nachdenken	SB C1
	aus der eigenen Kindheit berichten	SB C5
Leer	eine E-Mail aus Argentinien verstehen	SB A1
	ein Gespräch im Restaurant verstehen	SB B3
	einen Text über Zu- und Auswanderung in Argentinien verstehen	SB C1
	einen Auszug einer Lektüre verstehen	SB Leer
Mediación	einen Comic auf Deutsch erklären	SB A4
	Informationen aus einem deutschen und einem spanischen Text auf Spanisch zusammenfassen	SB A7
	Wörter und Begriffe aus der deutschen Kneipenkultur ins Spanische übertragen	SB B7 ▶ CDA 5
Lexikalische Strukturen	im Restaurant bestellen	SB B4 + KV 43
	sich zu Speisen äußern, sich über Speisen beschweren	SB B2, B6
	die Vergangenheit und die Gegenwart beschreiben	SB C3
Grammatische Strukturen	die indirekte Rede ohne Zeitverschiebung	SB A2 ▶ CDA 1
	die direkte und die indirekte Rede	SB A3, A4
	die Finalsätze mit *para* + Infinitiv	SB A5 + KV 42 ▶ CDA 3
	die Personalpronomen nach Präpositionen	SB A6 ▶ CDA 4
	otro, -a und *un poco de*	SB B5
	estar + Adjektiv	SB B6

Unidad 9

	das *pretérito imperfecto*	SB C2 + KV 45 ▶ CDA 8, 9
		SB C3 + OL 538000-0032
Interkulturelle Kompetenzen		
	Assoziationen zu Argentinien	SB PP1 + KV 41
	den Unterschied zwischen dem Spanisch der Iberischen Halbinsel und dem argentinischen Spanisch ausmachen	SB A1
	einen bekannten argentinischen Comic kennen lernen	SB A4
	Informationen aus einem deutschen und einem spanischen Text auf Spanisch zusammenfassen	SB A7
	sich über das Verhalten im Restaurant austauschen	SB B1
	sich zu spanischen Speisen äußern	SB B2 ▶ CDA 9
	aus der eigenen Kindheit berichten	SB C5
Methodische Kompetenzen		
	Wörter erschließen und ordnen	SB PP3
	eine Präsentation vorbereiten	SB Tarea final + OL 538000-0033

Ziele klären

Die S lesen die *Tarea final* und die kommunikativen Fertigkeiten auf S. 117. Mithilfe der Kompetenzen, die sie im Laufe der Lektion entwickeln, können sie über ein Land sprechen. Sie lernen auch die Redemittel, die sie als Gast in einem Restaurant brauchen können.

Primer paso (S. 116/117)

Lernziele: Die S lernen landeskundliche Aspekte Argentiniens kennen und können am Ende des Lektionsteils Eindrücke eines Landes versprachlichen.

1 Argentina

Lernziel: Assoziationen zu Argentinien

Einstieg
Der L beginnt mit der Frage, wo Argentinien liegt: *¿Dónde está Argentina?* Die S lokalisieren Argentinien auf der Karte und benennen die Nachbarländer. Dann berichten sie, von welchen Städten sie schon einmal gehört haben und wo diese liegen.

Alternative (für schwächere S): Die S arbeiten mit der **Kopiervorlage 41** und geben an, ob die Aussagen zu Argentinien wahr oder falsch sind. Danach überprüfen sie ihre Ergebnisse mithilfe der Karte von Argentinien (SB, S. 116) und Lateinamerika (Umschlaginnenseite) sowie der Informationen auf S. 116 und 117. Die S arbeiten in Partnerarbeit. Die Ergebnissicherung erfolgt im Plenum.

Tipp: Bei Informationen, die auf Weltwissen beruhen (Fragen 7–10), können die Schülerantworten an der Tafel gesammelt werden. Die S bekommen anschließend den Auftrag, zu den betreffenden Aussagen als Hausaufgabe Internetrecherchen durchzuführen.

Erarbeitung
Der L deckt der Reihe nach die Fotos auf S. 116 und 117 im SB auf dem Overheadprojektor auf und führt die wesentlichen Vokabeln (*hier:* unterstrichen) ein, um über die Fotos zu sprechen:

– Foto 1: *Buenos Aires es la capital de Argentina. Es una ciudad muy grande y tiene unos 12 millones de habitantes.*
– Foto 2: *En Argentina hay muchas montañas muy altas donde se puede hacer senderismo.*
– Foto 3: *En el norte de Argentina hay unas cataratas muy conocidas: las cataratas del Iguazú. Muchos turistas vienen de todos los países para ver las cataratas.*
– Foto 4: *Argentina es conocida por su producción de vino. Muy conocida por el vino es la provincia de Mendoza.*
– Foto 5: *La Pampa es una provincia de Argentina que vive sobre todo de la agricultura y de la ganadería.*
– Foto 6: *En Argentina hay varios glaciares. El glaciar más conocido es el Perito Moreno en la Patagonia, en el suroeste de Argentina.*

Anmerkung: Die Informationen entnimmt er dem Landeskundeglossar, eine Seite mit den abgebildeten Fotos findet er auf der Lehrersoftware.

Die S bearbeiten die Übung.

2 Imágenes de Argentina

Lernziel: sich zu Aspekten des Landes äußern

Alternative (im Plenum): Bildmeditation. Der L zeigt die Fotos von S. 116 und 117 auf dem Overheadprojektor, die S äußern in Kleingruppen spontane Gedanken zum Abgebildeten. Eventuell fehlendes Vokabular wird geklärt. Sie äußern sich der Reihe nach zu jeweils einem Foto und schildern ihre Eindrücke, stellen Fragen zum Abgebildeten, bringen eventuelle Vorkenntnisse ein, äußern Gefallen / Missfallen usw. Jeder S sollte einmal zu Wort kommen. Es sollten ganze Sätze verwendet werden.

9 | Unidad

Beispiele:
- *Buenos Aires parece ser una ciudad muy grande.*
- *Me gusta el vino, pero no conozco el vino de Argentina.*
- *Me gustaría ir a Argentina para hacer senderismo.*
- *Ahora sé que el Aconcagua es la montaña más alta de América.* usw.

Tipp: Geben Sie Ihren S einige Redemittel, die ihnen die Versprachlichung erleichtern:
- *Creo que …*
- *Parece ser …*
- *No sabía que …*
- *¿Es verdad que …?*

Alternative (bei größeren Gruppen): Die S arbeiten in Partnerarbeit und formulieren jeweils mehrere Assoziationen.

3 Palabras y palabras

Lernziele: Wörter erschließen und ordnen; sich zu Aspekten des Landes äußern

a) Die S tragen die Wörter, die sie erschließen können, in eine Tabelle ein und geben eine Übersetzung an.

b) **Anmerkung:** Für das Vokabelnetz können die Informationen dieser Doppelseite, aber auch eigenes Wissen verwendet werden. Leiten Sie die S an, ihre Vorkenntnisse einzubringen:
- Womit verbinden Sie Argentinien?
- Welche berühmte Persönlichkeit kennen Sie aus Argentinien? usw.

c) Die S beschreiben die Landkarte auf S.116. Sie entnehmen den Texten und dem oben erstellten Vokabelnetz die nötigen Informationen. Sie sollten sich zu allen in der Karte dargestellten Aspekten äußern.

Alternative (für schwächere Gruppen): Die S betrachten die Doppelseite und bekommen Fragen zu Argentinien vorgelegt:
- *¿Dónde está Argentina?*
- *¿Cuántos habitantes tiene?*
- *¿Cuál es la capital del país?*
- *¿Hay otras ciudades muy conocidas? ¿Por qué son conocidas?*
- *¿Qué clima hay en Argentina?*
- *¿De qué vive la gente en Argentina?*

Als Hausaufgabe stellen die S die Antworten auf die Fragen schriftlich zu einem zusammenhängenden Text über Argentinien zusammen.

4 Para mí

Lernziel: sich zu Aspekten des Landes äußern

Alternative zur Durchführung: Vier-Ecken-Spiel:
Die vier in der Übung genannten Aspekte werden den vier Ecken des Klassenzimmers zugeordnet: drei Dinge, die mich interessieren; drei Dinge, die mich nicht interessieren; drei Dinge, die bei uns genauso sind und drei Dinge, die es bei uns nicht gibt.
Die S befinden sich in der Mitte des Raumes. Auf ein Signal des L entscheiden sich die S für einen Aspekt, zu dem sie sich äußern möchten, und gehen in die betreffende Ecke im Klassenraum.
Die S in den jeweiligen Ecken tauschen sich über ihre Aspekte aus.
Ein S aus jeder Ecke, der vorher für diese Aufgabe bestimmt wurde, fasst das in seiner Gruppe Gesagte anschließend kurz im Plenum zusammen.

Aprender y practicar A (S.118–120)

Lernziele: Die S lernen die indirekte Rede im Präsens und können am Ende des Lektionsteils über etwas berichten.

1 ¡Visita de Buenos Aires! L 2/35 = S 68

Lernziele: eine E-Mail aus Argentinien verstehen; den Unterschied zwischen dem Spanisch der Iberischen Halbinsel und dem argentinischen Spanisch ausmachen

Einstieg

Der L führt in das Thema der Lektion ein und erläutert den Kontext. Er schreibt die folgenden Sätze an die Tafel und bittet die S, diese beim ersten Hören des Textes von der CD zu bestätigen oder zu verneinen.

Marcos pregunta en su correo electrónico…
- qué tiempo hace en Madrid.
- qué ropa tiene que llevar.
- si Marcelo lo va a buscar al aeropuerto.
- si ya tiene algunos planes para hacer con él.
- si viene con su novia Ana.
- si le puede comprar el billete de avión que es muy caro para él.

Erarbeitung

a) Die S erarbeiten sich den Text zu zweit und mithilfe des Vokabelverzeichnisses: S 1 bearbeitet die E-Mail, S 2 den Dialog. Dann lesen sie gemeinsam die Texte und fragen sich gegenseitig nach den unbekannten Wörtern. Der jeweils andere gibt die Wortbedeutung an durch a) Umschreibung, b) Angabe von Synonymen oder Antonymen, c) Angabe eines fremdsprachlichen Ausdrucks, d) Angabe der deutschen Übersetzung.

Es folgt die Bearbeitung von b).

Ergänzung: Die S hören die E-Mail ein zweites Mal. Sie notieren beim Hören alle Eigenheiten des argentinischen Spanisch, die ihnen auffallen. Der L ergänzt mit landeskundlichen Hinweisen (s. Landeskundeglossar).

2 Él dice que ...

Lernziel: die indirekte Rede ohne Zeitverschiebung

Ergänzung: Die S lesen §39 im Grammatikanhang (SB, S.163) und vervollständigen ihre Liste mit den Verben, die die indirekte Rede einleiten, und mit den Änderungen bei der Umformung der direkten in die indirekte Rede.

3 ¿Qué más cuentan?

Lernziel: einen Text in der indirekten Rede zusammenfassen

Ergänzung: Der Dialog kann in der Klasse als Rollenspiel vorgetragen werden. Nach Möglichkeit beziehen die S nonverbales Verhalten mit ein.

4 Mafalda

Lernziel: die direkte und die indirekte Rede; einen bekannten argentinischen Comic kennen lernen

Die S lesen die Einleitung zur Übung und informieren sich über Mafalda, die Protagonistin des Comics. Der L ergänzt mit landeskundlichen Hinweisen (s. Landeskundeglossar). Es erfolgt die Bearbeitung von a) und b). Zur Lösung ziehen die S ihre Kenntnisse über das argentinische Spanisch hinzu (vgl. Übung A1).

5 Para hacer eso tengo que ...

Lernziel: die Finalsätze mit para + Infinitiv

Ergänzung: Differenzierungsvorschlag
- abstrakt: Die S erfinden in Partnerarbeit weitere Finalketten.
- anhand visueller Impulse: Die Klasse wird in Gruppen zu sechs S eingeteilt. Jede Gruppe bekommt einen Satz Fotos aus **Kopiervorlage 42**. Diese werden ausgeschnitten und auf einem Tisch ausgebreitet. Die S suchen sich jeweils ein Foto aus. Sie bekommen zwei Minuten Zeit und formulieren eine Finalkette, die zu ihrem Bild passt. Die S, die dasselbe Bild bearbeitet haben, setzen sich in einer Gruppe zusammen und lesen sich ihre Sätze gegenseitig vor. Wie viele verschiedene Versionen gibt es zu ein- und demselben Bild?
Beispiel:
1. *Para visitar Argentina, tengo que tener dinero. Para ganar dinero, tengo que trabajar. Para poder trabajar, tengo que saber cosas. Para saber cosas, tengo que aprender algo. Para aprender algo, tengo que estudiar.*

6 ¿Conmigo o sin mí?

Lernziel: die Personalpronomen nach Präpositionen

Nach Bearbeitung der Teilaufgaben a) und b) lesen sich die S §12.4 im Grammatikanhang (SB, S.150) durch und schreiben das Paradigma *con* + Personalpronomen einmal vollständig auf.

Tipp: Halten Sie die Formen zur Sicherheit an der Tafel fest.

c) **Alternative (für schwächere Gruppen):** Geben Sie Ihren S Wörter an der Tafel vor, z. B.:

> 1. los libros – 2. la bicicleta – 3. los ojos –
> 4. el reloj – 5. los pantalones – 6. el agua –
> 7. la calefacción – 8. la invitación

Lösung:
1. *Con nosotros puedes estudiar.*
2. *Conmigo puedes ir más rápido.*
3. *Con nosotros puedes ver.*
4. *Sin mí no sabes qué hora es.*
5. *Sin nosotros no puedes ir a la calle.*
6. *Sin mí no puedes vivir.*
7. *Sin mí hace frío en tu casa.*
8. *Sin mí no puedes ir a una fiesta.*

7 Tarea: Mate

Lernziel: Informationen aus einem deutschen und einem spanischen Text auf Spanisch zusammenfassen

Differenzierungsvorschlag:
- Stärkere Gruppen suchen sich die relevanten Informationen aus den beiden Texten heraus und ordnen sie in eine logische Struktur.
- Schwächeren Gruppen werden zur Orientierung Fragen gegeben:
  1. ¿Qué es el mate?
  2. ¿Qué se prepara con esa planta?
  3. ¿En qué países se bebe el mate?
  4. ¿Cómo se prepara el mate?
  5. ¿Cómo se bebe el mate?

Aprender y practicar B (S.121–123)

Lernziele: Die S lernen typische Speisen aus einem spanischen Restaurant und Redemittel, um über Essen zu sprechen. Sie können am Ende des Lektionsteils im Restaurant Essen bestellen und sich zum Essen äußern.

9 | Unidad

1 En un restaurante 🔊 L 2/36

Lernziel: Verhalten im Restaurant in Spanien und im eigenen Land vergleichen

a) Interkulturelles Lernen: Die S antworten auf die vier Fragen über ihr Verhalten im Restaurant.

b) Die S hören die CD und arbeiten die Unterschiede zwischen den deutschen und den spanischen Gepflogenheiten so, wie sie das Mädchen darstellt, heraus. In einer Feedbackrunde vergleichen sie mit ihren Ergebnissen von a) und, falls vorhanden, mit ihren interkulturellen Erfahrungen in spanischsprachigen Ländern. Der L ergänzt mit landeskundlichen Hinweisen zu Spanien.

Zusatzinformation

🌐 Restaurantbesuch

Die Mahlzeiten werden viel später eingenommen als bei uns. Zu Mittag isst man in Spanien zwischen 14 und 16 Uhr, zu Abend ab 20 Uhr. Die Küche ist im Allgemeinen bis 24 Uhr geöffnet.
In spanischen Restaurants setzt man sich nicht zu fremden Gästen an den Tisch. Man sollte warten, bis der Kellner einen Tisch zuweist.
Getrennt zu zahlen ist in Spanien nicht üblich. Ist man mit spanischen Freunden unterwegs, zahlt immer nur einer. Die anderen geben dieser Person dann ihren Anteil an der Gesamtrechnung oder revanchieren sich beim nächsten gemeinsamen Restaurantbesuch.
Der Kellner bekommt Trinkgeld, auch wenn der Service schon im Preis enthalten ist. Es wird auf dem Teller, auf dem der Kellner die Rechnung gebracht hat, hinterlassen.

Ergänzung: Interkulturelles Lernen. Schließen Sie – ggf. auf Deutsch – ein Gespräch über das Verhalten im Restaurant an, das über den spanisch-deutschen Kontext hinausgeht und befragen Sie im Besonderen S mit anderen Muttersprachen als Deutsch zu den Gepflogenheiten ihres Landes.

2 ¿Qué hay de comer?

Lernziel: sich zu spanischen Speisen äußern

Einstieg
Der L führt in das Thema ein und fragt die S, welche der abgebildeten Speisen sie bereits kennen:
– *¿Cuáles de las comidas conocéis?*
– *¿Dónde las comisteis?*
– *¿Qué os gustó? / ¿Qué no os gustó?*

a) Die S betrachten die Fotos und empfehlen Speisen. Wenn sie nicht sicher sind, was sich hinter der einen oder anderen Tapa verbirgt, fragen sie den L. Dieser ergänzt mit landeskundlichen Informationen.

Zusatzinformation

🌐 Typische Tapas

- **calamares:** frittierte Tintenfischringe, die meistens mit einer Knoblauchsoße gereicht werden
- **patatas bravas:** Kartoffeln mit scharfer Soße
- **sándwich vegetal:** Sandwich, das mit gekochten Schinken oder Hähnchen und Salatbeilage, meist Tomaten und Eiern, belegt ist
- **gazpacho:** kalte Suppe aus rohem Gemüse, Öl, Essig, Brot und Wasser
- **croquetas:** während Kroketten bei uns ausschließlich aus Kartoffeln bestehen, werden sie in Spanien aus anderen Zutaten hergestellt, z. B. **croquetas de pollo** (Hähnchenkroketten), **croquetas de pescado** (Fischkroketten), **croquetas de queso** (Käsekroketten), **croquetas de jamón** (Schinkenkroketten).
- **ensalada:** bei Salat handelt es sich meistens um gemischten Salat, er wird mit Essig und Öl am Tisch angemacht. Zu den Tapas gehört meist auch die **ensaladilla rusa**, ein Salat aus Kartoffeln, Erbsen, Karotten, gekochten Eiern und Mayonnaise.

b) Die S tauschen sich über ihre allgemeinen Essensvorlieben aus, sie beziehen sich dabei auf die Illustrationen:
– *Normalmente no como frutas, no me gusta.*
– *No me gusta el carne, pero el pollo sí. Lo como una vez a la semana.* usw.

3 ¿Qué vais a tomar? 🔊 L 2/37 = S 69

Lernziel: ein Gespräch im Restaurant verstehen

Einstieg
Der L führt die S in das Thema ein und stellt die Frage, ob sie gerne in einem Restaurant essen gehen:
¿Os gusta comer en un restaurante?
Diejenigen S, die mit dem Kopf genickt haben, fragt er weiter:
– *¿Cuántas veces vas a restaurantes?*
– *¿Cuándo vas normalmente a un restaurante?*
– *¿Cuándo vas a un restaurante? ¿Todos los días / los fines de semana / cuando estás de vacaciones?*
Danach nennt er das Lernziel: In Spanien ist der Besuch einer Tapasbar ein Muss. Die S lernen, in einer Tapasbar Tapas zu bestellen.

Erarbeitung

a) Lernen durch Lehren: Ein S, der sich im Vorfeld vorbereitet hat, führt vorentlastend die neuen Vokabeln des Textes im Kontext ein. Die S übersetzen die neuen Vokabeln (hier: unterstrichen):
– *No puedes encontrar el camino fácilmente. Es muy <u>complicado</u>.*
– *En este restaurante la comida está <u>rica</u>. Me gusta mucho.*
– *La tapa está muy <u>picante</u>, no la puedo comer.* usw.
Die S bekommen den Lektionstext als Lückentext, in dem die vorher erarbeiteten Vokabeln fehlen. Sie ergänzen die fehlenden Vokabeln.

Unidad 9

Festigung
Die S bearbeiten Teilaufgabe b).
Vorschlag: Lassen Sie die S bei der Bearbeitung von Frage 1 arbeitsteilig arbeiten: Jeweils drei S bilden eine Gruppe, jeder S in einer Gruppe fasst einen Abschnitt zusammen.
Danach bearbeiten sie die Fragen 2–4.

4 En el bar

Lernziel: im Restaurant bestellen

Weiterarbeit
Die S arbeiten mit **Kopiervorlage 43** und sprechen in Partnerarbeit mithilfe der Redemittel kurze Dialoge im Restaurant durch. S 1 ist der Kellner, S 2 der Gast. Nach jeder Runde wechseln die Rollen. Es wird so lange gespielt, bis jede Speise und jedes Getränk der Kopiervorlage einmal bestellt wurde.

5 Ahora otra cosa

Lernziel: otro, -a und un poco de

Tipp: Verdeutlichen Sie Ihren S vor Bearbeitung der Übung den Unterschied zwischen *otro, -a, -os, -as* (andere, r, s) und *otro, -a* (noch ein, e).

> En este edificio tienen dos habitaciones libres.
> Una está en la primera planta, la <u>otra</u> en la tercera.
> (das andere)
>
> A unos les gusta el fútbol, a <u>(los) otros</u> no.
> (den anderen)
>
> Camarero, <u>otro</u> zumo, por favor. (noch einen)

6 Unos clientes muy complicados

Lernziel: sich über Speisen beschweren

Vorschlag: Kettenübung. Die S wenden sich mit ihrer Beschwerde an den Nachbarn, dieser antwortet und wendet sich in einer weiteren Beschwerde an den nächsten S.

7 Con un amigo

Lernziel: Wörter und Begriffe aus der deutschen Kneipenkultur ins Spanische übertragen

Tipp: Bei Bedarf lesen die S vor Bearbeitung die Lernstrategie zur Mediation auf S.138 noch einmal durch. Dies kann auch einzelnen schwächeren S am Vortag als Hausaufgabe gegeben werden.

8 Tarea: Mi bar de tapas

Lernziel: in einem Restaurant Speisen bestellen

Vorschlag zur Durchführung: Die S teilen sich in Gruppen zu je vier S ein und verteilen die Rollen: drei S sind Gäste in einer Tapasbar, ein S spielt den Kellner.

a) Der Kellner bereitet am Vortag eine Speisekarte mit möglichst fantasievollen Namen vor und legt sich zurecht, was sich hinter jedem Gericht verbirgt.
Tipp: Bekannte Speisen und Getränke s. **Kopiervorlage 43**.

b) Das Rollenspiel wird wie angegeben durchgeführt.
Erweiterung (bei stärkeren Gruppen): Die S erweitern die Szene über das Bestellen der Speisen hinaus. Dabei orientieren sie sich an den in Übung 5 und 6 gelernten Redemitteln.
Ergänzung: Wird das Rollenspiel mit der Erweiterung durchgeführt, können vor der Aktivität die Redemittel in einem Trimino (**Kopiervorlage 44**) wiederholt werden.

Aprender y practicar C (S.124/125)

Lernziele: Die S lernen das pretérito imperfecto und können am Ende des Lektionsteils aus der Kindheit berichten.

1 Ayer y hoy L 2/38 = S 70

Lernziel: einen Text über Zu- und Auswanderung in Argentinien verstehen, über das Leben in einem anderen Land nachdenken

Einstieg
Der L erläutert den Kontext und erwähnt, dass es zu Beginn des 20. Jahrhunderts Zuwanderungswellen aus Europa nach Argentinien gab (Informationen s. Landeskundeglossar).

a) Die S hören den Text von der CD und erarbeiten sich folgendes Tafelbild:

> Actualmente mucha gente de Argentina...
> – vive en España
> – viene a España
> – se va de Argentina
>
> porque...
> – busca oportunidades de trabajo en otro país.
> – en Argentina no tiene trabajo.
> – quiere vivir mejor.

Erarbeitung
Die S erarbeiten mithilfe des Vokabelverzeichnisses die neuen Wörter des Textes und bearbeiten die Fragen unter b).

9 | Unidad

Tipp: Dieser Text bietet sich für die **Methode des sukzessiven Ausstreichens** an (vgl. U 4, A 7).

2 Al principio no era fácil

Lernziel: das pretérito imperfecto

a) und b) Entdeckendes Lernen: Die S vervollständigen die Konjugationstabelle mit den Verbformen aus dem Text. In einer Reflexionsphase machen sie sich klar, dass die Verben auf *-er* und *-ir* im *pretérito imperfecto* identische Endungen haben und dass die erste und die dritte Person Singular in allen Konjugationen gleich ist. Machen Sie Ihre S explizit auf die Akzentsetzung aufmerksam.
Ergänzung: Die S sprechen im Plenum darüber, wann das *pretérito imperfecto* verwendet wird. Dazu werden noch einmal die Sätze im Text angesehen, die Regel wird formuliert. Anhand §21 im Grammatikanhang (SB, S. 155) wird sie überprüft.

Weiterarbeit
c) Nach dem angegebenen Würfelspiel erarbeiten sich die S sich mithilfe des **Online-Links 538000-0032** weitere Verwendungen des *pretérito imperfecto* und kontrastieren das *pretérito indefinido* mit dem *pretérito imperfecto*.

Mithilfe von **Kopiervorlage 45** schreiben die S eine zusammenhängende Geschichte in der Vergangenheit:
1. Die S arbeiten in Gruppen und bekommen einen Satz Kärtchen ausgeteilt.
2. Geben Sie ihnen Zeit, um sich für einen Fortgang der Geschichte zu entscheiden. Sie müssen nicht alle Kärtchen verwenden.
3. Je ein Vertreter der Gruppe erzählt anschließend die gewählte Version der Geschichte im Plenum.

Alternative: Lassen Sie die verschiedenen Geschichten von jedem S als Hausaufgabe ausarbeiten.

3 Todo es diferente con el tiempo

Lernziel: das pretérito imperfecto, Jugendliche von früher mit denen von heute vergleichen

Die S beschreiben mithilfe der Fotos Unterschiede zwischen Jugendlichen früher (vor ca. 80 Jahren) und heute. Sie erfinden weitere Details, um ihre Aussagen zu vervollständigen.

Alternative (für stärkere Gruppen): Die S interviewen ihre Eltern und Großeltern zu Hause und vergleichen deren Freizeitaktivitäten mit ihren eigenen. Fehlende Wörter schlagen sie im zweisprachigen Wörterbuch nach.

Tipp: Leiten Sie die S an, ihre deutschen Sätze sehr einfach zu formulieren und kurze Sätze zu bilden. Diese können sie dann problemlos ins Spanische übertragen.

4 Practicamos la pronunciación ⓓ L 2/39 – 40 = S 71 – 72

Lernziel: die Aussprache trainieren

Zur **Ergänzung** üben die S folgende Zungenbrecher:

- Juan tuvo un tubo y el tubo que tuvo se lo llevó.
- Pablito clavo un clavito: un clavito clavo Pablito. ¿Qué pudo emplear Pablito para clavar un clavito?

5 Tarea: ¿Cómo erais vosotros?

Lernziel: aus der eigenen Kindheit berichten

a) Interkulturelles Lernen: Die S erzählen aus ihrer Erfahrungswelt und vergleichen früher und heute.

b) Anmerkung: Manchmal empfiehlt es sich, aus klassendynamischen Gründen den Namen einzelner S nicht preiszugeben. In diesen Fällen kann der Alternativvorschlag bearbeitet werden.

Alternative: Kooperativer Schreibauftrag. Jeweils sechs S bilden eine Gruppe. Der L gibt folgende sechs Fragen vor:

1. ¿Quién es la persona que habla? Preséntala.
2. Habla de su pasado: ¿qué hacía normalmente?
3. ¿Que le gustaba?
4. Habla de uno de los siguientes aspectos: ¿cuál era su deportista favorito / película favorita / actor favorito / música favorita?
5. ¿Qué hacía en el tiempo libre?
6. ¿Y qué hace ahora? ¿Qué es diferente comparado con su pasado?

Durchführung: Jeder S hat ein Blatt Papier vor sich und schreibt einen Satz, der die erste Frage beantwortet. Er faltet das Papier und gibt es an seinen linken Nachbarn weiter. Dieser schreibt einen Satz, der die zweite Frage beantwortet, faltet wieder usw. Die Geschichten werden in der Klasse vorgelesen, die lustigste und originellste wird gewürdigt.

Leer (S. 126)

Lernziele: einen Auszug aus einer Lektüre verstehen; über die Protagonistin sprechen

La tía

Lernziel: einen Auszug einer Lektüre verstehen

Tipp: Lassen Sie die S den Text in Stillarbeit lesen und geben Sie ihnen einen Zeitrahmen vor. Sie sollen erfassen, worum es in der Geschichte geht.

Bitten Sie sie danach, den Text in Abschnitte einzuteilen und zu jedem Abschnitt eine Frage zu formulieren. Diese Einteilung wird ihnen für die Bearbeitung der Aufgaben b)–d) nützlich sein.

Beispiel für Abschnitte und Fragen:
1. ¿Quién era la tía Pepa? (l. 1–3),
2. ¿Qué hacía todos los días y todos los años? (l. 4–12),
3. ¿Cómo era con sus sobrinos? (l. 13–15),
4. ¿Cómo pasaba los fines de semana largos con sus sobrinos? (l. 16–30)

Tarea final (S.127)

Una beca de estudios en Argentina

Lernziel: Die S können am Ende der Tarea final *einen Aspekt Argentiniens ausarbeiten und präsentieren.*

Durchführung der Tarea final:
1. Die S lesen sich den Kontext der Aufgabe aufmerksam durch.
2. Sie bilden Gruppen und wählen das Thema aus. Es empfiehlt sich, vorab die Lernstrategie zur Vorbereitung und Durchführung einer Präsentation auf S.137 durchzulesen.
3. Die S entscheiden sich gemeinsam für eine Struktur, die Form, wie sie ihren Vortrag gestalten und Zusatzmaterial, das sie präsentieren möchten.
4. Jede Gruppe teilt die geplante Präsentation in Einzelaufgaben auf, die nun von je einem S bearbeitet werden. Die Ergebnisse werden zusammengetragen.
5. Zu den Inhalten des Vortrags kann auch ein Fragebogen, den die Klasse während des Zuhörens ausfüllen muss, vorbereitet werden.
6. Feedbackrunde: Mithilfe des **Online-Links 538000-0033** evaluieren die Mitschüler das vorgetragene Rollenspiel und geben den Vortragenden Tipps zur Verbesserung.

Landeskundeglossar

Der Cerro **Aconcagua** ist mit ca. 6 960 m der höchste Berg Südamerikas. Er liegt in den argentinischen Anden, in der Provinz Mendoza. An seinen Hängen befinden sich viele Gletscher.

Argentinien war ehemals das zweitgrößte **Einwanderungsland** der Welt. Von 1850 bis ca. 1932 kamen insgesamt 6,4 Millionen europäische Immigranten, vor allem Spanier und Italiener, aber auch Deutsche, Österreicher, Schweizer und Russen nach Argentinien. Dazu kamen später Kriegsflüchtlinge. Heute gibt es vor allem wegen der ökonomischen Lage und fehlender Zukunftsperspektiven starke Auswanderungswellen aus Argentinien. Dies betrifft insbesondere die Mittelschicht. Auswanderungsziele sind die USA und Europa.

Das argentinische Spanisch
Weitere Merkmale des argentinischen Spanisch (vgl. auch S.118 und S.194 im SB):
- Die Buchstaben ll sowie z im Anlaut werden wie j in Journal ausgesprochen: *llevar* /ʒevar/.
- Z und c vor e und i werden immer als stimmloses s ausgesprochen.
- Die Konsonanten s, z und n werden am Wortende verschluckt: *pasamos* /pasamo/, *diez* /die/, *nos* /no/.
- G vor e bzw. i und j werden wie ein deutsches h ausgesprochen: *gente* /hänte/.

Buenos Aires, die Hauptstadt Argentiniens, ist mit ca. 13 Millionen Einwohnern die größte Stadt des Landes und ihr politisches, kommerzielles, industrielles und kulturelles Zentrum. Ungefähr ein Drittel der Argentinier wohnen in Buenos Aires und Umgebung. Zu Beginn des 20. Jahrhunderts kamen viele Europäer, vor allem Spanier und Italiener, nach Buenos Aires und brachten ihre eigenen Dialekte mit. Besonders das Andalusische beeinflusste die heimische Sprache maßgeblich (vgl. das Andalusische, *Unidad 6* und das argentinische Spanisch in dieser *Unidad*). Seit den 80er Jahren wird zunehmend auch Koreanisch und Chinesisch gesprochen.

Die **Iguazú-Wasserfälle,** die Wasserfälle des Flusses Iguazú bilden die natürliche Grenze zwischen Argentinien und Brasilien. Sie bestehen aus 275 Wasserfällen. Der berühmteste ist der Teufelsschlund *(la Garganta del Diablo).* Die Fälle haben eine Gesamtlänge von ca. 3 Kilometern, das Wasser stürzt bis zu 80 m tief.

Mafalda, die Hauptfigur einer Comicserie des argentinischen Zeichners Quino (Joaquín Salvador Lavado) wurde zwischen 1964 und 1973 veröffentlicht. Mafalda ist ein 6- bis 8-jähriges Mädchen aus der typischen Mittelklasse Argentiniens. Trotz ihres Alters weiß sie alles: Sie reflektiert die sozialen und politischen Probleme der 60er Jahre und ist gegen Ungerechtigkeit, Krieg und Atomwaffen, sie spricht sich gegen Rassismus aus und hasst vor allem eines: Suppen. Sie hat einen Bruder und viele Freunde. Einer von ihnen ist Felipe, ein gutherziger, schüchterner, aber romantischer Junge.

Patagonien besteht aus zwei Teilen: Westpatagonien gehört vorwiegend zu Chile, Ostpatagonien zu Argentinien. Der Landstrich ist mit ca. 2 Einwohnern pro Quadratkilometer sehr dünn besiedelt. Zum Vergleich: im Ballungsraum Buenos Aires leben fast 3 000 Einwohner auf einem Quadratkilometer. Die Landschaft besteht vorwiegend aus grassteppenartigen Ebenen *(la pampa).* Patagonien lebt hauptsächlich vom Tourismus.

Der **Perito Moreno,** ein ca. 257 Quadratkilometer großer Gletscher, liegt in Patagonien, im Südwesten Argentiniens im Nationalpark *Los Glaciares.* Er ist einer der wenigen Gletscher der Welt, der noch wächst. Seine Eismassen schieben sich pro Tag ca. einen Meter vorwärts. Der Gletscher ist eine der Hauptattraktionen Patagoniens.

Repaso 3

Anforderungen: elementare Kenntnisse der spanischen Sprache (Niveau A 1 / A 2)
Lernziel: der S kann Sätze und häufig gebrauchte Ausdrücke verstehen, die mit seinen unmittelbaren Lebensbereichen zu tun haben.

Lernbereiche	Lernziele	Lektionsteil, Aufg. / Üb.
Funktional-kommunikative Kompetenzen		
Hablar	über mehrere Aspekte eines Themas sprechen	SB Repaso 4.1
	mithilfe von Bildimpulsen ein Gespräch simulieren	SB Repaso 4.2
Escuchar	einem gesprochenen Text Hauptaussagen entnehmen	SB Repaso 3.1
	gezielte Informationen verstehen	SB Repaso 3.2
Escribir	eine E-Mail aus dem Urlaub schreiben	SB Repaso 2
Leer	die Hauptaussagen von Texten verstehen, aus Texten selektiv Informationen entnehmen	SB Repaso 1

Die Aufgaben der DELE-Prüfung

Die Aufgabentypen der Wiederholungsphase *Repaso 3* basieren auf der Aufgabentypologie, wie sie in der DELE-Prüfung zum Niveau A 2 vorkommen, spiegeln diese aber nicht in der gesamten Bandbreite wieder. Sie sind als eine Einführung in die Aufgabentypologie zu sehen und werden in den *Repasos* des zweiten Bandes von *¡Adelante!* vervollständigt.

Die DELE-Prüfung, Niveau A 2, des *Instituto Cervantes* besteht aus vier Teilen, die folgenden vier Fertigkeiten entsprechen:

	Prüfungsteile	Aufgaben	Zeitdauer
1.	*Prueba de comprensión de lectura*	5 Tareas	60 Min.
2.	*Prueba de comprensión auditiva*	5 Tareas	35 Min.
3.	*Prueba de expresión e interacción escritas*	3 Tareas	50 Min.
4.	*Prueba de expresión e interacción orales*	4 Tareas	15 Min.

Die ersten drei Prüfungen finden in der genannten Reihenfolge und ohne Pause statt. Jede Aufgabe wird mit dem Kontext und einer genauen Arbeitsanweisung (evtl. Angabe der erforderlichen Textsorte) eingeleitet, vor jedem Kapitel werden die Anzahl der Aufgaben / Fragen sowie das Zeitlimit genannt.
Für die mündliche Prüfung werden die Kandidaten einzeln aufgerufen.

In der *prueba de comprensión de lectura* müssen kurze Anweisungen und Erklärungen verstanden werden, um Dienstleistungen in Anspruch nehmen oder Orte auffinden zu können. Die Aufgabe besteht darin, Hauptaussagen von Texten zu verstehen und einem Text selektiv Informationen zu entnehmen.

In der *prueba de comprensión auditiva* müssen Hauptaussagen eines gesprochenen Textes (Monolog und/oder Dialog) erkannt, gesprochenen Texten selektiv Informationen entnommen und aus Gesprächen zwischen zwei Personen spezifische Daten (Uhrzeiten, Preise, Orte, Datum) verstanden werden. Es handelt sich um informelle Gespräche mit Inhalten aus dem unmittelbaren Lebensumfeld. Themen sind z. B. Ereignisse, Tagesabläufe, Projekte und Pläne, Empfehlungen, Angebote, Bitten, Verabredungen und generelle Informationen über Produkte oder Dienstleistungen. Die Hörtexte sind von Muttersprachlern eingesprochen, die mit verminderter Redegeschwindigkeit und sehr deutlicher Artikulation sprechen.

In der *prueba de expresión e interacción escritas* sollen drei Texte unterschiedlicher Länge (einmal 30 – 40 Wörter, zweimal 70 – 80 Wörter) verfasst werden. Die Inhalte beziehen sich auf die eigene Person und das unmittelbare Lebensumfeld.

Folgende Aufgabentypen kommen in den drei Prüfungsteilen vor: Multiple-Choice-Übungen, Text-Text- und Bild-Text-Zuordnungen (meist mit Distraktoren) und Satzergänzungen.
Häufig verwendete Textsorten sind: kurze Radioansagen, E-Mails, Briefe, Postkarten, Formulare, Werbebroschüren, kurze, adaptierte Artikel aus Zeitschriften, Anzeigen, Werbeflyer, Blogeinträge und Einträge in Internetforen, Wetterinformationen, Horoskope, Menükarten, Kochrezepte, Radio- und Fernsehprogramme, Stellenanzeigen, Biografien, Tagebücher usw.

Der mündliche Prüfungsteil besteht aus denselben Aufgabentypen wie in der Prüfung zu Niveau A 1, nur mit komplexeren Inhalten.

Die Aufgaben des Repaso 3

Die Aufgaben des *Repaso 3* werden, ebenso wie die der DELE-Prüfung, in folgende vier Fertigkeiten eingeteilt:

	Fertigkeit	Aufgaben	Zeitdauer
1.	*comprensión de lectura*	2 Tareas	30 Min.
2.	*expresión e interacción escritas*	1 Tarea	15 Min.
3.	*comprensión auditiva*	2 Tareas	15 Min.
4.	*expresión e interacción orales*	2 Tareas	5 Min.

1 Comprensión de lectura

Lernziel: die Hauptaussagen von Texten verstehen, aus Texten selektiv Informationen entnehmen

Tarea 1
Vier Stellenanzeigen stehen fünf Beschreibungen von Stellensuchenden gegenüber. Aufgabe ist es, für die Stellensuchenden die geeignete Stelle auszuwählen. Einer Stelle sind zwei Kandidaten zuzuordnen.
Zur Bearbeitung verfahren die S so, wie in *Repaso 2* geschildert.

Tarea 2
In dieser Aufgabe müssen die Hauptaussagen eines Lebenslaufes verstanden werden. Mithilfe der Informationen aus diesem Lebenslauf sind sieben Sätze zu vervollständigen.

2 Expresión e interacción escritas

Lernziel: eine E-Mail aus dem Urlaub schreiben

In dieser Aufgabe schreiben die S eine E-Mail (70–80 Wörter) und erzählen aus dem Urlaub.

Tipp:
- Auch hier sollten die textsortenspezifischen Merkmale und die inhaltlichen Anweisungen beachtet werden. Gehen Sie mit Ihren S die Punkte durch, die laut Aufgabe unbedingt in der E-Mail enthalten sein müssen.
- Auch hier ist es von Bedeutung, dass der Text flüssig und zusammenhängend (keine bloße Aneinanderreihung der Informationen) verfasst und in einem adäquaten Duktus gehalten ist. Verweisen Sie die S auf die Aufgabenstellung.

3 Comprensión auditiva L 2/43–44 = S 75–76

Lernziel: einem gesprochenen Text Hauptaussagen entnehmen, gezielte Informationen verstehen

Tarea 1
Die S hören fünf kurze Dialoge und ordnen jedem Dialog einen der Sätze A–I zu. Achtung: Es gibt drei Distraktoren. Weisen Sie die S vor Bearbeitung darauf hin, dass sie die Dialoge zweimal hören werden.

Tarea 2
In dieser Aufgabe müssen gezielte Informationen (Orte, Wochentage, Zeitdauer, Aktivitäten) verstanden werden.

Vorgehensweise:
1. Die S lesen die Arbeitsanweisung genau durch und verdeutlichen sich den Kontext.
2. Sie hören den Text. Beim ersten Hören konzentrieren Sie sich auf die Hauptaussagen der Dialoge, um sich einen Überblick über das Gesagte zu verschaffen.
3. Sie hören den Text ein zweites Mal und achten auf Detailinformationen, um die richtigen Sätze auszuwählen.

4 Expresión e interacción orales

Lernziel: über mehrere Aspekte eines Themas sprechen, mithilfe von Bildimpulsen ein Gespräch simulieren

Tarea 1
Dieser Aufgabentyp ist den S schon von *Repaso 2* her bekannt.
Tipp: Empfehlen Sie Ihren S, die ausgewählten Stichwörter schon während der Vorbereitungszeit in einem Schema zu ordnen. Sie müssen wissen, was sie sagen möchten.

Tarea 2
Aufgabe ist es hier, ein Gespräch zu führen. Der L/Prüfer ist der Gesprächspartner. Das Thema wird durch den Bildimpuls vorgegeben.

Tipp: Um zu vermeiden, dass ein Schweigen entsteht, weil der S nicht weiß, worüber er sprechen soll, kann ihm empfohlen werden, zunächst einmal das Bild zu beschreiben oder auch alles, was ihm über das Thema einfällt, zu äußern. Er sollte dann rasch einen Aspekt wählen und ausarbeiten.

Die Lösungen zu *Repaso 3* können auf S. 209 im SB nachgeschlagen werden.

1 | Unidad Kopiervorlage 1

PP 1, pág. 14: ¡Buenos días!

Ciudades alemanes en español

Manche deutschen Städte haben im Spanischen andere Namen.
Arbeiten Sie zu zweit.

1. Schauen Sie sich die Städtenamen an und lesen Sie sie laut vor.

Aachen	Aquisgrán	Lüneburg	Luneburgo
Berlin	Berlín	Magdeburg	Magdeburgo
Dresden	Dresde	Mainz	Maguncia
Flensburg	Flensburgo	München	Múnich
Frankfurt	Fráncfort	Nürnberg	Núremberg
Freiburg	Friburgo	Oldenburg	Oldemburgo
Göttingen	Gotinga	Regensburg	Ratisbona
Hamburg	Hamburgo	Saarbrücken	Sarrebruck
Hameln	Hamelín	Trier	Tréveris
Hannover	Hanóver	Tübingen	Tubinga
Koblenz	Coblenza	Wolfsburg	Wolfsburgo
Konstanz	Constanza	Würzburg	Wurzburgo
Köln	Colonia		

2. Stellen Sie sich mithilfe des folgenden Dialogs einander gegenseitig vor. Vervollständigen Sie dazu die Lücken des Dialogs mit einem erfundenen Namen und einer Stadt aus der obigen Liste.

- Hola, buenos días. ¿Cómo te llamas?
- ¡Hola! Yo soy _____. Y tú, ¿cómo te llamas?
- Me llamo _____. ¿Y de dónde eres? ¿De Alemania?
- Sí, soy de Alemania, de _____.
- Ah, muy bien. Yo también soy de Alemania, de _____.
- Interesante.

B 7, pág. 20: Me llamo ...

Arbeiten Sie in Dreiergruppen.
1. Schneiden Sie zunächst die Fotos aus und legen Sie sie offen auf den Tisch.
2. Entscheiden Sie sich gemeinsam für eine Reihenfolge der Bilder und schreiben Sie einen kurzen Dialog.
3. Stellen Sie Ihren Dialog in der Klasse vor.

1 Unidad Kopiervorlage 3

B 9, pág. 20: ¡Hola! ¿Quién es usted?

Bearbeiten Sie wahlweise 1. oder 2.

1. Am Flughafen Barajas in Madrid kommen zwei Personen ins Gespräch.
   Bringen Sie den Dialog in die richtige Reihenfolge. Lesen Sie ihn danach im Ganzen vor.

   _____ No, lo siento, no soy el señor Müller.

   _____ ¿Es verdad? ¿Usted no es Andy Müller de Dresde?

   _____ Perdón, ¿es usted el señor Müller?

   _____ Perdón.

   _____ No. Me llamo Florian, de apellido Schmitt y soy de Múnich.

2. Zwei Nachbarn treffen sich.
   Ergänzen Sie die fehlenden Wörter und erstellen Sie aus ihnen einen Dialog. Nehmen Sie, falls nötig, weitere Wörter hinzu. Achten Sie auf die Satzzeichen und die Groß- und Kleinschreibung. Spielen Sie den Dialog anschließend in der Klasse vor.

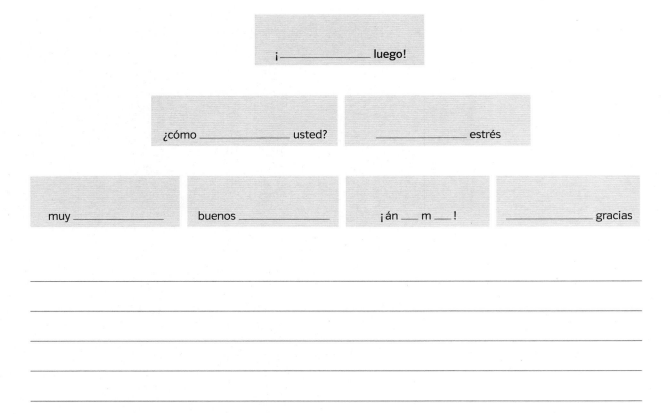

¡_____ luego!

¿cómo _____ usted?   _____ estrés

muy _____   buenos _____   ¡án __ m __!   _____ gracias

_____

_____

_____

_____

C 2, pág. 21: ¿Qué es? L 1/11 = S 6

Tarjetas de visita

1. Hören Sie den Hörtext und füllen Sie Pete Greens Visitenkarte aus.

Pete Green

C/ _____ 46

... _____ .

Tel.: _____

Correo electrónico: _____ yahoo.com

---

2. Arbeiten Sie zu zweit und fragen Sie sich gegenseitig nach den Angaben, die Sie zum Ausfüllen der Visitenkarte benötigen.

_____

C/ _____ _____

_____ _____

Tel.: _____

Móvil: _____

Correo electrónico: _____ @ _____ . ___

C 2, pág. 21: ¿Qué es?

1. Schneiden Sie die Dreiecke auseinander und verteilen Sie sie auf den Tisch.
2. Legen Sie jeweils Frage und Antwort aneinander, bis Sie ein neues Dreieck erhalten.
3. Ordnen Sie die Fragen und Antworten und erstellen Sie aus ihnen einen Dialog.

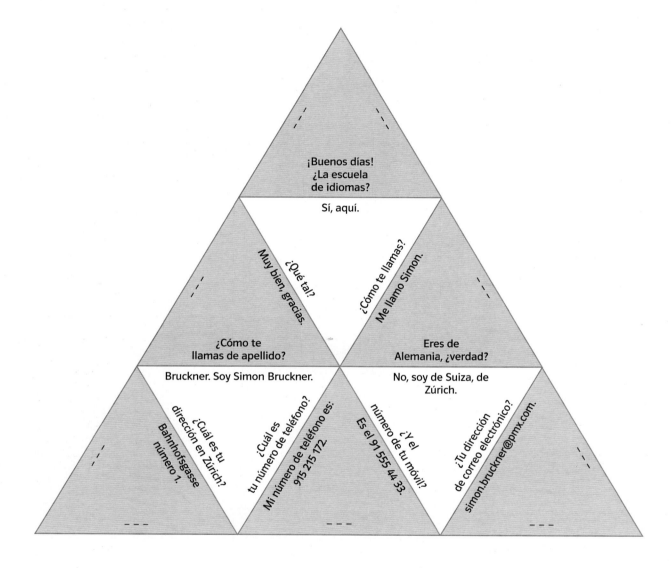

B 1, pág. 30: ¿Cómo pasas los fines de semana? L 1/21 = S 13

1. Gefallen Ihnen die abgebildeten Aktivitäten? Tauschen Sie sich untereinander aus.

2 | Unidad   Kopiervorlage 6b

estudiar	hacer deporte	chatear
ver películas en el cine	pasear	descansar

2. Spielen Sie in Gruppen zu vier Schülern.
   Schneiden Sie die einzelnen Karten aus, mischen Sie sie und legen Sie sie verdeckt auf den Tisch.
   Decken Sie der Reihe nach zwei Karten auf. Passen sie zusammen, dürfen Sie sie behalten und noch einmal zwei Karten aufdecken. Passen sie nicht zusammen, müssen sie wieder zurückgelegt werden und der links neben Ihnen sitzende Schüler kommt an die Reihe.
   Wer die meisten Kartenpaare gesammelt hat, hat gewonnen.

3. Kreuzen Sie die Aktivitäten an, die Sie hören.

	salir de fiesta		visitar museos		ver películas en el cine
	tomar algo en un bar		ir de compras		quedar con amigos
	escuchar música		hacer deporte		estudiar
	pasear		descansar		chatear
	hablar				

¡Adelante! | Nivel elemental
Lehrerbuch

Kopiervorlage 7 Unidad 2

B 5, pág. 31: ¿Adónde van Miranda y sus amigos el fin de semana?

Spielen Sie zu dritt oder viert.
Die Karten werden ausgeschnitten, gemischt, ausgeteilt und verdeckt auf den Tisch gelegt.
Ein Schüler beginnt und legt eine seiner Karten offen in die Mitte. Hat sein linker Nachbar eine Karte, die zur rechten oder linken Hälfte dieser Karte passt, so legt er sie an und liest den Satz vor. Hat er keine passende Karte, muss er bis zur nächsten Runde warten. Gewonnen hat, wer als Erster seine Karten ablegen kann.

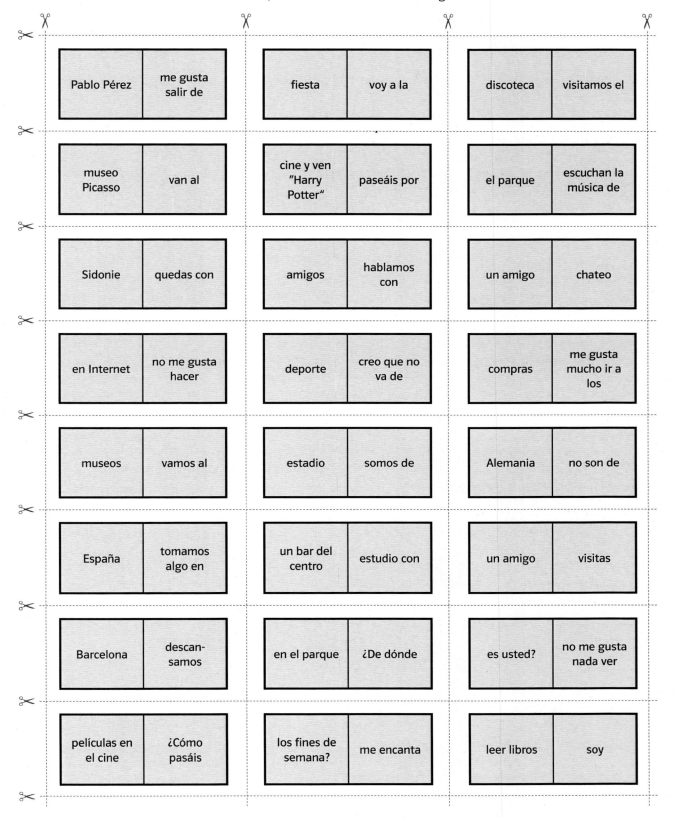

Pablo Pérez	me gusta salir de
fiesta	voy a la
discoteca	visitamos el
museo Picasso	van al
cine y ven "Harry Potter"	paseáis por
el parque	escuchan la música de
Sidonie	quedas con
amigos	hablamos con
un amigo	chateo
en Internet	no me gusta hacer
deporte	creo que no va de
compras	me gusta mucho ir a los
museos	vamos al
estadio	somos de
Alemania	no son de
España	tomamos algo en
un bar del centro	estudio con
un amigo	visitas
Barcelona	descansamos
en el parque	¿De dónde
es usted?	no me gusta nada ver
películas en el cine	¿Cómo pasáis
los fines de semana?	me encanta
leer libros	soy

C 2, pág. 32: ¿Qué crees tú?

1. Schneiden Sie die Umrisse aus und kleben Sie sie zu zwei Würfeln zusammen.
2. Würfeln Sie der Reihe nach mit beiden Würfeln. Würfel 1 zeigt das Verb an, das Sie mithilfe von Würfel 2 (Personalpronomen) im Präsens konjugieren.

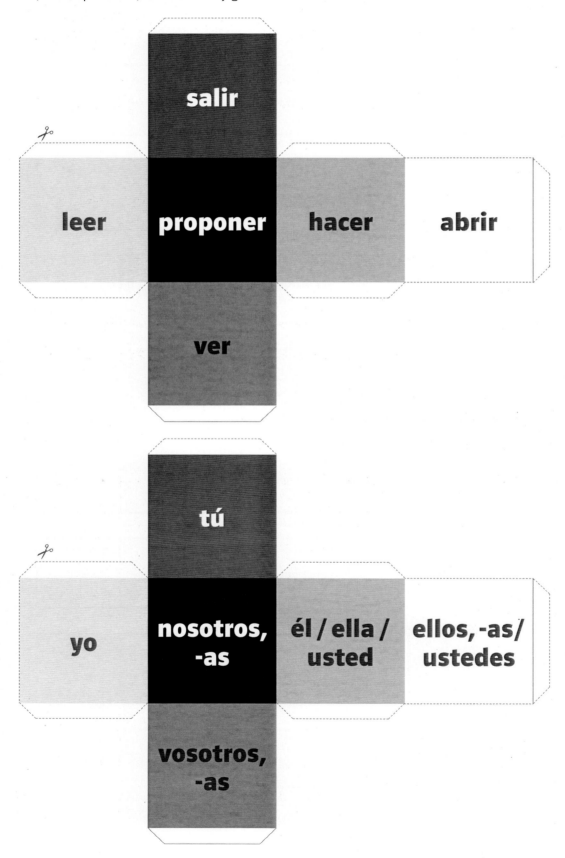

A 1, pág. 40: ¿El instituto? Sí, me gusta... L 1/33 = S 21

Ergänzen Sie den Dialog mit den angegebenen Wörtern. Überprüfen Sie anschließend Ihre Lösung mithilfe der CD.

> las clases   mi idea es   solo   otros   16 años   instituto   el profesor   tienes

Reportero: ¡Hola! ¿Quién eres y cuántos años tienes? ¿Te gusta el instituto?... ¿Qué te gusta? ¿Qué no te gusta?

Miranda: ¡Hola! Soy Miranda y tengo 16 años. ¿El _____ ?... Sí, me gusta, ¡pero no todo! Tengo _____ muy temprano, ¡a las ocho y media! No me gusta nada, pero me encanta Inglés! Con Ángel, _____, vemos películas, escuchamos canciones en inglés,... Siempre tenemos Inglés los lunes y miércoles. Me encantan los idiomas. _____ hacer una formación profesional, como secretariado internacional.

Miguel: ¡Hola! Me llamo Miguel y tengo también _____. Eh... bueno... Me gusta el instituto, sí... ¡sobre todo el recreo! Tenemos el recreo de once y diez a doce menos veinte. Tengo seis o siete asignaturas, pero _____ me gusta una: Educación Física. ¡Siempre tengo ganas de hacer deporte! No me gustan nada Física y Química...

Paula: Sí, ¡a mí me gusta! Sobre todo las clases de Cultura Clásica, aprendemos mucho.

Reportero: ¿Tenéis todos Cultura Clásica?

Paula: No, no. Mi amiga Cristina, no. Ella tiene... ¿Cristina, qué _____ tú?

Cristina: Yo tengo Francés y _____ en clase tienen Informática.

B 1, pág. 44: El día de Miranda

Schreiben Sie einen kleinen Text und stellen Sie Ihren Tagesablauf an einem gewöhnlichen Tag und am Wochenende dar. Lesen Sie Ihren Text in der Klasse vor.

	¿Qué haces de lunes a viernes?	¿Qué haces los fines de semana?
¿A qué hora te levantas?	Normalmente...	Pero, los fines de semana...
¿Qué haces después? – ducharte – desayunar – lavarte los dientes		
¿A qué hora te vas de casa y cuándo llegas al instituto?		
¿De qué hora a qué hora tienes clase?		
¿Qué haces después? Escribe por los menos cuatro actividades.		
¿Cuándo te vas a la cama?		

B 4, pág. 45: Tarea: ¿A qué hora...?

Sie sind in Spanien und wohnen in einer Wohngemeinschaft. Es ist Samstag, ein spanischer Freund ruft Sie an und möchte mit Ihnen abends ausgehen.
Arbeiten Sie in Partnerarbeit.
Verbinden Sie die Dialogelemente zu einem Dialog. Bei mehreren Möglichkeiten entscheiden Sie sich für eine.
Tragen Sie anschließend Ihren Dialog vor der Klasse vor.

> Hola, salgo de fiesta hoy. ¿Y tú?

¿Quedamos en la discoteca?	Hoy, no. De 19:00 a 21:00 hago deporte. ¿Por qué no vamos mañana?	¿Adónde vamos?
Vale. ¿Cuándo?	Sí, ¿por qué no?	No, en el bar Mea pataca.
¿Dónde quedamos?	A un bar de tapas y después al cine. ¿Te gustan las tapas?	A las ocho y cuarto.
¿A qué hora quedamos?	¿A las nueve y media?	Bueno, adiós.
¿Y por qué no vamos a la discoteca? Hoy hay una noche de salsa.	¡Perfecto!	Es muy temprano.
¡Qué bien!	¿Vamos también con Lucía y José?	Vale. ¡Hasta luego!

C 1, pág. 46: El viaje de fin de curso L 1/40 = S 26

Miranda und ihre Klassenkameraden überlegen, wohin sie zur Schuljahresabschlussfahrt fahren.

1. Schneiden Sie die Textteile aus und fügen Sie sie zu einem Text zusammen.

¿Por qué fútbol no y playa sí?	1
¿Por qué no vamos a Italia? Allí podemos visitar monumentos y comer todos los días pizza…	2
No, ¡fútbol no!	3
…o podemos ir al Caribe…	4
Bueno, chicos. ¡Silencio! ¿Qué hacemos para el viaje de fin de curso? ¿Adónde vamos?	5
Ir a la playa… me encanta la idea, pero ¿en Ibiza? Yo propongo ir a Francia. Allí puedes ir a la playa, Laura, y podemos, además, hacer excursiones o hacer senderismo,…	6
El viaje de fin de curso	7
No, a Italia no. ¿Por qué no vamos a Ibiza? Allí podemos ir a la playa y… podemos ir a la discoteca, tomar algo en los bares… ¡Genial!	8
¡Miguel! ¡No podemos ir al Caribe!	9
¿Y si vamos a Galicia?	10
Chicos, nos podemos quedar en España y visitar tres o cuatro ciudades, ¿no?	11
¡O vamos a Barcelona! Así yo puedo ver un partido de fútbol del Barça… o…	12
Chicos, ¡podéis parar!	13

2. Reflektieren Sie: was hat Sie zu der Lösung gebracht? Geben Sie sich gegenseitig Tipps.

C 6, pág. 47: Vamos a quedar

Schüler 1:
Sie möchten das Wochenende in Madrid verbringen und einen spanischen Freund besuchen. Sie haben sich bereits über Veranstaltungen informiert. Besonders interessieren Sie die Museen. Schlagen Sie eine Unternehmung am Samstag und eine Unternehmung am Sonntag vor, tauschen Sie sich mit Ihrem Partner aus. Fragen Sie Ihren spanischen Freund nach jeweils einer Unternehmung am Abend.

Lugares culturales
- Gran Vía
- Puerta del Sol
- Plaza Mayor
- Palacio Real
- Puerta de Alcalá
- el Rastro (los domingos)
 (mercado al aire libre)

Parque del Bueno Retiro
En pleno centro de Madrid
Dirección: **Calle Alfonso XII, 28014 Madrid**
Metro: **Retiro, Príncipe de Vergara, Ibiza, Atocha**

Jardín botánico

Horario: **10:00 – 20:00**
adulto: **2 €**

Cineplex
Programa:
Dinosaurios 17:15
Amazonas 19:30
Los gigantes del océano 21:00
Noche de **Harry Potter**
de 23:00 a 04:00

Reservas: **91 467 55 55**

Espectáculos de Flamenco
Taberna *El Sol*
abierto: los viernes y el fin de semana, **21:00**

Restaurante *Buen comer*
martes a domingos por la noche,
desde las 22:00

Noche de salsa
En la discoteca KINGSTAR
todos los viernes **de 20:00 a 22:00**
entrada gratuita

Schüler 2:
Sie sind Spanier und bekommen Besuch aus Deutschland. Sie kennen sich bestens aus, was man in Madrid unternehmen kann. Hier sind Ihre Empfehlungen. Sie interessieren sich für Kneipen, aber Sie gehen gar nicht gerne im Park spazieren. Schlagen Sie eine Unternehmung am Samstag und eine Unternehmung am Sonntag vor, tauschen Sie sich mit Ihrem Partner aus und verabreden Sie sich.

Calle Huertas:
Bar de tapas Don Queso
Cerrado: los lunes
Especialidad: queso manchego
Copa: 3 €

Teatro Lope de Vega
Horario:
martes, miércoles, jueves: **20:30**
viernes y sábado: **18:00 y 22:00**
domingo: **19:00**

Entrada: desde 20 euros
 hasta 70 euros

Museo del Prado
Horario: **de 9:00h a 20:00h**
Cerrado: todos los lunes

Bar Cien Fuegos
Abierto **de 21:00 a 03:00** horas
Terraza al aire libre
Servimos tapas

Conciertos
- **Katie Melua**
 Palacio Vistalegre, **20:00 h**
- **A-HA**
 Sala Heineken, **21:30 h**
- **Blind Guardian**
 Sala la Riviera, **20:30 h**

Museo del Jamón
Especialidades de jamón serrano,
diferentes tipos de jamón

Abierto: todos los días las 24 horas
Dirección: Gran Vía 92

4 | Unidad   Kopiervorlage 14

PP 1, pág. 52: ¿Cómo se escribe?

Ordnen Sie die Skizzen den Wohnungsangeboten von Seite 52 im Schülerbuch zu und ergänzen Sie mit den richtigen Wörtern aus den Wohnungsanzeigen.

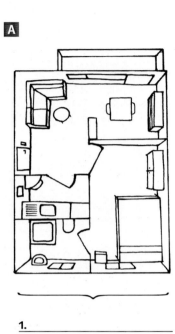

A

1. _____

2. _____

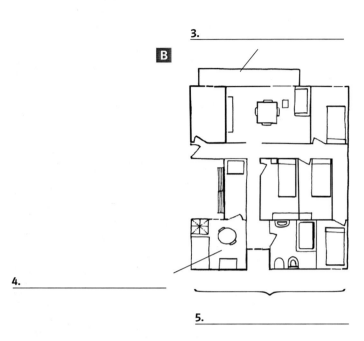

B

3. _____

4. _____

5. _____

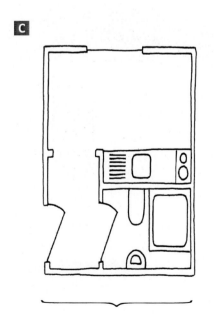

C

6. _____

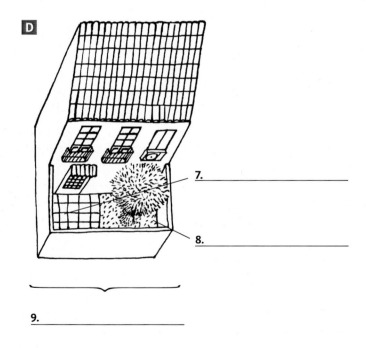

D

7. _____

8. _____

9. _____

Lösung:

A	B	C	D

¡Adelante! | Nivel elemental
Lehrerbuch

A 5, pág. 56: Números

Spielen Sie zu dritt oder viert. Die Karten werden ausgeschnitten, gemischt, ausgeteilt und verdeckt auf den Tisch gelegt. Ein Schüler beginnt und legt eine seiner Karten offen in die Mitte. Hat sein linker Nachbar eine Karte, die zur rechten oder linken Hälfte dieser Karte passt, so legt er sie an und liest die Zahl vor. Hat er keine passende Karte, muss er bis zur nächsten Runde warten. Gewonnen hat, wer als Erster seine Karten ablegen kann.

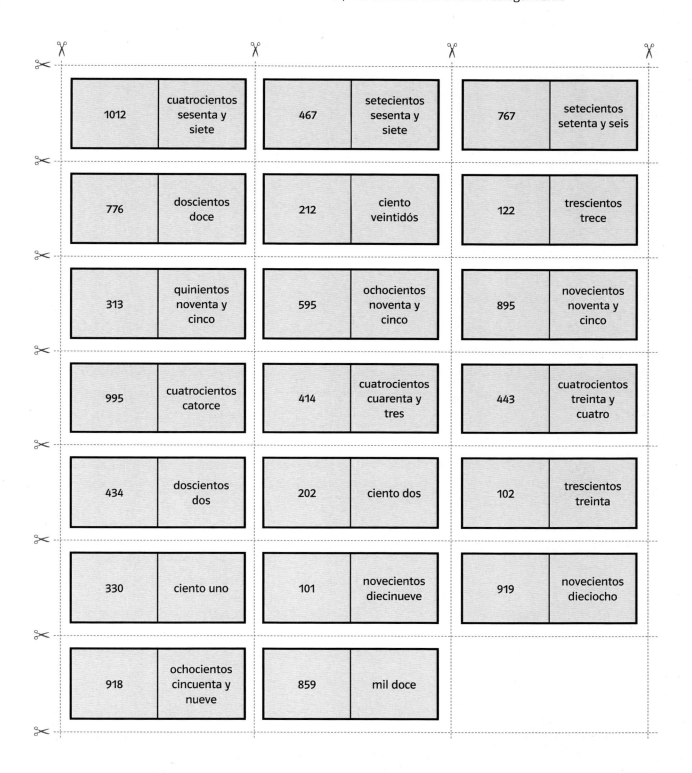

4 Unidad Kopiervorlage 16

A 7, pág 56: ¿Por qué La Latina?

Schritt 1:

¿Por qué el barrio de La Latina?

La mayoría _____ los jóvenes de Madrid no quiere vivir _____ pisos compartidos. Ellos prefieren vivir con _____ padres. _____ los pisos compartidos viven jóvenes _____ otras ciudades _____ España _____ otros países. _____ centro de Madrid es _____ caro, _____ los jóvenes prefieren vivir normalmente _____ barrios cerca _____ centro de Madrid _____ La Latina y Lavapiés. Y ¿por qué? _____ el barrio de La Latina _____ pisos son antiguos _____ baratos. _____, hay bares, discotecas, cines, etc. Por eso _____ jóvenes prefieren vivir _____.

Schritt 2:

¿Por qué _____ _____ _____ _____ _____?

La mayoría _____ _____ _____ _____ Madrid no quiere vivir _____ pisos _____. Ellos prefieren _____ con _____ padres. _____ los pisos _____ viven jóvenes _____ otras ciudades _____ España _____ otros _____. _____ centro de Madrid es _____ _____, por eso los _____ prefieren vivir normalmente _____ _____ cerca _____ centro de Madrid _____ La Latina y Lavapiés. Y ¿por qué? _____ _____ barrio de La Latina _____ pisos son antiguos _____ baratos. _____, hay bares, discotecas, cines, etc. Por eso _____ _____ prefieren _____ _____.

B 1, pág. 58: ¿Estoy en La Latina?

1. Schauen Sie sich die Abbildungen an und ordnen Sie die Richtungsangaben den betreffenden Bildern zu.

> ir todo recto   girar en la primera calle   ir todo recto hasta la plaza
> girar en la segunda calle   girar a la derecha   girar a la izquierda

A

B

C

D

E

F

2. Bilden Sie Gruppen zu vier Schülern. Schneiden Sie die einzelnen Karten aus, mischen Sie sie und legen Sie sie verdeckt auf den Tisch. Decken Sie der Reihe nach zwei Kärtchen um. Passen Sie zusammen, dürfen Sie sie behalten und noch einmal zwei Kärtchen aufdecken. Passen sie nicht zusammen, müssen sie wieder zurückgelegt werden und der links neben Ihnen sitzende Schüler kommt an die Reihe.
Wer die meisten Kartenpaare gesammelt hat, hat gewonnen.

¡Adelante! | Nivel elemental
Lehrerbuch

B 4, pág. 59: El barrio

¿Conoces tú el barrio de La Latina?

Leed las llamadas telefónicas de los amigos de Tim y buscad dónde están en el plano de Madrid. Justificad vuestras respuestas.

1: ¿Te apetece ir al Rastro mañana? ... ¿Qué es eso? ... Es un mercado muy interesante. ¿Quedamos en la calle Ribera de Curtidores? Ahí está el mercado. Pues, la calle está detrás de la plaza de Cascorro, cerca del metro de La Latina ...

2: Hola, Tim. Te espero en la plaza Provincia, cerca de la plaza Mayor, a la derecha. La plaza está delante del Ministerio de Asuntos Exteriores. ¡Hasta luego!

3: Hola, Tim, ¿dónde estás? Estamos en el bar "Guay", es un bar muy pequeño en la calle Santa Ana ... ¿Cómo llegar? Mira, ¿estás en la Puerta de Toledo? ... Muy bien. Entonces, giras en la calle de Toledo, vas todo recto y giras en la tercera calle a la derecha. Está la calle Santa Ana. ¡Hasta pronto!

4: Tim, estoy en la plaza de San Francisco, delante de la Iglesia de San Francisco el Grande. Voy a tomar algo. ¿Cuándo llegas?

C 1, pág. 60: El piso compartido

Alumno 1:
Esta es la habitación de Blanca.

Mira el dibujo y pregunta a tu compañero, -a dónde están…

…las sillas.

…la estantería.

…el armario.

Dibuja las cosas en el lugar correcto. Después, comparad los dibujos: ¿tenéis los mismos dibujos?

Alumno 2:
Esta es la habitación de Blanca.

Mira el dibujo y pregunta a tu compañero, -a dónde están…

…las revistas.

…el móvil.

…el reloj.

Dibuja las cosas en el lugar correcto. Después, comparad los dibujos: ¿tenéis los mismos dibujos?

Unidad 4 — Kopiervorlage 20

Tarea final, pág. 63: Estudiar en Madrid

Ficha de evaluación

Geben Sie auf einer Skala von 1 bis 10 Bewertungen für die Präsentation Ihrer Mitschüler.

Ficha de evaluación										
claridad de información	1	2	3	4	5	6	7	8	9	10
vocabulario bien utilizado	1	2	3	4	5	6	7	8	9	10
fluidez del diálogo	1	2	3	4	5	6	7	8	9	10
pronunciación clara y buena entonación	1	2	3	4	5	6	7	8	9	10
puesta en escena creativa	1	2	3	4	5	6	7	8	9	10
puesta en escena convincente	1	2	3	4	5	6	7	8	9	10

A 4, pág. 67: El trabajo en casa

1. Betrachten Sie die abgebildeten Haushaltstätigkeiten und prägen Sie sich so viele wie möglich ein.

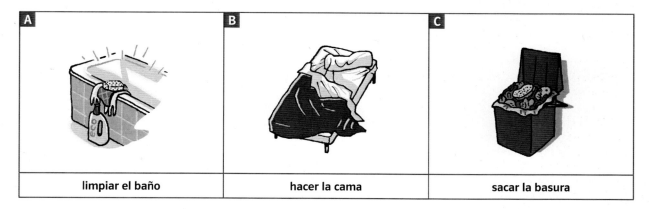

A	B	C
limpiar el baño	hacer la cama	sacar la basura

D	E	F
preparar el desayuno	poner la mesa	cocinar

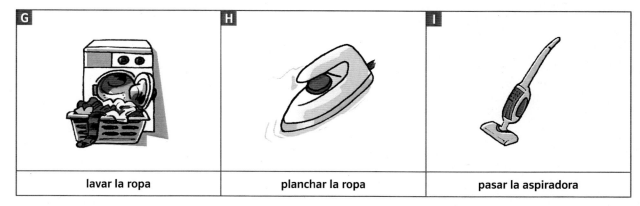

G	H	I
lavar la ropa	planchar la ropa	pasar la aspiradora

2. Schreiben Sie zu zweit alle Tätigkeiten auf, an die Sie sich erinnern können.

3. Formulieren Sie der Reihe nach einen Satz zu einer oder mehreren Tätigkeiten auf den Fotos. Sie können Ihre Sätze folgendermaßen einleiten:

> Me gusta...
> No me gusta...
> En casa tengo que...
> No tengo que...
>
> Siempre...
> No...
> Para hacer una fiesta en casa tengo que...

A 7, pág. 67, Tarea: ¡Qué horror!

Es ist Freitag in einer spanischen Familie. Es gibt viele Arbeiten, die am Wochenende getan werden müssen.
Arbeiten Sie in Vierergruppen. Schneiden Sie die Rollenkarten aus. Jeder bekommt eine Karte.
Besprechen Sie, wer was tut und stellen Sie einen Plan auf. Suchen Sie eine Lösung, mit der alle zufrieden sind.

Sie sind Vanessa, die Mutter in der spanischen Familie

Das Wochenende naht, aber einige Hausarbeiten müssen noch erledigt werden:
Es muss noch Staub gesaugt, der Müll rausgetragen und die Wäsche gebügelt werden.
Sie können diese Arbeiten nicht erledigen, denn am Samstag gehen Sie wie immer einkaufen und am Sonntag gehen Sie mit einer Freundin ins Museum – das ist schon lange ausgemacht.
Aber Sie haben ja Tobias, Ihren deutschen Au-pair. Normalerweise hat er samstags frei, aber diesmal muss er eine Ausnahme machen und helfen.

Sie sind Tobias, der deutsche Au-pair

Sie freuen sich auf ihren freien Tag morgen – endlich Wochenende. Dann werden Sie so richtig ausspannen. Sie werden fernsehen, Musik hören und sich mit Freunden verabreden. Herrlich!
Sie beginnen das Gespräch.

Sie sind Ernesto, der Vater in der Familie

Sie müssen das ganze Wochenende arbeiten und können nicht mit Ana, ihrer 10-jährigen Tochter, in den Park gehen. Vielleicht könnte Tobias, der deutsche Au-pair, das an Ihrer Stelle übernehmen. Eigentlich hat er samstags frei, aber diesmal geht es nicht anders. Dafür haben Sie ja einen Au-pair. Versuchen Sie, ihn zu überzeugen. Bieten Sie ihm z. B. an, dass er dafür am ganzen nächsten Wochenende nicht arbeiten muss.

Sie sind Julián, der 17-jährige Sohn

Sie müssen für die nächste Deutschstunde einen Text auf Deutsch schreiben. Sie haben einige Probleme damit. Nur Tobias kann Ihnen helfen. Sie möchten ihn überreden, Ihnen mit dem Text zu helfen.
Dafür gehen Sie mit ihm auch nächsten Samstag auf die Salsanacht.

Nützliche Redemittel:

Está muy bien.	¿Y por qué no...?	Genial, pero...
De acuerdo.		No puedo porque...
Vale.		Lo siento, pero no puedo.
Bueno.		No, no me gusta la idea.
Sí, claro.		No tengo ganas de...
Perfecto.		Mi idea es...

C 2, pág. 71: ¿Cuánto cuesta?

Mirad en Internet los precios de los siguientes productos en supermercados virtuales españoles y alemanes. Elegid el producto más barato y comparad los precios. Después, resumid la información como en el ejemplo.

→ Un kilo de tomates cuesta en España… En Alemania cuesta… Entonces son más caros en…

Bild	Menge	Preis in Spanien	Preis in Deutschland	¿Más caro?/Teurer?
A	1 kg			
B	1 kg			
C	un paquete (500 gr)			
D	una botella (500 ml)			
E	3 kg			
F	una botella (1 litro)			
G	10			
H	una lata (350 gr)			

6 | Unidad   Kopiervorlage 24

PP 1, pág. 76: ¿Qué se puede hacer?

¿Adónde te gusta ir de vacaciones y por qué?

Me gusta ir de vacaciones...

a la montaña

- hacer senderismo
- estar en contacto con la naturaleza
- descansar
- estar en un lugar tranquilo

a la playa

- descansar
- estar en un lugar tranquilo
- hacer fiestas
- estar con amigos

a una ciudad

- visitar monumentos
- ir de compras
- salir de noche
- ir al cine

a un pueblo

- hacer excursiones
- estar en un lugar tranquilo
- descansar
- probar la comida típica

→ *Me gusta ir de vacaciones a la montaña porque me gusta hacer senderismo.*

A 1, pág. 78: Un viaje de fin de semana L 2/3 = S 45

Blanca, Julia y Tim están en el salón. Tim y Blanca quieren hacer un viaje de fin de semana y hablan con sus compañeros.

Schneiden Sie die Textteile aus und fügen Sie sie zu einem Text zusammen.

Tim: La idea de Málaga es interesante… ¿no, Blanca?	1
Blanca: Yo ya conozco Granada y Sevilla… Tim: Y ¿Málaga? Tú eres de allí, ¿no?	2
Blanca: Sí, no conozco Málaga. Entonces ¡vamos a Málaga! Pero, ¿cómo vamos? ¿En el AVE? Julia: Yo siempre voy en autobús, es más barato que en tren, unos 50 euros ida y vuelta. Pero el viaje dura ¡6 horas! Blanca: ¿Y en avión? A veces hay vuelos muy baratos…	3
Blanca: Claro que los entiendes, allí también hablan español. Julia: ¿Por qué no vais al sur? Yo soy de allí. Hay lugares muy bonitos como Granada, Sevilla,…	4
Julia: ¿Santiago? ¡Allí llueve mucho!	5
Julia: Sí, es verdad. También podéis alquilar un coche. Así podéis visitar otras ciudades o los pueblos blancos. Es muy práctico. Tim: Sí, pero yo creo que el autobús es ideal. Es el medio de transporte menos caro y más ecológico.	6
Blanca: ¡Y es el más lento! Bueno Tim, ahora tenemos que buscar un hotel.	7
Tim: Y en Santiago se habla gallego, ¿no? No voy a entender a la gente…	8
Julia: Sí, Málaga es una provincia muy bonita. Allí podéis encontrar de todo: hay playa, monumentos, montañas,… ¡Ay, yo quiero ir también! Tim: ¡Pues ven! Julia: Ya sabes que no puedo… tengo que trabajar…	9
Blanca: Tim, ¿adónde vamos? ¿Vamos a Santiago?	10

A 4, pág. 79: Alquilar un coche

Viernes, 15:30 horas en un alquiler de coches en Sevilla.
Trabajad en parejas. Cortad las tarjetas y repartidlas.
Haced el juego de rol entre el empleado / la empleada y el / la cliente.

Eres el empleado / la empleada.

Tienes las siguientes ofertas:

SEAT IBIZA, n° de plazas: 4, velocidad máx.:
180 km / h, disponibilidad: martes-domingo,
precio: 66 euros por día

MERCEDES Cabrio, n° de plazas: 4, velocidad
máx.: 220 km / h, disponibilidad: martes-lunes;
precio: 109 euros / día, oferta fin de semana:
viernes-domingo 99 euros por día

BMW X 3: n° de plazas: 6, velocidad máx.:
250 km / h, disponibilidad: lunes-domingo,
precio: 119 euros por día

NISSAN, n° de plazas: 4, velocidad máx.:
180 km / h, disponibilidad: martes-viernes,
precio: 55 euros por día (oferta: fin de semana)

Eres el / la cliente.

Estás de vacaciones en Sevilla con tres amigos.
El fin de semana que viene queréis hacer una
excursión para visitar algunas ciudades en
Andalucía. Por eso queréis alquilar un coche.
A ti te gustan los coches rápidos y modernos.
Queréis alquilar el coche del viernes al martes
por la mañana. Tenéis 300 euros.
En un anuncio hay un coche por 55 euros por día.
Te interesa mucho la oferta.

B 6, pág. 82: Tarea: ¿Qué puedo ver?

Recomendad uno de los siguientes hoteles a un amigo / una amiga.

HOTEL AZAHAR **

Muy cerca del centro histórico y del metro
Todas las habitaciones con baño
Habitación individual 100 € con desayuno
Habitación doble 150 € con desayuno
Se habla inglés, francés y alemán.

Hotel-Albergue LOS PALOS

A 30 min. del centro
Recepción: 8.00–23.00 h
Habitaciones de 50, 10 y 15 personas
Precios: 35–45 €/persona
Ofrecemos desayuno y media pensión extra.
Se habla italiano.

C 2, pág. 84: Hablar del pasado

Bilden Sie Dreiergruppen.
1. Schneiden Sie die Wortkarten aus und mischen Sie sie.
2. Jeder Spieler bekommt fünf Karten. Die restlichen Karten bleiben verdeckt auf einem Stapel in der Mitte des Tisches liegen.
3. Jeder Spieler versucht, mit seinen Karten einen Satz zu legen. Dabei darf der Joker als Einsatz für ein beliebiges Wort benutzt werden. Gelingt dies nicht, zieht er aus dem Stapel eine Karte.
4. Sobald ein Spieler einen Satz vollständig gebildet hat, darf er die Sätze der anderen und seinen eigenen ergänzen oder verändern. Dabei darf auch der Joker ausgewechselt werden, wenn jemand das passende Wort hat.
5. Gewonnen hat derjenige, der als Erster alle seine Wortkarten ablegen kann.

ayer	me levanté tarde	¿?
el sábado	por la mañana	¿?
el viernes	fuimos de compras	¿?
allí	leí	¿?
pero	todos los libros de Steven King	¿?
no	compraron	¿?
no	el Quijote	¿?
no	vieron	¿?

no	la cuarta película de Harry Potter	organizó
en 2009	organizaron	el viaje
en 1999	una fiesta	a Cuba
después	para	Gustavo
me	preguntó	la dirección de correo electrónico de Pilar
nos	Mercedes	un bolígrafo
permitieron	mis padres	dieron
tomar el coche	ver	hacer un viaje a Guatemala
en casa	salir de fiesta	hasta
las dos de la mañana	ir a ver	un partido de fútbol del Barça
quedarme	en la fiesta	recomendaste
un hotel	en Barcelona	os

C 2, pág. 84: Hablar del pasado

1. Preguntad a vuestro compañero / vuestra compañera qué hizo ayer. Preguntad por seis actividades por lo menos.

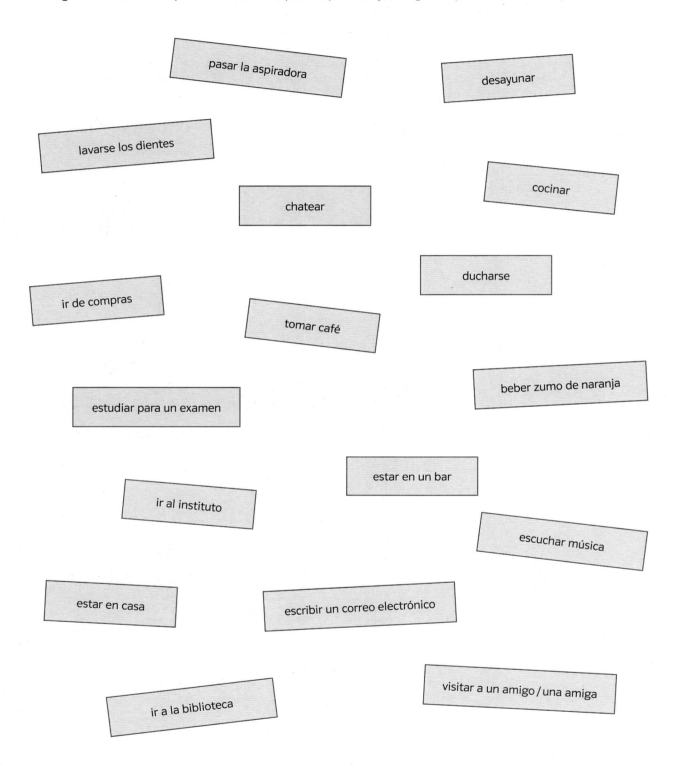

2. Intercambiad vuestras ideas con otro grupo. Después, contad vuestros resultados en clase.

C 3, pág. 84: Una postal L 2/8

Hören Sie den Text von der CD und kreuzen Sie die Aktivitäten an, die im Text genannt werden.
Hören Sie den Text noch einmal und notieren Sie die Reihenfolge der Tätigkeiten.
Fassen Sie anschließend die Erlebnisse der Clique in München zusammen.

A 5, pág. 95: ¿Qué idiomas hablas?

Completad la ficha de inscripción con vuestros datos personales.

Ficha de inscripción	**Escuela de lengua**
Datos personales	

Apellido/s:	_____
Nombre:	_____
Fecha de nacimiento:	_____
Nacionalidad:	_____
Lengua materna:	_____
Ciudad de origen:	_____
Profesión:	_____
Lugar de residencia:	_____
Dirección:	_____
Teléfono:	_____
Móvil:	_____
Correo electrónico:	_____

Nivel actual de conocimientos de la lengua española:	☐ Nada ☐ Bajo ☐ Medio ☐ Alto ☐ Lengua materna

¿Sabes / Hablas otras lenguas? Describe aquí qué otras lenguas hablas / escribes / lees / entiendes y cómo son tus conocimientos en cada una de esas lenguas.

_____
_____
_____
_____
_____

B 1, pág. 98: Alejandro Amenábar L 2/18 = S 55

Escuchad el texto del cedé y marcad con una cruz la respuesta correcta.

1. ¿Quién es Alejandro Amenábar?
- [ ] Un cantante de música español.
- [ ] Un actor.
- [ ] Un director de cine.

2. Alejandro Amenábar nació en Santiago de Chile, después se fue a vivir...
- [ ] a Buenos Aires.
- [ ] a España.
- [ ] a los Estados Unidos.

3. ¿Dónde estudió?
- [ ] En Madrid.
- [ ] En Buenos Aires.
- [ ] En Santiago de Chile.

4. ¿Cuándo empezó a estudiar en la universidad?
- [ ] En 1990.
- [ ] En 1991.
- [ ] En 1993.

5. ¿A qué edad hizo su primer corto?
- [ ] A los 15 años.
- [ ] A los 19 años.
- [ ] A los 20 años.

6. ¿Cómo se llama su primera película?
- [ ] Alejandro Amenábar.
- [ ] Tesis.
- [ ] La cabeza.

7. ¿Sus películas solo son en español?
- [ ] Sí, solo son en español.
- [ ] No. También existen versiones en otras lenguas.
- [ ] No se dice en el texto.

8. ¿Quién dio el dinero para la película *Abre los ojos*?
- [ ] Penélope Cruz.
- [ ] Nicole Kidman.
- [ ] Tom Cruise.

9. Ganó el Óscar por su ... película.
- [ ] 2ª
- [ ] 4ª
- [ ] 5ª

7 | Unidad Kopiervorlage 33

B 2, pág. 98: El director que . . .

Bilden Sie Gruppen zu vier Schülern.
1. Schneiden Sie die einzelnen Karten aus, mischen Sie sie und legen Sie sie verdeckt auf den Tisch.
2. Decken Sie der Reihe nach zwei Kärtchen auf. Passen Sie zusammen, dürfen Sie sie vorlesen und behalten. Passen sie nicht zusammen, müssen sie wieder zurückgelegt werden und der links neben Ihnen sitzende Schüler kommt an die Reihe.
3. Wer die meisten Kartenpaare gesammelt hat, hat gewonnen.

Málaga es la ciudad …	… donde nació Pablo Picasso.	La Alcazaba es un monumento …	… que puedes visitar en Málaga.
El pescaíto frito es una comida …	… que puedes probar en Málaga.	Benalmádena es un pueblo …	… que es conocido por sus fiestas.
Las playas de Maro son un lugar tranquilo …	… donde puedes descansar.	Santiago de Compostela es una ciudad …	… donde hay una catedral muy famosa.
Sevilla es la ciudad …	… donde nació el flamenco.	El museo del Prado es un museo …	… donde puedes ver pinturas de Picasso y Dalí.
Barcelona es una ciudad …	… donde se habla catalán.	El barrio de La Latina es un barrio …	… donde viven muchos jóvenes.
La tortilla es una comida típica española …	… que se prepara fácilmente.		

B 3, pág. 99: ¿Supiste que…?

Ayer fue un día fatal para Verónica…

Schneiden Sie die einzelnen Karten aus und legen Sie sie in eine sinnvolle Reihenfolge, so dass eine Geschichte entsteht. Beginnen Sie immer mit den unterstrichenen Karten. Formulieren Sie dann die Sätze und verwenden Sie das *pretérito indefinido*. Es müssen nicht alle Karten verwendet werden.

después	volver a casa	levantarse
finalmente	hablar por teléfono con clientes ingleses	irse a la cama
después de	ir a la oficina en bicicleta	encontrar a una amiga en la calle
a las seis de la mañana	planchar la ropa	ducharse rápidamente
a las…	comer en un restaurante italiano con un cliente chino	desayunar en un segundo
primero	pasar la aspiradora	preparar la comida para la familia
de… a…	terminar el trabajo con sus compañeros de trabajo	limpiar el baño
cinco minutos después	escribir muchos correos electrónicos en francés	preparar la presentación para mañana
dos horas más tarde	conocer a una persona muy interesante	salir de la oficina

7 Unidad Kopiervorlage 35

B 4, pág. 99: ¿Qué hiciste ayer?

Trabajad en parejas. Elegid quién de vosotros es el alumno A y quién es el alumno B.
Con la ayuda de los dibujos haced preguntas a vuestro compañero, él/ella contesta.

Alumno A		Alumno B
1 adónde / tú y José / el viernes pasado / ¿?	**1**	**1** El viernes pasado … (ir) a la discoteca "Mi corazón". … (Bailar) toda la noche.
2 Hace cinco años … (ir) a Machu Picchu.	**2**	**2** qué / tú / hace cinco años / ¿?
3 dónde / Sabrina / de 9 a 11 de la noche / ¿?	**3**	**3** De 9 a 11 de la noche … (estar) en un restaurante. … (Pedir) una pizza y una coca-cola.
4 Ayer a las diez de la noche … (ir) al cine y … (ver) una película.	**4**	**4** adónde / Mercedes y Fernando / ayer a las diez de la noche / ¿?
5 qué / Emilio / el fin de semana pasado / ¿?	**5**	**5** El fin de semana pasado … (hacer) senderismo en los Alpes.
6 De 9 a 12 de la noche el lunes … (chatear) en Internet.	**6**	**6** qué / tú / de 9 a 12 de la noche / el lunes / ¿?

PP 3, pág. 105: La señora del vestido a rayas

Mirad el dibujo. Leed el diálogo y completad el dibujo con los precios. Después, contad en clase cuánto cuesta la ropa. Id del artículo más barato al más caro.

Julia:	Mira qué bonita es la falda. ¡Y es barata! Cuesta solo 9 euros.
Marcelo:	Bueno, a mí me gusta mucho la chaqueta.
Julia:	Pero es la más cara de todos los artículos. Sí, sí, a ti te gusta siempre lo más caro… Mira el vestido, ¡qué bonito es!
Marcelo:	Después de la chaqueta, el vestido es el más caro de todos los artículos. Ah, veo que no solo a mí me gusta siempre lo más caro… El jersey, ¿no te gusta?
Julia:	Ay, no. El jersey no es bonito. Y además, cuesta 70 euros. Es mucho dinero para un jersey.
Marcelo:	Pero 50 euros por unos vaqueros no es mucho.
Julia:	Sí, no es mucho. ¿Te gustan los zapatos? A mí me gustan mucho.
Marcelo:	Sí, a mí también. Pero solo tengo 45 euros y cuestan mucho más.
Julia:	Bueno, yo no tengo ropa para la fiesta el sábado. A ver, todavía tengo 30 euros. Es bastante para la camisa y la falda.

Los precios:

| 70 € | 19 € | 50 € | 9 € | 39 € | 109 € | 90 € | 99 € |

A 2, pág. 106: ¿Esta, esa o aquella?

Schauen Sie sich die Fotos an und ordnen Sie die Sprechblasen den Personen zu.

A

B

C

D

1 Esa camisa no me gusta. Creo que hay otras más bonitas. ¿Qué tal aquellas camisas de allí?

2 Esta camisa rosa no me gusta, pero esta blanca...

3 Esta camisa es la más bonita. Me la llevo.

Sí, está bien. Esa camisa es perfecta

4 Mira, Blanca, esta camisa es muy bonita.

¿Esa camisa? No, no, no...

Lösung:

A	B	C	D

B 1, pág. 108: El primer día de trabajo L 2/26 = S 61

Tim se presenta ahora en el hotel Reina Victoria. Es su primer día de trabajo.

Cortad las tarjetas y reagrupadlas para saber qué hizo Tim en su primer día de trabajo.

Allí, los cocineros preparan la comida: pelan patatas y cebollas, limpian platos y vasos, y preparan el menú. Siempre hay mucho estrés en la cocina.	1
—Bueno, ya conoces a tu compañera, Elena. ¡Elena! Ven aquí un momento. —Sí, Gonzalo, dime.	2
Después del restaurante, Tim visita la cocina.	3
—¡Hola! ¿Qué tal? —¡Hola!	4
Después, suben a la primera planta y visitan la zona SPA dónde están la piscina y la sauna. ¡Qué lugar más tranquilo!	5
—Buenos días, soy Tim Schmitt, de Alemania. Tengo…	6
Bueno, primero te muestro el hotel. Empezamos por el salón. Aquí los clientes descansan, leen un libro o ven la televisión. Hay también acceso a Internet gratis. Bueno, llegamos al comedor. Pasa. Está ahí, al fondo, a la derecha… A ver, los clientes acaban de desayunar, muy bien. Tim, te presento a Pablo Alcántara, el jefe del restaurante.	7
—En la recepción, Tim, vas a atender a los clientes. Vas a hacer las reservas y contestar el teléfono. Pero sobre todo tienes que escuchar a los clientes y ayudar si hay un problema. A veces también, tienes que pedir taxis, recomendar lugares interesantes de la ciudad o llamar al técnico si algo no funciona. En nuestro hotel, es muy importante el cliente. Siempre tienes que ser muy amable…	8
—Hola, buenos días, Tim. —Buenos días, Señor Ballester. —Gonzalo, solo Gonzalo. Aquí nos tuteamos casi todos.	9
—Ah,… Tim Schmitt. Ya sé… Vienes a hacer unas prácticas en nuestro hotel. Yo me llamo Elena y trabajo aquí en la recepción. Un momento, por favor, voy a llamar a Gonzalo, el jefe de personal. Gonzalo, acaba de llegar Tim Schmitt, el chico alemán de prácticas.	10
Finalmente, llegan a la recepción.	11
—Mira, Tim va a trabajar en la recepción. Por favor, explícale qué hay que hacer…	12

8 | Unidad   Kopiervorlage 39

B 4, pág. 109: Pedir cosas

Situación 1:
Llegas a un hotel. Buscas una habitación y no tienes reserva.
Quieres ver la habitación primero.
¿Qué dices al recepcionista?

Situación 2:
Eres cliente en un hotel. Hace frío en la habitación.
¿Qué dices al recepcionista?

Situación 3:
Estás en la recepción de un hotel y tienes una maleta muy pesada.
Quieres preguntar si hay alguien que te pueda ayudar con la maleta.
¿Qué dices al recepcionista?

C 10, pág. 113: Tarea: Una carta de reclamación

¡Jugamos!

Spielen Sie zu zweit und beginnen Sie mit Ihrer Spielfigur am Startfeld (Salida).
Würfeln Sie und gehen Sie je nach gewürfelter Zahl mit Ihrer Spielfigur auf den Feldern vorwärts. Ihr Spielnachbar zieht eine Karte und liest laut vor, was Sie zu tun haben. Auf den Ereignisfeldern können Sie sich ausruhen oder schneller vorwärts rücken.
Gewonnen hat, wer seine Spielfigur als Erster ins Ziel gebracht hat.

Salida → 1. 2. 3. [teléfono] 4.

Un cliente te llama por teléfono. Pierdes tu turno.

5.

Una compañera te ayuda con tu trabajo. Puedes tirar por segunda vez.

7. 6.

8.

Un compañero de trabajo tiene problemas y te pide ayuda. Pierdes tu turno.

9. 10. [bombilla] 11.

El jefe te explica muchas cosas. El trabajo va más rápido. Puedes tirar por segunda vez.

12.

Vas a tomar algo en la cafetería. Pierdes tu turno.

Llegada ← 15. [café] 14. 13.

8 | Unidad   Kopiervorlage 40b

1. Presenta a tu compañero/-a de trabajo a un cliente.

2. Alguien pregunta por el despacho del señor Pérez. Está en la 3ª planta, 2º despacho a la izquierda.

3. Tienes que escribir una carta. ¿Con qué palabras comienzas la carta? ¿Qué escribes para despedirte?

4. Haces unas prácticas en el banco Santander. Preséntate por teléfono.

5. Trabajas en una Oficina de Turismo y hablas con un turista japonés. Explícale en español qué hay que ver en Madrid. Recomiéndale tres actividades.

6. Alguien quiere hablar con tu compañera de trabajo. Es la hora de comer. ¿Qué le dices a la persona?

7. Un cliente quiere hablarte, pero no tienes tiempo. Dile que tiene que esperar un momento.

8. Trabajas en la recepción de un hotel. Pide un taxi para un cliente.

9. Es el cumpleaños de tu jefe. ¿Qué le dices?

10. Un compañero de trabajo quiere ir a tomar algo a un bar contigo, pero no tienes ganas. ¿Qué le dices?

11. Un cliente te hace una pregunta. No sabes qué contestar y el cliente tiene que hablar con tu compañera, pero ella está hablando con otra persona. ¿Qué le dices al cliente?

12. Haces unas prácticas en una empresa. Hoy es tu primer día. Preséntate a tus compañeros de trabajo.

13. Trabajas en la recepción de un hotel. Hablas con un cliente que no está contento. Su habitación es demasiado pequeña y no hay aire acondicionado. No tienes otra habitación para cambiar. ¿Qué le dices?

14. Propón tres cosas para la fiesta de tu empresa.

15. Tienes una entrevista de trabajo. ¿Qué les puedes decir sobre tu persona? Indica los cinco aspectos más importantes.

PP 1, pág. 116: Argentina

¿Verdad o mentira?	verdad	mentira
1. Argentina es el tercer país más grande de América del Sur.		
2. Argentina limita con Brasil.		
3. La capital es Buenos Aires.		
4. En Argentina nieva en invierno.		
5. En Argentina hay montañas muy altas.		
6. Argentina es conocida por su producción de vino.		
7. El tango nació en Mendoza, una ciudad en el oeste de Argentina.		
8. Diego Maradona, uno de los mejores jugadores en la historia del fútbol, viene de Buenos Aires.		
9. Argentina es un país de inmigrantes.		
10. La película *Evita* cuenta la vida de Eva Perón, política argentina y mujer del presidente Juan Perón.		

¿Qué más sabéis sobre Argentina?

_____
_____
_____
_____
_____

A 5, pág. 119: Para hacer eso tengo que …

Formad grupos de seis alumnos.
1. Cortad las fotos y repartidlas en la mesa.
2. Cada alumno elige una foto. Tenéis dos minutos para formar frases finales como en el ejemplo.
3. Después, intercambiad vuestras frases con otros compañeros.

→ *Para visitar Argentina, tengo que ganar dinero. Para ganar dinero, tengo que trabajar. Para poder trabajar, tengo que saber cosas. Para saber cosas, tengo que aprender algo. Para aprender algo, tengo que estudiar.*

B 4, pág. 122: En el bar

Trabajad en parejas y haced diálogos en un restaurante. Uno / Una es el camarero/a, el otro / la otra, el cliente. Cambiad los papeles. Pedid todas las comidas y bebidas de abajo.

Para comer:

Para beber:

B 8, pág. 123: Tarea: Mi bar de tapas

1. Schneiden Sie die Dreiecke auseinander, mischen Sie sie und legen Sie sie auf den Tisch.
2. Legen Sie jeweils Fragen und Antworten aneinander, bis Sie wieder ein Dreieck erhalten.
3. Ordnen Sie die Fragen und Antworten und erstellen Sie aus ihnen einen Dialog.

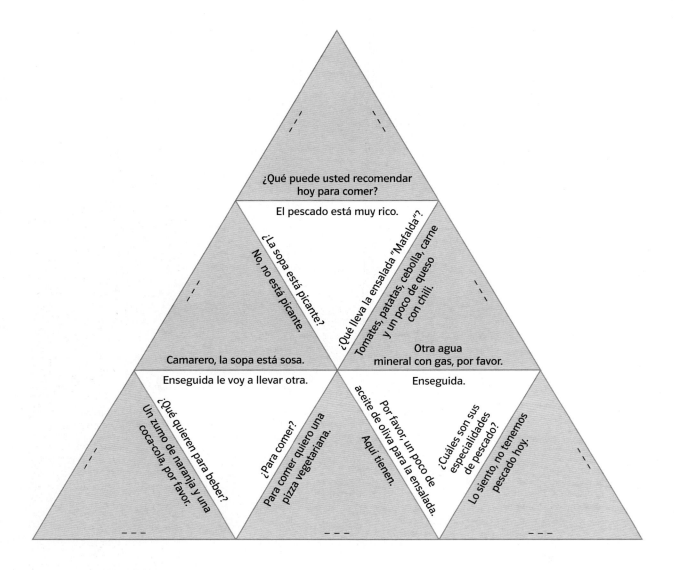

C 2, pág. 124: Al principio no era fácil

Susana es una chica de Argentina. Contad a vuestros amigos su historia.
1. Trabajad en grupos. Cortad las tarjetas, mezcladlas y ponedlas sobre la mesa.
2. Elegid algunas tarjetas y ponedlas en orden cronológico para contar la historia de Susana. Tenéis que utilizar el pretérito indefinido y el pretérito imperfecto. No tenéis que utilizar todas las tarjetas. Si queréis, completad la historia con más detalles.
3. Contad vuestra versión en clase.

Para hacer frases podéis utilizar las siguientes palabras:

y	und	además	außerdem
pero	aber	después	danach
porque	weil	más tarde	später
por eso	deshalb	finalmente	schließlich
entonces	dann		

- Susana
- 21 años
- Buenos Aires, Argentina
- enfermera

- gana poco dinero, pero eso es bastante para ella
- está feliz
- tiene muchos amigos

- su situación se hace cada vez más difícil
- un día, deja su país para ir a España

- 2005: llega a España
- trabaja como camarera en un restaurante

- al principio, la vida no es fácil para ella
- trabaja mucho y envía el dinero a casa de sus padres
- tiene pocos amigos
- escribe muchos correos a su familia

- conoce a Juanjo
- Juanjo tiene 30 años
- es mexicano
- es un hombre moreno y alto
- es el hombre de sus sueños

- viven juntos
- tienen cuatro niños

- Juanjo no puede quedarse más tiempo en España

- Susana tiene un trabajo bueno e interesante

- no recibe mucho dinero

- Juanjo no tiene trabajo
- no está contento

- está sola
- se vuelve a su país

- trabajan mucho

JOKER

- se compran una casa muy grande

- no quiere vivir más con Susana

- están felices
- viven tranquilamente

- se van a México juntos

Lösungen zu den Kopiervorlagen

KV 02
Reihenfolge der Illustrationen: D – C – A – B.
Anmerkung: Die Namen der Personen finden die S auf S. 31 im SB. Es können aber auch andere Namen vergeben werden.

Lösungsvorschlag:
Miranda: ¡Hola, Alberto!
Paula: ¡Hola, Alberto! ¿Qué tal? ¿Todo bien?
Alberto: ¡Hola, Miranda! ¡Hola, Paula! Sí, sí, todo bien.
Alberto: Mira, él es Tim Schmitt. Es de Alemania, de Berlín.
Paula: ¡Hola, Tim! ¿Qué tal?
Tim: Muy bien. Y tú, ¿qué tal?
Paula: También muy bien, gracias.
Tim: ¿De dónde eres? ¿Eres también de Madrid?
Paula: No, no. Alberto y Miranda son de Madrid, pero yo no. Yo soy de Andalucía, de Sevilla.

KV 03
1.
_2_ No, lo siento, no soy el señor Müller.
_3_ ¿Es verdad? ¿Usted no es Andy Müller de Dresde?
_1_ Perdón, ¿es usted el señor Müller?
_5_ Perdón.
_4_ No. Me llamo Florian, de apellido Schmitt y soy de Múnich.

2.
¡**Hasta** luego!, ¿Cómo **está** usted?, **mucho** estrés, muy **bien**, buenos **días**, ¡**Ánimo**!, muchas **gracias**.

A: ¡**Buenos días**, señora!
B: ¡Buenos días! ¿**Cómo está usted**?
A: **Muy bien**. ¿Y usted?
B: Pues, fatal.
A: ¿Fatal?
B: **Mucho estrés.**
A: ¡**Ánimo**!
B: **Muchas gracias. Hasta luego.**
A: Hasta luego.

KV 04
Pete Green
C/ Baullá, 46
… Madrid
Tel.: 652 90 86 17
Correo electrónico: Pete_77@yahoo.com

KV 06a und b
3.

	salir de fiesta		visitar museos		ver películas en el cine
X	tomar algo en un bar		ir de compras	X	quedar con amigos
X	escuchar música		hacer deporte	X	estudiar
	pasear	X	descansar	X	chatear
X	hablar				

KV 09
Lösungen s. Lektionstext, S. 40.

KV 12
Lösung: 7 – 5 – 2 – 8 – 6 – 4 – 9 – 11 – 10 – 12 – 3 – 1 – 13
(vgl. Lektionstext, S. 46)

KV 13
Tipp: s. auch die Redemittelkästen: S. 33 (Vorschläge machen und auf Vorschläge reagieren), S. 41 (Zeitangaben erfragen), S. 45 (Fragen stellen)

Lösungsvorschlag:
A: ¡Hola, Fernando! ¿Qué hacemos el fin de semana en Madrid? ¿Vamos a un museo? A mí me gusta mucho ir a museos.
B: ¿Por qué no vamos al museo del Prado el sábado? Abren de 9:00 a 20:00 horas. Yo propongo ir a las 16:00h.
A: ¡Perfecto! ¿Y qué hacemos después?
B: Podemos ir al teatro.
A: ¿Al teatro? No me gusta ir al teatro. A las 21:00h hay un espectáculo de flamenco en la Taberna El Sol. ¿Por qué no vamos al espectáculo de flamenco?
B: Bueno, entonces, vamos al museo a las 16:00h y después, a las 21:00h, vamos al espectáculo de flamenco.
A: ¿Y qué hacemos el domingo? ¿Vamos al Rastro?
B: Sí, claro. Y a las 21:00h propongo ir al concierto de Katie Melua.
A: No me gusta la música de Katie Melua. Yo propongo ir al cine. Hay *Los gigantes del océano* a las 21:00h.
B: ¿*Los gigantes del océano*? ¡Genial! Y después, propongo ir al bar de tapas Don Queso.
A: Muy bien. Entonces, primero, vamos al Rastro, después al cine y al final al bar de tapas Don Queso. ¿Cuándo quedamos el sábado?
B: ¿Quedamos a las 15:00h en la plaza Mayor?
A: ¡Perfecto! ¡Hasta luego!
B: ¡Hasta luego!

KV 14

A	B	C	D
2	4	1	3

1. apartamento amueblado
2. 1 dorm. (dormitorio)
3. balcón
4. habitación
5. piso compartido
6. habitación 15m^2
7. terraza
8. jardín
9. casa

KV 17
A: ir todo recto
B: girar en la segunda calle
C: girar en la primera calle
D: seguir todo recto hasta la plaza

Lösungen zu den Kopiervorlagen

E: girar a la derecha
F: girar a la izquierda

KV 18
1: C / D 5 / 6
2: C 4 / D 4
3: C 5
4: B 5

KV 19
1. Las sillas están detrás de la mesa.
2. La estantería está a la izquierda de la cama.
3. El armario está detrás de las sillas.
4. Las revistas están delante del armario, detrás de las sillas.
5. El móvil está a la izquierda de la cama / detrás del bolígrafo / cerca del bolígrafo.
6. El reloj está a la derecha del armario.

KV 22
Lösungsvorschlag:

Tobias: Hoy es viernes y mañana... ¡fin de semana! Voy a descansar todo el fin de semana. Voy a ver la televisión, a escuchar música, a quedar con amigos. ¡Genial!
Vanessa: Tobias, creo que no vas a poder descansar este fin de semana. Tienes que pasar la aspiradora, sacar la basura y planchar la ropa.
Tobias: Pero..., es fin de semana.
Vanessa: Sí, pero hay que hacer los trabajos de la casa también. Lo siento, pero yo no puedo hacer esos trabajos. Es que el sábado tengo que hacer la compra y el domingo voy a ir al museo con una amiga.
Ernesto: Yo tengo un problema. No puedo ir al parque con Ana el sábado. El fin de semana tengo que trabajar. Tobias, ¿puedes ir tú con Ana?
Tobias: Pero estoy con Ana de lunes a viernes y es fin de semana...
Julián: Yo también tengo un problema: Tengo que preparar un texto en alemán. Solo Tobias me puede ayudar.
Tobias: Pero, es fin de semana y quiero descansar...
Vanessa: Bueno, Tobias, el sábado por la mañana, por favor, pasa la aspiradora, saca la basura y plancha la ropa. Ve al parque con Ana de 15:00 a 17:00 h. Después, ayuda a Julián con el texto, por favor. El domingo puedes descansar.
Ernesto: Y no vas a tener que trabajar el fin de semana que viene...
Julián: Y vamos a ir a *La noche de salsa* la semana que viene, tú y yo.
Tobias: No tener que trabajar el fin de semana que viene... ir a *La noche de salsa*... Vale, de acuerdo.

KV 25
Lösung: 10 – 5 – 8 – 4 – 2 – 9 – 1 – 3 – 6 – 7
(vgl. Lektionstext, S. 78)

KV 26
Lösungsvorschlag:

Cliente: Buenos días, señor.
Empleado: Buenos días. ¿Puedo ayudar?
Cliente: El fin de semana quiero hacer una excursión con tres amigos. Queremos visitar lugares en Andalucía. Por eso queremos alquilar un coche.
Empleado: A ver... tengo un SEAT IBIZA, un Mercedes cabrio y un NISSAN. También tengo un BMW X 3, pero es un coche más grande.
Cliente: En un anuncio hay una oferta de un coche por 55 euros. Me interesa la oferta.
Empleado: Sí, tenemos una oferta muy interesante. Es el NISSAN. ¿Para cuándo quiere alquilar el coche?
Cliente: Queremos alquilar el coche del viernes al martes por la mañana.
Empleado: Lo siento, pero solo puede alquilar el NISSAN hasta el viernes.
Cliente: ¡Qué pena! Entonces, ¿qué coche tiene? A mí, me gustan los coches modernos y rápidos.
Empleado: ¿Por qué no un Mercedes cabrio? Es un coche muy bonito con una velocidad máxima de 220 kilómetros por hora.
Cliente: ¿Un Mercedes cabrio? Me gusta la idea. ¿Y cuánto cuesta el Mercedes cabrio?
Empleado: Normalmente es más caro. Cuesta 109 euros por día, pero hoy hay una oferta y puede alquilar el coche por 99 euros por día. Pero es más caro que el NISSAN.
Cliente: Claro.
Empleado: Pero puede alquilar el Mercedes cabrio solo hasta el lunes a las 22:00 h.
Cliente: Vale.

KV 27
Lösungsvorschlag:
Te recomiendo el Hotel-Albergue LOS PALOS. El hotel está a 30 minutos del centro. Todas las habitaciones tienen teléfono y calefacción. Aquí hace dos grados bajo cero. En el hotel hay un bar y una discoteca. Es el lugar ideal. Hay habitaciones para 5, 10 o 15 personas y solo cuesta 35 – 45 € por persona. Si vienes con tu familia y algunos amigos, perfecto. Ofrecen desayuno o media pensión. No se habla español, pero no hay problema, te puedo ayudar a entender alemán. Os va a encantar.

KV 30
Im Hörtext werden sieben Tätigkeiten genannt.

1.	A	pasear por la ciudad
2.	I	ver monumentos
3.	C	ir a un restaurante con comida típica de la región
4.	J	ir de compras
5.	D	quedar con un amigo
6.	E	ir a tomar algo
7.	G	ir a la discoteca

Lösungen zu den Kopiervorlagen

KV 32
1. ¿Quién es Alejandro Amenábar? – **Un director de cine.**
2. Alejandro Amenábar nació en Santiago de Chile, después se fue a vivir… **a España.**
3. ¿Dónde estudió? – **En Madrid.**
4. ¿Cuándo empezó a estudiar en la universidad? – **En 1990.**
5. ¿A qué edad hizo su primer corto? – **A los 19 años.**
6. ¿Cómo se llama su primera película? – **Tesis.**
7. ¿Sus películas solo son en español? **No. También existen versiones en otras lenguas.**
8. ¿Quién dio el dinero para la película *Abre los ojos*? – **Tom Cruise.**
9. Ganó el Óscar por su **cuarta** película.

KV 35

1.	¿Adónde fuisteis José y tú el viernes pasado? – El viernes pasado fuimos a la discoteca *Mi corazón*. Bailamos toda la noche.
2.	¿Qué hiciste hace cinco años? – Hace cinco años fui a Machu Picchu.
3.	¿Dónde estuvo Sabrina de 9 a 11 de la noche? – De 9 a 11 de la noche Sabrina estuvo en un restaurante. Pidió una pizza y una coca-cola.
4.	¿Adónde fueron Mercedes y Fernando ayer a las diez de la noche? – Ayer a las diez de la noche fueron al cine y vieron una película.
5.	¿Qué hizo Emilio el fin de semana pasado? – El fin de semana pasado Emilio hizo senderismo en los Alpes.
6.	¿Qué hiciste de 9 a 12 de la noche el lunes? – De 9 a 12 de la noche el lunes chateé en Internet.

KV 36

falda: 9 €	camisa: 19 €	camiseta: 39 €	vaqueros: 50 €
jersey: 70 €	zapatos: 90 €	vestido: 99 €	chaqueta: 109 €

KV 37

A	B	C	D
4	1	2	3

KV 38
Lösung: 6 – 10 – 9 – 7 – 4 – 3 – 1 – 5 – 11 – 2 – 12 – 8
(vgl. Lektionstext, S. 108)

KV 39
Lösungen:
1. Busco / necesito una habitación. ¿Podría ver la habitación? / ¿Podría/puede mostrarme la habitación, por favor?
2. ¿Podría poner la calefacción? / ¿Puede poner la calefacción, por favor?
3. ¿Alguien me podría ayudar con la maleta? / ¿Alguien me puede ayudar con la maleta, por favor?

KV 40a und b
Lösungsvorschlag:
1. Buenos días, le presento a José Álvarez Gutiérrez, mi compañero de trabajo. José, él es el señor Vargas Vigo, un cliente de la empresa.
2. El despacho del señor Pérez está en la tercera planta. Es el segundo despacho a la izquierda.
3. Para comenzar la carta: Estimados señores / señoras y señores. Para terminar la carta: Atentamente (s. auch SB, S. 101).
4. Banco Santander, buenos días, me llamo Martin Frey. ¿En qué le puedo ayudar?
5. Bueno, en Madrid tiene que ver la plaza Mayor. Es una plaza muy conocida en el centro de la ciudad. Allí, le recomiendo tomar un café. También hay que ir al museo del Prado. Es un museo muy grande y conocido. Es un museo muy interesante. ¿Para salir de noche? Esta semana es *La noche en blanco*. Es una noche para la cultura. Puede ir al cine, al teatro, a conciertos, al museo. Los museos abren toda la noche. Le recomiendo ir a *La noche en blanco*. Es genial.
6. Lo siento, mi compañera no está. Es la hora de comer. ¿Puede llamar a las tres de la tarde, por favor? Gracias.
7. Lo siento, pero todavía tengo otro cliente. Espere un segundo, por favor. ¿Quiere tomar un café?
8. Hola, buenos días, aquí el Hotel Don Paco. Quiero pedir un taxi para un cliente. La dirección es: Calle Rivera, número 77. ¿Cuándo va a llegar el taxi? En diez minutos. De acuerdo. Muchas gracias. ¡Hasta luego!
9. Buenos días, señor(a) Pérez. Le deseo un feliz cumpleaños. / ¡Feliz cumpleaños para usted!
10. Lo siento, pero hoy no tengo tiempo. ¿Por qué no vamos al teatro el lunes?
11. Lo siento, pero no lo sé. A lo mejor lo sabe mi compañera, pero ella está hablando con otra persona. Un momento, por favor.
12. Hola, buenos días. Me llamo Martina Oblat y trabajo en la sección de márketing. Hoy es mi primer día en esta empresa.
13. Lo siento, por el momento, no tenemos habitaciones libres y no podemos darle otra habitación. Le pido esperar un momento. Voy a apuntar todo y a hablar con el jefe del hotel. Por favor, no se preocupe, señor(a).
14. Yo llevo la música. Tengo muchos cedés de música salsa. Entonces, voy a hacer una tortilla y voy a comprar pan para los bocadillos. Hacemos bocadillos, ¿no?
15. Soy una persona muy responsable, creativa y trabajadora.

KV 41

¿Verdad o mentira?	verdad	mentira
1. Argentina es el tercer país más grande de América del Sur.		X
2. Argentina limita con Brasil.	X	
3. La capital es Buenos Aires.	X	
4. En Argentina nieva en invierno.		X
5. En Argentina hay montañas muy altas.	X	

Lösungen zu den Kopiervorlagen

6. Argentina es conocida por su producción de vino.	X	
7. El tango nació en Mendoza, una ciudad en el oeste de Argentina.		X
8. Diego Maradona, uno de los mejores jugadores en la historia del fútbol, viene de Buenos Aires.	X	
9. Argentina es un país de inmigrantes.	X	
10. La película *Evita* cuenta la vida de Eva Perón, política argentina y mujer del presidente Juan Perón.	X	

Correciones:
1. Argentina es el segundo país más grande de América del Sur.
4. En Argentina nieva incluso en verano.
7. El tango nació en Río de la Plata, cerca de Buenos Aires.

KV 42
A Foto – Buenos Aires:
Para ir a Buenos Aires, tengo que tomar el avión.
Para tomar el avión, tengo que ir al aeropuerto.
Para ir al aeropuerto, tengo que salir de casa.
Para salir de casa, tengo que ponerme ropa.

Para ir a Argentina, tengo que tener dinero.
Para ganar dinero, tengo que trabajar.
Para poder trabajar, tengo que saber cosas.
Para saber cosas, tengo que aprender algo.
Para aprender algo, tengo que estudiar.

B Foto – Wegbeschreibung:
Para ir a la plaza Mayor, tengo que saber el camino.
Para saber el camino, tengo que mirar el plano de la ciudad.
Para mirar el plano de la ciudad, tengo que comprarme un plano.

Para ir a la plaza Mayor, tengo que saber el camino.
Para saber el camino, tengo que preguntar en la calle.
Para preguntar en la calle, tengo que hablar español.
Para hablar español, tengo que estudiar.

C Foto – Hotel:
Para pasar la noche en un hotel, tengo que reservar una habitación / hacer una reserva.
Para hacer una reserva, tengo que llamar a la recepción del hotel.
Para llamar a la recepción del hotel, tengo que saber el número del hotel.
Para saber el número del hotel, tengo que buscarlo en Internet / mirar en Internet.

D Foto – Grafikdesigner:
Para trabajar como diseñador gráfico, tengo que buscar trabajo.
Para buscar trabajo, tengo que enviar mi currículum vítae.
Para poder enviar mi currículum vítae, tengo que saber el nombre y la dirección de la empresa.

Para saber el nombre y la dirección de la empresa, tengo que mirar en Internet.

Para ser diseñador gráfico, tengo que estudiar en la universidad.
Para estudiar en la universidad, tengo que pasar el Bachillerato.
Para pasar el Bachillerato, tengo que estudiar.

E Foto – Tim, der sich in WG vorstellt:
Para buscar una habitación en un piso compartido, tengo que presentarme a las personas que viven en el piso.
Para presentarme a las personas, tengo que quedar con ellas.
Para quedar con ellas, tengo que llamarlas.
Para llamarlas, tengo que coger el teléfono.

Para buscar piso, tengo que mirar los anuncios.
Para mirar los anuncios, tengo que buscarlos en Internet.
Para buscarlos en Internet, tengo que saber las páginas.
Para saber las páginas, tengo que buscar en google.

F Foto – Fiesta:
Para hacer una fiesta, tengo que preparar la comida.
Para preparar la comida, tengo que ir al supermercado.
Para ir al supermercado, tengo que tomar el autobús.
Para tomar el autobús, tengo que esperar en la parada.

Para hacer una fiesta, tengo que invitar a mis amigos.
Para invitar a mis amigos, tengo que escibir una invitación.
Para escribir una invitación, tengo que enviar un correo electrónico.
Para poder enviar el correo, tengo que escribirlo.

KV 45
Lösungsvorschlag:
Susana tenía 21 años y vivía en Buenos Aires, Argentina. En Buenos Aires era enfermera. No recibía mucho dinero. Su situación se hacía cada vez más difícil. Un día, dejó su país para ir a España. En 2005 llegó a España. Allí trabajó como camarera en un restaurante. Al principio la vida no fue fácil para ella. Trabajaba mucho y enviaba dinero a casa de sus padres. No tenía muchos amigos y por eso escribía muchos correos a su familia. Ganaba poco dinero pero era bastante para ella. Estaba feliz. Algunos meses después tenía muchos amigos. Un día conoció a Juanjo. Juanjo tenía 30 años. Era mexicano. Era un hombre moreno y alto, y era el hombre de sus sueños. Pero Juanjo no tenía trabajo y por eso no estaba contento. Además, Juanjo no podía quedarse más tiempo en España. Por eso, se fueron a México juntos. Allí, vivieron juntos y tuvieron cuatro niños. Susana tenía un trabajo bueno e interesante, y los dos trabajaban mucho. Finalmente se compraron una casa muy grande. Estaban felices y vivían tranquilamente. **(JOKER)** Un día Juanjo conoció a otra mujer. No quiso vivir más con Susana. Al final Susana estaba sola y volvió a su país.

Übersicht über die Lehrersoftware

Adelante 1: Übersicht

00: ¡Adelante!: Bienvenidos

España e Hispanoamérica	.pdf
¡Hola! ¡Buenos días!	.pdf

01: ¡Hola! ¿Qué tal?

¡Hola y adiós!	.doc
El chico es Pete	.doc
¿Qué es?	.doc
Saludos y despedidas	.pdf
En el aeropuerto	.pdf
Tim	.jpg
Marcelo	.jpg
Blanca	.jpg
María Ortega Martínez	.jpg
Vorschläge zur Leistungsmessung 01	.doc
Vorschläge zur Leistungsmessung 01	.pdf
¿Quién es quién? (a)	.mp3
¿Quién es quién? (b)	.mp3
Vorschläge zur Leistungsmessung Lösungen 01	.doc
Vorschläge zur Leistungsmessung Lösungen 01	.pdf

02: ¿Qué te gusta?

¿Cómo pasas los fines de semana?	.doc
Los amigos salen esta noche	.doc
¿Qué te gusta?	.pdf
Alberto Villar Molina	.jpg
Miranda Villar Molina	.jpg
Cristina	.jpg
Paula	.jpg
Celia	.jpg
Vorschläge zur Leistungsmessung 02	.doc
Vorschläge zur Leistungsmessung 02	.pdf
Los números hasta 101	.mp3
¿Te gusta leer?	.mp3
Vorschläge zur Leistungsmessung Lösungen 02	.doc
Vorschläge zur Leistungsmessung Lösungen 02	.pdf

03: En el instituto

¿El instituto? Sí, me gusta …	.doc
El día de Miranda	.doc
El viaje de fin de curso	.doc
En el instituto	.pdf
Miranda, Cristina y Paula	.jpg
Vorschläge zur Leistungsmessung 03	.doc
Vorschläge zur Leistungsmessung 03	.pdf
¿Cuándo abre? (a)	.mp3
¿Cuándo abre? (b)	.mp3
¿A qué hora quedamos?	.mp3
Vorschläge zur Leistungsmessung Lösungen 03	.doc
Vorschläge zur Leistungsmessung Lösungen 03	.pdf

03_1: Repaso 1 – Unidades 1–3

Comprensión de lectura	.doc
CdA – Repaso 1	.pdf

04: Anuncios de piso

Busco un piso barato	.doc
¿Estoy en La Latina?	.doc
El piso compartido	.doc
Anuncios de piso	.pdf
El piso	.pdf
El barrio La Latina	.pdf
Tim busca un piso	.jpg
Tim al teléfono	.jpg
Tim busca el barrio La Latina	.jpg
El barrio	.jpg
Tim busca el piso	.jpg
Julia saluda a Tim	.jpg
Tim, Julia, Marcelo y Blanca	.jpg
Tim y Blanca en la habitación	.jpg
Vorschläge zur Leistungsmessung 04	.doc
Vorschläge zur Leistungsmessung 04	.pdf
Busco piso	.mp3
Tengo piso	.mp3
Vorschläge zur Leistungsmessung Lösungen 04	.doc
Vorschläge zur Leistungsmessung Lösungen 04	.pdf

05: La fiesta

La fiesta es un problema	.doc
La invitación	.doc
¡Tim y la cocina española!	.doc
La fiesta	.pdf
Tim, Blanca y Julia hablan de la fiesta	.jpg
Tim y Miranda en el mercado	.jpg
La cocina es un desastre	.tif
Vorschläge zur Leistungsmessung 05	.doc
Vorschläge zur Leistungsmessung 05	.pdf
La vida en el piso compartido	.mp3
Tim y Blanca charlan en el desayuno	.mp3
Vorschläge zur Leistungsmessung Lösungen 05	.doc
Vorschläge zur Leistungsmessung Lösungen 05	.pdf

06: Vacaciones en Málaga

Un viaje de fin de semana	.doc
¿Nos ayudas?	.doc
¡Adiós, Málaga!	.doc
Málaga	.pdf
Blanca en Málaga	.jpg
Tim y Blanca miran las fotos	.jpg
Tim y Blanca en la playa	.jpg
El chiringuito	.jpg
Blanca y la Malagueta	.jpg
Rectorado y ayuntamiento de Málaga	.jpg
La Manquita	.jpg
Vorschläge zur Leistungsmessung 06	.doc
Vorschläge zur Leistungsmessung 06	.pdf
Planes para las vacaciones (a)	.mp3
Planes para las vacaciones (b)	.mp3
Vorschläge zur Leistungsmessung Lösungen 06	.doc
Vorschläge zur Leistungsmessung Lösungen 06	.pdf

Übersicht über die Lehrersoftware

06_1: Repaso 2 – Unidades 4–6
Comprensión auditiva	.pdf
La aspiradora	.tif
La plancha	.tif
La cafetera	.tif
El cubo de basura	.tif
La bañera	.tif
La lavadora	.tif
La cama	.tif
Plato y cubierto	.tif
CdA – Repaso 2	.pdf

07: Buscar trabajo
Tim busca trabajo	.doc
Alejandro Amenábar	.doc
La carta de presentación	.doc
Profesiones y lugares de trabajo	.pdf
Tim habla con Marcelo y Julia	.tif
Julia	.jpg
Vorschläge zur Leistungsmessung 07	.doc
Vorschläge zur Leistungsmessung 07	.pdf
Entrevistas de trabajo (a)	.mp3
Entrevistas de trabajo (b)	.mp3
Vorschläge zur Leistungsmessung Lösungen 07	.doc
Vorschläge zur Leistungsmessung Lösungen 07	.pdf

08: Trabajar en un hotel
¿Esta blanca de aquí o esa rosa de ahí?	.doc
El primer día de trabajo	.doc
En la cafetería	.doc
En un hotel	.pdf
Tim y Blanca en la tienda	.jpg
Tim en la entrevista	.jpg
Tim en el hotel	.jpg
Tim en la recepción	.jpg
Vorschläge zur Leistungsmessung 08	.doc
Vorschläge zur Leistungsmessung 08	.pdf
En la tienda	.mp3
En el hotel	.mp3
Vorschläge zur Leistungsmessung Lösungen 08	.doc
Vorschläge zur Leistungsmessung Lösungen 08	.pdf

09: Argentina
¡Visita de Buenos Aires!	.doc
¿Qué vais a tomar?	.doc
Ayer y hoy	.doc
Argentina	.pdf
Blanca y Marcelo	.tif
Tim y Blanca delante del restaurante	.jpg
Blanca, Tim y Marcos en el restaurante	.jpg
Blanca y Marcos en un bar	.jpg
Vorschläge zur Leistungsmessung 09	.doc
Vorschläge zur Leistungsmessung 09	.pdf
En el bar (a)	.mp3
En el bar (b)	.mp3
Vorschläge zur Leistungsmessung Lösungen 09	.doc
Vorschläge zur Leistungsmessung Lösungen 09	.pdf

09_1: Repaso 3 – Unidades 7–9
Comprensión de lectura: Currículum vítae	.doc
CdA – Repaso 3	.pdf

10: Lösungen Schülerbuch
Unidad 0	.doc
Unidad 1	.doc
Unidad 2	.doc
Unidad 3	.doc
Unidad 4	.doc
Unidad 5	.doc
Unidad 6	.doc
Unidad 7	.doc
Unidad 8	.doc
Unidad 9	.doc
Repaso 1	.doc
Repaso 2	.doc
Repaso 3	.doc

11: Lösungen Cuaderno de Actividades
Einleitung	.pdf
Unidad 1	.pdf
Unidad 2	.pdf
Unidad 3	.pdf
Unidad 4	.pdf
Unidad 5	.pdf
Unidad 6	.pdf
Unidad 7	.pdf
Unidad 8	.pdf
Unidad 9	.pdf

12: Transkribierte Hörverstehenstexte
Schülerbuch: Unidad 1 bis 9	.doc
Cuaderno de Actividades: Unidad 1 bis 9	.doc

13: Aufgaben zur DVD
Aufgaben zur DVD Teil 1	.pdf
Aufgaben zur DVD Teil 2	.pdf
Aufgaben zur DVD Teil 3	.pdf

Extras
Vocabulario	.pdf
Diccionario	.pdf
Mapa de España	.pdf
Mapa de Madrid	.pdf
Mapa de Argentina	.pdf
Mapa Número de hablantes	.pdf
Mapa Zonas horarias	.pdf
Mapa América del Sur	.pdf
Mapa México y Centroamérica	.pdf
Software-Handbuch	

Informationen zur Lehrersoftware

Empfohlene Systemvoraussetzungen:
- Windows 2000, XP, Vista (32 bit), 7
- PC mit 500 MHz oder höher
- 128 MB RAM
- mind. 30 MB bis max. 200 MB freier Speicherplatz bei Kopie der Medien auf die Festplatte
- 24fach CD-ROM-Laufwerk
- Schwarzweiß- oder Farbdrucker mit 300 dpi Druckauflösung
- Microsoft Word (ab Version 2000) oder OpenOffice (ab Version 2.0)

Abspiel-Umgebungen und Datei-Betrachter für die Medien befinden sich auf der CD-ROM.

Schnellstart der Software:
Die Installation kopiert das Programm auf die Festplatte Ihres Rechners.
Wir empfehlen, die Medien sofort auf die Festplatte zu installieren.
Sie brauchen dann die CD-ROM nicht mehr einzulegen, um das Programm zu verwenden.

- Legen Sie die Lehrersoftware-CD in Ihr CD-ROM-Laufwerk ein.
- Die Autostartfunktion öffnet ein Fenster mit dem Inhalt der CD-ROM.
- Starten Sie die Datei „SETUP.EXE" durch Doppelklick und folgen Sie den Anweisungen, um das Programm und die Medien auf Ihre Festplatte zu installieren.
- Um das Programm zu installieren, müssen Sie dem Lizenzvertrag zustimmen (s. a. **Lizenz.txt** auf der CD-ROM).
- Den Pfad für die Programminstallation auf der Festplatte können Sie anpassen oder nach der Vorgabe übernehmen.
- Sie starten das Programm über Ihr Startmenü „Start – Programme – Klett – Adelante – Lehrersoftware Adelante".

Auf der CD-ROM befindet sich ein ausführliches Handbuch zum Programm.

Hinweis: Bei der eingelegten CD handelt es sich um eine Multisession-CD.
Die darauf ebenfalls vorhandenen Audio-Dateien werden Ihnen am PC im Normalfall nicht angezeigt.
Die Audiofiles können Sie auf einem CD-Spieler abhören.

Hinweis zu den Tonaufnahmen:
Eine Gegenüberstellung der Tracks auf der Lehrer- und der Schüler-CD findet sich im Online- Auftritt von ¡Adelante!.

Hinweis zur Aufbereitung der Grammatik:
Die im Schülerbuch enthaltene *Gramática* (Seite 142–176) ist eine systematische Grammatik, in der die in ¡Adelante! enthaltenen grammatischen Strukturen nach Sachverhalten gebündelt dargeboten werden. Die Paragraphenangaben in den Übungen (z. B. ▶ §12) verweisen auf den entsprechenden Grammatikparagraphen im Anhang. Die Übersicht auf der Seite 142 erleichtert es, einzelne Pensen in der *Gramática* gezielt zu wiederholen.

Als zusätzliches Angebot steht eine lektionsbegleitende Grammatik als ▶ Online-Link 538000-0050 zur Verfügung.